네가 큰 잡풀에 가려져 작게 있다고 해서
어찌 어진 신께서 너의 이름을 잊으시겠는가

조병화의 시 〈야생화〉 중에서

Christian Manners

크리스천 매너

수건을 허리에 두르시고

東文選 文藝新書 400

크리스천 매너-수건을 허리에 두르시고

초판 발행 2020년 6월 10일

지 은 이 신성대 | 안경환

펴 낸 곳 **東文選**
제10-64호, 1978년 12월 16일 등록
서울 종로구 인사동길 40 [110-300]
전화 02-737-2795
팩스 02-733-4901
이메일 dmspub@hanmail.net

북디자인 신지연

ISBN 978-89-8038-698-7 94000
ISBN 978-89-8038-000-8 (문예신서)

Christian Manners

크리스천 매너

수건을 허리에 두르시고

신성대 | 안경환 지음

동문선

이 책은 세계 무대에서 치열하게 싸워 가며
땀과 눈물로 오늘의 대한민국을 일궈낸 선배 글로벌 전사들이
성공과 실패를 통해 깨우친 실전 노하우들을 바탕으로
차세대 크리스천 전사들이 반드시 갖춰야 할 태도적 가치와
현재 글로벌 상류 사회에서 통용되고 있는
고품격 매너 기본기들을 간추려 모은 것입니다.

차 례

제1부 새 술은 새 부대에
New wine into new wineskines

제2부 매너가 사람을 만든다

Manners maketh man

제1부

새 술은 새 부대에

New wine into new wineskins

너는 고페르 나무로 너를 위하여 방주를 만들되
그 안에 칸들을 막고 역청을 그 안팎에 칠하라

(창세기, 6:14)

1 '신시얼리 유얼즈(Sincerely yours)!'

하늘의 하나님께 감사하라. 그 인자하심이 영원함이로다.

(시편, 136:26)

히브리어에 '헤세드(hesed)'란 단어가 있습니다. 이는 계약 당사자들 사이의 관계에 적용되는 단어로서, 계약에 대한 성실한 이행을 강조하기 위해 쓰이기도 했던 낱말이었습니다만 성경적으로는 언약 이행과 그에 대한 보답, 인애, 인자, 긍휼, 은혜를 의미한다고 합니다. 무너지지 않는 지속적인 사랑으로 차별 없는 존중, 끝없는 관심, 신실함을 기반으로 한 사랑이지요.

지난날 대한민국은 근현대화 과정에서 선진국 사람들, 특히 미국인들의 도움을 받은 이들이 참으로 많았습니다. 교회나 선교사들의 도움을 받은 사람들도 많았지만 더 많은 개인들, 얼굴도 모르는 평범한 시민들의 도네이션으로 유학을 다녀온 사람들도 적지않았습니다. 아무런 조건도 없고, 보답도 바라지 않는 후원이었지요. 그리하여 그들 대부분이 잘살게 되고, 선한 리더로서 국가나 사회를 위해 쓰임받기도 하고, 또 자기가 받은 것 이상으로 어려운 이들을 위해 베풀거나 봉사한 사람들도 많습니다.

그렇지만 그들 중에는 선한 삶을 살지 못한 사람들도 없지 않았을 터입니다.

요즈음 한국인들도 과거의 대한민국처럼 어렵게 사는 나라의 어린이들을 돕는 국제적인 구호 활동을 활발하게 합니다. 독실한 크리스천인 한 친구는 자녀가 넷인데 과외 공부도 제대로 시키지 못할 만큼 넉넉지 않은 형편임에도 불구하고 아이들 각자가 한 명씩에게 매달 일정액을 보내는 도네이션을 하고 있습니다. 아이들의 용돈에서 빠져나가는 거지요. 일 년에 한두 번쯤 보내오는 편지와 사진을 통해 어쩌면 평생토록 가보지도 못할 그런 머나먼 어느 나라의 아이가 성장해 가는 모습을 그저 지켜볼 뿐입니다. 언제까지 그렇게 해나갈 것인지는 알 수 없지만, 아마도 그 나라의 아이들이 학업을 어려움 없이 마칠 때까지 멈추지 않으려는 모양입니다. 그 가운데 큰아이 둘은 독립해 나가서도 자기 몫을 챙겨 꾸준히 보내고 있다 합니다. 작은 것을 통해 헤세드를 가르치는 것이지요.

하지만 이런 식의 후원을 약정해 놓고도 제대로 지키지 않거나, 중간에 마음이 바뀌어서 그만두는 이들도 꽤 있는 듯합니다. 베풀어 준들 정말 고마운 줄 알까? 언제까지 보내야 한단 말인가? 나의 선의를 이용해 딴짓하는 건 아닌지? 몇만 원밖에 안 되지만 보낸 돈이 고스란히 그 아이를 위해 사용되는지? 착한 아이인지, 불량한 아이인지? 크리스천인지 이슬람교도인지 불교도인지? 내가 혹시 헛짓하고 있는 건 아닌가? 요즈음 나도 궁한 처지인데 그만둘까? 등등 불쑥불쑥 회의가 밀려들 때도 있겠지요.

　　예수께서 이르시되 네게 이르노니 일곱 번뿐 아니라 일곱 번을
일흔 번까지라도 할지니라.
　　(마태복음, 18:22)

　　형제가 죄를 범하였을 때 몇 번이나 용서해 주어야 할지를 묻
는 제자에게 예수께서 하신 말씀입니다. 마찬가지로 선의를 베푸
는 것에 대하여 여쭈었어도 분명 아홉 번을 아흔아홉 번까지라도
행하라 하셨을 겁니다. 비록 그가 도움을 받고서도 발전도 성취
도 없고, 또 깨닫지도 뉘우치지도 못할지라도! 하나님은 당신의
자녀가 하고 있는 일을 다 보고 계실 테니까요.

　　너희가 만일 너희를 사랑하는 자만을 사랑하면 칭찬받을 것이
무엇이냐, 죄인들도 사랑하는 자는 사랑하느니라. 너희가 만일 선대
하는 자만을 선대하면 칭찬받을 것이 무엇이냐, 죄인들도 이렇게 하
느니라. 너희가 받기를 바라고 사람들에게 꾸어 주면 칭찬받을 것이
무엇이냐, 죄인들도 그만큼 받고자 하여 죄인에게 꾸어 주느니라.
오직 너희는 원수를 사랑하고 선대하며, 아무것도 바라지 말고 꾸
어 주라. 그리하면 너희 상이 클 것이요, 또 지극히 높으신 이의 아들
이 되리니, 그는 은혜를 모르는 자와 악한 자에게도 인자하시니라.
　　(누가복음, 6:32-35)

또 성경에는 '신실하라(sincere, sincerely)'는 말이 자주 나옵니다. 크리스천이 갖춰야 할 덕성 중 가장 중요한 것을 꼽으라면 바로 이 신실함이 아닐까요? 아무렴 하나님을 향한 신실함만을 말하는 건 아니지요. 크리스천끼리의 관계만을 말하는 것도 아니지요.

예로부터 우리는 무엇을 이루고자 하는 사람들의 마음 자세로 성(誠)·신(信)·의(意)를 꼽았습니다. 성(誠)이란 지극한 정성, 다른 삿된 잡생각이 들어 있지 않은, 바람이 없는 무념의 정성을 말합니다. 신(信)은 두 마음이 아닌 것을 말합니다. 마음 다르고, 말 다르고, 행동이 달라서는 안 되는 것입니다. 의(意)는 마음의 자리입니다. 너그럽고 크게, 바른 뜻을 가지되 절대 옹졸하지 않아야 합니다. 이 셋은 수행인이나 신앙인이라면 반드시 갖춰야 할 태도라 하겠습니다.

선한 사람은 마음에 쌓은 선에서 선을 내고, 악한 자는 그 쌓은 악에서 악을 내나니, 이는 마음에 가득한 것을 입으로 말함이니라. 너희는 나를 불러 주여 주여 하면서도 어찌하여 내가 말하는 것을 행하지 아니하느냐.

(누가복음, 6:45-46)

혹여 어려운 이들을 돕겠노라 언약해 놓고서 아직 실천하지 않고 있거나, 중도에 포기한 적은 없는지요? 하나님한테만 겸손한 건 아닌지요? 교회에 울타리를 치고 밖에 있는 사람들을 우습게 보는 악습은 없는지요? 교회 안에서 갑질은 없는지요? 교회를 오래 다닌 순서대로 구원받는 것도 아니지요. 성도들 간에도 차별 없는 존중이 있어야 함은 물론 교회 밖 세상 사람들에 대해서도 항상 관심을 가지고 배려하고 베푸는 데 주저함이 없어야겠습니다. 예수께선 모든 인간을 구원코자 십자가에 못 박히셨습니다. 내가 잘나서 구원받은 것이 아니라 차별·구별이 없기에 구원받은 것입니다.

숨은 것이 장차 드러나지 아니할 것이 없고, 감추인 것이 장차 알려지고 나타나지 않을 것이 없느니라. 그러므로 너희가 어떻게 들을까 스스로 삼가라. 누구든지 있는 자는 받겠고, 없는 자는 그 있는 줄로 아는 것까지도 빼앗기리라 하시니라.

(누가복음, 8:17-18)

하나님은 은혜를 모르는 자와 악한 자에게도 인자하시지만 언약을 지키지 않는, 신실하지 못한 자에게는 인자하지 않으십니다. 하나님에 대한 사랑이 신실한 만큼 스스로의 모든 행위에 대해서도 신실해야지요. 자신에게 신실하지 못한 크리스천은 평생 회개만 하다가 끝납니다. 그런 자에게 천국의 문이 열릴 리 없겠지요. 성경은 하나님의 역사를 외우며 공부하라고 만든 책이 아닙니다. 성경은 언약의 책입니다. 성경을 읽는다는 건 성경적 삶

을 살겠다는 것을 하나님과 언약하는 행위입니다. 그 언약을 실
천할 때 하나님은 은혜를 베푸십니다.

2 "하나님은 분명히 들으셨을 거예요!"

앞에서 이야기한 친구의 늦둥이 막내딸이 초등학교에 입학할 무렵의 이야기입니다.

에피소드 하나.

성장한 두 딸과 함께 네 모녀가 교회를 갑니다. 서울 북쪽 변두리에서 마을버스를 타고, 또 전철을 갈아타면서 시내로 들어갑니다. 한데 지하철에서 내려 걸어 올라가자면 굴다리 밑에 언제나처럼 한 아저씨가 웅크리고 앉아 그 교회에 다니는 사람들을 상대로 적선을 구하고 있었습니다. 엄마는 입장료를 내듯 매번 그 앞에 놓인 돈통에 지폐 한 장을 넣고 교회로 향하였더랬습니다.

그러던 어느 날, 엄마의 마음이 바뀌어서 그 아저씨 앞을 못 본 척 그냥 지나쳤습니다. 그러자 엄마 손을 잡고 따라가던 예의 막내딸이 올려다보면서 '왜 그냥 가는 거예요!'라는 다급한 신호를 보내며 팔에 힘을 줍니다. 아이의 기억에 엄마가 그냥 지나는 걸 본 적이 없으니 당연한 반응이었겠지요. 굴다리를 지나 그 아저씨에게 말소리가 안 들릴 만큼에서 멈춰선 엄마가 앞서 생각한 바대로 막내딸에게 설명을 해줍니다. "응, 이제부턴 안 드릴 거야! 잘 봐, 저 아저씨는 네 아빠와 비슷한 나이에 멀쩡하시잖아? 아빠는 열심히 일해서 돈을 버시는데, 저 아저씨는 일은 안하고 구걸을 하시잖아? 그래서 이제부터는 그만 드리려고 해!" 그러자 두 언니들도 가세하여 '그래요! 맞아요! 막내야, 너도 이제 철들 때가 되었지! 알 건 알아야 해!'라는 투로 고개를 끄덕이며 엄마의 말에 동조하였습니다.

다 듣고 난 막내딸이 알아들었다는 듯 두 눈을 깜박이더니 다시 교회로 향하는 제 엄마를 쳐다보면서 왈, "근데요, 엄마! 어쩌면 말예요. 저 아저씨가 말예요. 어쩌면 우리가 모르는 큰병을 앓고 있을 수도 있잖아요?" …? 어이쿠, 하나님! 제가…! 한방 크게 얻어맞은 엄마는 눈물이 핑 돌아 멀리 하늘을 쳐다보았고, 두 언니는 그저 아연할 수밖에 없었습니다. 진심으로 회개한 뒤, 예배를 마치고 나온 엄마는 미안하고 감사한 마음으로 그 아저씨의 돈통에 지폐를 넣고 집으로 돌아왔습니다.

이러므로 우리가 명절을 지키되 묵은 누룩으로도 말고, 악하고 악의에 찬 누룩으로도 말고, 누룩이 없이 오직 순전함과 진실함의 떡으로 하자.

(고린도전서, 5:8)

에피소드 둘.
엄마와 함께 대예배당에서 예배를 마친 두 언니가 막내를 데

리러 꼭대기층에 있는 아동부로 올라갑니다. 한 날은 막내를 데리고 엘리베이터를 타고 내려오는데, 바로 다음 층에서 멈추어 또 몇 사람이 탔습니다. 그 중에 막내와 비슷한 또래의 여자아이가 엄마 손을 잡고 탔는데, 순간 소란스럽던 엘리베이터 안의 분위기가 서먹해졌습니다. 다운증후군이 있는 아이였던 겁니다. 한데 막내가 곧바로 그 아이에게 "안녕!"이라고 하며 재잘재잘 말을 나누기 시작하자 사람들이 긴장을 풀고 다시 소란스러워졌습니다. 두 언니들은 속으로 막내와 그 아이가 같은 반이어서 잘 아는 사이려니 짐작했습니다.

층층마다 엘리베이터가 서고 난 후 드디어 1층에 다다르자 막내가 "잘 가!"라며 그 아이와 헤어져서 가려는데 갑자기 "잠깐

만요!" 하며 아이의 엄마가 돌아서던 세 딸을 불러세웠습니다. 그리고는 막내의 가방을 열어 보라고 했습니다. 영문도 모르는 두 언니가 당황하면서 시키는 대로 가방을 열어 보이자 그 엄마가 자기 딸의 가방을 열더니 그 속에 있는 색종이며 색연필·풀통 등을 모두 꺼내어 막내의 가방에 넣어 주었습니다. 놀란 언니들이 왜 그러시느냐고 여쭙자, 막내가 자기 아이에게 말을 걸어 줘서 너무 고맙다면서 이거라도 주고 싶어 그런다고 했습니다. 그리고는 다시 손을 흔들고 헤어졌습니다.

교회 앞마당에서 기다리던 엄마에게 두 언니가 불룩해진 막내의 가방을 열어 보이며 자초지종을 얘기해 주었습니다. 그리고는 그 아이에 대해 알아볼 겸 확인 차 막내에게 물었습니다. "아까 걔, 너하고 같은 반이니?" 그러자 막내 왈, "아니! 오늘 첨 봐!" 이름이…? 엄마와 두 언니가 다음 말을 잃고 밑줄 진 바닥에서 깡충깡충 저 혼자 뛰어노는 막내를 한참이나 바라보았습니다.

이르시되 진실로 너희에게 이르노니, 너희가 돌이켜 어린아이들과 같이되지 아니하면 결단코 천국에 들어가지 못하리라.
(마태복음, 18:3)

에피소드 셋.
엄마가 퇴근하면서 지하철에서 전동차가 오기를 기다리고 있었습니다. 연말인지라 남들은 다 흥청대는 것 같은데 자기는 여유도 없는데다 날씨조차 으스스해서 우울하게 집으로 돌아가는 중이었습니다. 그런데 어라? 저쪽에서 그다지 낯이 설지 않은 듯한 할머니가 차비 좀 보태 달라면서 서 있는 사람들을 보채며 이쪽으로 오고 있었습니다. 기분도 영 그러한지라 빨리 전동차가 도착했으면 싶었으나 야속하게도 할머니가 먼저 도착하고 말았습니다. 눈치 백단도 넘는 할머니가 만만해 보이는 중년 여성 고객을 그냥 보낼 리 없지요. 어쩔 수 없이 천 원짜리 한 장 주고는 얼른 상황을 벗어나려고 지갑을 꺼내 펼쳐 보니 아뿔싸! 하필 만 원짜리 두 장만 달랑 들어 있었습니다. 난감한 중에 한 장을 빼주고는 뒤돌아서 곧이어 도착한 전동차에 올랐습니다만 쓰린 마음이 저녁 내내 가시지 않았습니다. '내 형편에… 내 주제에… 왜 맨날 나는…!' 한두 번 겪은 일도 아니었지만 그날따라 영 기분이 언짢았습니다.

결국 잠자리에 들었을 때 함께 누운 막내딸에게 고백하고 맙니다. 너한테 미안하구나! 그 돈으로 네가 좋아하는 반찬이나 과자를 사주는 건데, 그만…! 그런데 그 할머니가 내 뒤에다 대고 "기도해 드릴게요!"라고 하시더라! 뭐, 설마하니 기도해 주시겠어? 그냥 해본 말씀일 테지! 아무튼 미안해! 미안해!

마주 보고 누워서 가만히 바라보며 듣고 있던 막내딸이 엄마의 팔을 당겨 목에 두르면서 "괜찮아요, 엄마! 그래요! 그 할머니가 기도해 주지 않으셨을지도 몰라요. 그렇지만 엄마! 하나님은 분명히 그때 그 말씀을 들으셨을 거예요!" 뭐…??? 이런이런! 얘가 천사야? 내 딸이야? 엄마는 눈물을 글썽이며 딸을 꼭 끌어안 았습니다. '하나님, 감사합니다!'를 수없이 되뇌이면서….

주는 계신 곳 하늘에서 들으시고 사하시며 각 사람의 마음을 아시오니, 그들의 모든 행위대로 행하사 갚으시옵소서. 주만 홀로 사람의 마음을 다 아심이니이다.

(열왕기상, 8:39)

암! 하나님이 그 할머니가 한 말씀만 들으셨겠어? 네가 한 말 도 분명히 들으셨을 거야! 그럼! 그럼! 가끔 하나님은 영혼이 맑 은 어린아이를 통해 당신의 말씀을 전하십니다. 가장 신실했던 그 분의 것이 되기 위해(Sincerely yours)!

3 '사십 일 동안 땅을 정탐하기를 마치고 돌아와'(민수기, 13:25)

여호와께서 이르시되 내가 애굽에 있는 내 백성의 고통을 분명히 보고, 그들이 그들의 감독자로 말미암아 부르짖음을 듣고 그 근심을 알고 내가 내려가서 그들을 애굽인의 손에서 건져내고, 그들을 그 땅에서 인도하여 아름답고 광대한 땅, 젖과 꿀이 흐르는 땅 곧 가나안 족속, 헷 족속, 아모리 족속, 브리스 족속, 히위 족속, 여부스 족속의 지방에 데려가려 하노라.

(출애굽기, 3:7-8)

이스라엘 자손이 애굽에 거주한 지 사백삼십 년 만에 여호와께서 모세에게 명령하사 갖은 수단을 다한 끝에 모두 애굽에서 데리고 나왔습니다. 그러자 그 순간부터 여호와께서는 그들에게 명하기를 애굽에서의 모든 습속을 버리고 자신이 정하는 새 규례를 따를 것을 명합니다. 이를 어길 시에는 가차없이 멸할 것이라며 자자손손 영원히 지킬 것을 강제합니다. 먹고, 마시고, 입고, 번제를 지내고… 하나에서 백 가지, 천 가지, 만 가지를 다 새롭게 지시합니다. 그 어느 하나라도 애굽에서의 습속을 따르는 자는 결코 용서하지 않습니다.

바로가 백성을 보낸 후에 블레셋 사람의 땅의 길은 가까울지라도 하나님이 그들을 그 길로 인도하지 아니하셨으니, 이는 하나님이 말씀하시기를 이 백성이 전쟁을 하게 되면 마음을 돌이켜 애굽으로 돌아갈까 하셨음이라. 그러므로 하나님이 홍해의 광야의 길로 돌려 백성을 인도하시매, 이스라엘 자손이 애굽 땅에서 나올 때에 모세가 요셉의 유골을 가졌으니, 이는 요셉이 이스라엘 자손으로 단단히 맹세하게 하여 이르기를 하나님이 반드시 너희를 찾아오시리니 너희는 내 유골을 여기서 가지고 나가라 하였음이더라.

(출애굽기, 13:17-19)

혹여 애굽에 대한 미련을 버리지 않을까봐 요셉의 유언대로 그의 유골까지 가지고 나옵니다. 애굽 쪽으로는 고개도 돌리지 못하게 함이지요. 그리고 무리들을 각 지파별로 우두머리를 뽑아 군사 조직으로 만들어 행진케 합니다. 그런데 곧바로 약속한 땅으로 인도하지 않고 전혀 엉뚱한 곳으로 민족을 이끕니다. 그리고는 처음 약속과는 말씀이 좀 달라졌습니다.

이스라엘 자손들이 여호와의 음성을 청종하지 아니하므로 여호와께서 그들에게 대하여 맹세하사 그들의 조상들에게 맹세하여 우리에게 주리라고 하신 땅 곧 젖과 꿀이 흐르는 땅을 그들이 보지

못하게 하리라 하시매, 애굽에서 나온 족속 곧 군사들이 다 멸절하
기까지 사십 년 동안을 광야에서 헤매었더니.

(여호수아, 5:6)

왜 그러셨을까요? 모세가 애굽에서 이스라엘 민족을 데리고
나와 2년이 되는 해에 열두 지파에서 지휘관 한 명씩을 차출하여
가나안 땅으로 들여보내 40일 동안 정탐을 하게 하였지요. 그동
안 웬만큼 전열이 가다듬어졌다고 여긴 것이지요. 한데 그들 중
갈렙과 여호수아를 제외한 나머지 정탐꾼들이 잔뜩 겁을 먹고 돌
아오자 백성들도 겁에 질려 여호와를 원망합니다.

그와 함께 올라갔던 사람들은 이르되 우리는 능히 올라가서
그 백성을 치지 못하리라. 그들은 우리보다 강하니라 하고 이스라
엘 자손 앞에서 그 정탐한 땅을 악평하여 이르되 우리가 두루 다니
며 정탐한 땅은 그 거주민을 삼키는 땅이요, 거기서 본 모든 백성은
신장이 장대한 자들이며, 거기서 네피림 후손인 아낙 자손의 거인들
을 보았나니 우리는 스스로 보기에도 메뚜기 같으니 그들이 보기에
도 그와 같았을 것이니라.

(민수기, 13:31-33)

고대에는 어느 나라든 종이나 노예는 전쟁에 나가 싸울 자격
이 없었습니다. 전사와 노예의 신분 차이는 하늘과 땅이었지요.

노예에겐 노역만 시킵니다. 그래서 노예인 거지요. 노예가 창이나 칼을 들고 싸웠다가는 여차하면 스파르타쿠스처럼 반란을 일으킬 테니까요. 크고 강한 나라 애굽에서 살았다고는 하나 종으로 살면서 전투라곤 해본 적이 없는 오합지졸 정탐꾼들이 겁먹는 건 당연한 일이지요. 이에 실망하고 분노한 여호와께서 모세로 하여금 백성들을 젖과 꿀이 흐르는 가나안 땅 멀리 광야로 이끌게 합니다.

너희는 그 땅을 정탐한 날수인 사십 일의 하루를 일 년으로 쳐서 그 사십 년간 너희의 죄악을 담당할지니, 너희는 그제서야 내가 싫어하면 어떻게 되는지를 알리라 하셨다 하라.
(민수기, 14:34)

그렇게 해서 40년 동안 광야의 초막 생활로 민족 개조 작업을 해나갑니다. 그 과정은 혹독하고 처절했습니다. 여호와께서는 어리석은 자들의 믿음이 흔들릴 때마다 기적을 행하여 마음을 돌렸지만, 자신의 명령을 어길 적에는 가차없이 버렸습니다. 그들은 한곳에 머물러 생산 활동을 한 적이 없습니다. 하나님이 내려주신 양식인 만나 외의 모든 물품은 스스로 해결하여야 했습니다. 광야의 여기저기 흩어져 살던 소수 부족들과 싸워서 죽이고 뺏으며 점점 야성과 자신감을 길러 나갑니다. 그리하여 처음 애굽에서 나올 때 20세 이상인 종 되었던 군사들은 다 죽고, 모세도 죽고, 어렸을 적부터 광야에서 혹독하게 전사로 길러진 젊은이들이 용맹한 여호와의 군사가 되어서야 여호수아를 지도자로 세워 가나안으로 쳐들어갔습니다.

여호와께서 모세에게 말씀하여 이르시되 너는 이스라엘 자손에게 말하여 이르라. 나는 여호와 너희의 하나님이니라. 너희는 너희가 거주하던 애굽 땅의 풍속을 따르지 말며, 내가 너희를 인도할 가나안 땅의 풍속과 규례도 행하지 말고, 너희는 내 법도를 따르며 내 규례를 지켜 그대로 행하라. 나는 너희의 하나님 여호와이니라.

(레위기, 18:1-4)

종이나 노예가 그 멍에를 벗었다고 해서 바로 자기 자신의 온전한 주인이 되는 건 아닙니다. 애굽에서 430년 동안 종으로 살았으면 그 민족은 뼛속까지 천민 노예 근성이 배었다고 봐야지요. 아니나 다를까 여호와께서 수없이 기적을 보여주며 달래고 겁을 줘도 여차하면 도로 애굽으로 돌아가자거나 몰래 다른 신을 섬기는 등 여호와를 분노케 했습니다. 모세를 통해 석판에다 계명을 새겨 보여주고 미주알고주알 온갖 새 규례와 법도를 정해 애굽에서의 습성을 뜯어고치려 하지만 그게 결코 쉬운 일이 아니었지요.

여호수아가 백성들의 요란한 소리를 듣고 모세에게 말하되 진

중에서 싸우는 소리가 나나이다. 모세가 이르되 이는 승전가도 아니요, 패하여 부르짖는 소리도 아니라. 내가 듣기에는 노래하는 소리로다 하고, 진에 가까이 이르러 그 송아지와 그 춤추는 것들을 보고 크게 노하여 손에서 그 판들을 산 아래로 던져 깨뜨리니라. 모세가 그들이 만든 송아지를 가져다가 불살라 부수어 가루를 만들어 물에 뿌려 이스라엘 자손에게 마시게 하니라. 모세가 아론에게 이르되 이 백성이 당신에게 어떻게 하였기에 당신이 그들을 큰 죄에 빠지게 하였느냐. 아론이 이르되 내 주여 노하지 마소서. 이 백성의 악함을 당신이 아나이다. 그들이 내게 말하기를 우리를 위하여 우리를 인도할 신을 만들라. 이 모세 곧 우리를 애굽 땅에서 인도하여 낸 사람은 어찌되었는지 알 수 없노라 하기에, 내가 그들에게 이르기를 금이 있는 자는 빼내라 한즉 그들이 그것을 내게로 가져왔기로 내가 불에 던졌더니 이 송아지가 나왔나이다. 모세가 본즉 백성이 방자하니 이는 아론이 그들을 방자하게 하여 원수에게 조롱거리가 되게 하였음이라. 이에 모세가 진 문에 서서 이르되 누구든지 여호와의 편에 있는 자는 내게로 나아오라 하매, 레위 자손이 다 모여 그에게로 가는지라. 모세가 그들에게 이르되 이스라엘의 하나님 여호와께서 이렇게 말씀하시기를 너희는 각각 허리에 칼을 차고 진 이 문에서 저 문까지 왕래하며 각 사람이 그 형제를, 각 사람이 자기의 친구를, 각 사람이 자기의 이웃을 죽이라 하셨느니라. 레위 자손이 모세의 말대로 행하매 이 날에 백성 중에 삼천 명가량이 죽임을 당하니라.

(출애굽기, 32:17-28)

그러면서 애굽에서 종으로 살았던 등 굽은 자들이 다 죽고 그들의 2, 3세들이 자라서 갈렙과 여호수아와 같이 온전히 여호와께서 제시한 비전과 믿음에 대한 신실함을 지니게 되었을 때, 그리고 그것을 실천할 수 있는 주인장으로서의 담대하고 당당한 태도적 가치를 지녔을 때에야 비로소 가나안 땅으로 들어가게 했습니다. 40년 만에 새 민족으로 거듭난 것이지요.

나는 너희를 애굽 땅에서 인도해내어 그들에게 종된 것을 면하게 한 너희의 하나님 여호와이니라. 내가 너희의 멍에의 빗장을 부수고 너희를 바로 서서 걷게 하였느니라.

(레위기, 26:13)

이 '멍에의 빗장을 부수고' '바로 서서 걷게' 했다는 후반절을 한국인들은 그저 종됨에서 해방시켜 자유롭게 해줬다는 사실을 강조하기 위해 반복한 문학적 수사로 알고 가볍게 읽고 넘어가지만 실은 매우 중요한 부분입니다. 이는 종의 굽은 등을 바로 펴서, 그러니까 척추를 곧추세워 걷게 해서 진정한 자유인으로, 자기 인생의 주인으로, 공동체 사회의 주역으로 거듭난 새 민족의 실체적으로 달라진 몸자세에 대한 설명입니다. 거인이란 똑바로 선 사람을 말합니다.

이어서 여호와께서 모세를 통하여 세우신 규례와 법도와 율법을 지키지 않을 시에는 반드시 벌을 내릴 것이라는 경고를 누차 반복합니다. 노예처럼 사는 걸 절대 용납하지 않겠다는 경고이지요.

그러나 너희가 내게 청종하지 아니하여 이 모든 명령을 준행하지 아니하며, 내 규례를 멸시하며, 마음에 내 법도를 싫어하여 내 모든 계명을 준행하지 아니하며 내 언약을 배반할진대, 내가 이같이 너희에게 행하리니 곧 내가 너희에게 재앙을 내려 폐병과 열병으로 눈이 어둡고 생명이 쇠약하게 할 것이요. 너희가 파종한 것은 헛되리니 너희의 대적이 그것을 먹을 것임이며, 내가 너희를 치리니 너희가 너희의 대적에게 패할 것이요, 너희를 미워하는 자가 너희를 다스릴 것이며, 너희는 쫓는 자가 없어도 도망하리라.

(레위기, 26:14-17)

만약 그러지 않고 애굽에서의 구습과 비천한 종복 근성이 몸에 밴 채로 백성들을 가나안 땅으로 들여보냈더라면 어찌되었을까요? 설마 젖과 꿀이 흐르는 땅을 누가 비워두었겠습니까? 그곳에는 이미 다른 여러 민족이 살고 있었습니다. 하나님이 직접 그 땅을 빼앗아서 이스라엘 민족에게 넘겨준 것이 아닙니다. 그럴 능력이 없어서가 아니지요. 설사 그렇게 빼앗아서 준들 주인으로 사는 법을 모르는 민족이 그 땅을 얼마나 지켜내겠습니까?

동물원에서 태어난 맹수는 우리를 벗어나선 살 수가 없습니다. 그 짐승들을 야생으로 돌려보내려면 오랫동안 야생 적응 훈련을 시켜야 합니다. 그렇게 해서 산이나 들에 풀어 놓아도 굶어 죽거나 도로 인간(동물원)에게로 돌아오는 짐승들이 대부분입니다. 인간이라고 해서 별다르지 않습니다. 한 번 종은 영원한 종! 한 번 노예는 영원한 노예! 멍에로 등이 굽은 자가 다시 멍에를 지는 건 어려운 일이 아니지요. 싸워서 이민족들을 몰아내기는커녕 분명코 애굽에서와 마찬가지로 가나안 땅에서도 역시 그 주인들을 섬기며 자자손손 비루하게 종으로 살았을 것입니다. 또 그 중 일부는 도로 애굽으로 도망가 종으로 살았겠지요. 버릴 것을 버리지 못하는 민족은 절대 약속의 땅에 들어갈 수도 없고, 들어가서도 안 된다는 것입니다. 〈구약〉은 종복 민족을 주인 민족으로 만들어 가는 과정과 가나안을 정복해 나가는 투쟁의 기록입니다.

4 '그외의 백성은 다 무릎을 꿇고 마신지라'

여룹바알이라 하는 기드온과 그를 따르는 모든 백성이 일찍이 일어나 하롯 샘 곁에 진을 쳤고, 미디안의 진영은 그들의 북쪽이요 모레 산 앞 골짜기에 있었더라. 여호와께서 기드온에게 이르시되 너를 따르는 백성이 너무 많은즉 내가 그들의 손에 미디안 사람을 넘겨주지 아니하리니, 이는 이스라엘이 나를 거슬러 스스로 자랑하기를 내 손이 나를 구원하였다 할까 함이니라. 이제 백성의 귀에 외쳐 이르기를 누구든지 두려워 떠는 자는 길르앗 산을 떠나 돌아가라 하라 하시니, 이에 돌아간 백성이 이만 이천 명이요 남은 자가 만 명이었더라. 여호와께서는 또 기드온에게 이르시되 백성이 아직도 많으니 그들을 인도하여 물가로 내려가라. 거기서 내가 너를 위하여 그들을 시험하리라. 내가 누구를 가리켜 네게 이르기를 이 사람이 너와 함께 가리라 하면 그는 너와 함께 갈 것이요, 내가 누구를 가리켜 네게 이르기를 이 사람은 너와 함께 가지 말 것이니라 하면 그는 가지 말 것이니라 하신지라. 이에 백성을 인도하여 물가에 내려가매 여호와께서 기드온에게 이르시되 누구든지 개가 핥는 것같이 혀로 물을 핥는 자들을 너는 따로 세우고, 또 누구든지 무릎을 꿇고 마시는 자들도 그와 같이하라 하시더니 손으로 움켜 입에 대고 핥는 자의 수는 삼백 명이요, 그외의 백성은 다 무릎을 꿇고 마신지라. 여호와께서 기드온에게 이르시되 내가 이 물을 핥아먹은 삼백 명으로 너희를 구원하며 미디안을 네 손에 넘겨주리니, 남은 백성은 각각 자기의 처소로 돌아갈 것이니라 하시니.

(사사기, 7:1-7)

성경에 나오는 사사 기드온과 3백 용사의 이야기입니다.

짐승처럼 엎드려 물을 마신 자와 두 무릎을 꿇고 물을 마신 자들을 가려 모두 돌려보내고 나니 남은 자가 3백 명뿐이었습니다. 그들은 물을 마시기 위해 머리를 숙이지도, 또 무릎을 꿇지도 않고 쪼그려앉되 허리를 세운 바른 자세로 손바닥으로 물을 떠서 입에 갖다대어 핥아먹었습니다. 시야가 확보되니 물을 마시면서도 눈길은 강 건너편을 주시하고 있었던 것입니다. 적을 앞에 두고 고개를 숙일 수 없었던 것이지요. 여호와께서는 그 3백의 용사들에게 한밤중에 기습할 것을 명해 적을 물리쳐 승리를 거두게 하였습니다. 바로 이 대목에서 말하는 용사의 자세가 인격과 짐승격을 구분하는 척도이자 서구 사회에서 리더십의 일대 전제조건이 됩니다.

약수터나 옹달샘 등지에서 물을 마시려고 할 때, 혹시라도 컵이나 바가지 등이 놓여 있지 않다면 어떻게 해야 할까요? 큼직한 나뭇잎을 따서 우그리면 훌륭한 도구가 됩니다. 그마저도 없으면 어쩌지요? 외국 영화를 보면 가끔 오지를 여행하는 사람들이 계곡물을 마시는 장면이 나옵니다. 이때 원주민 하인들과 짐꾼들은 엎드려 입을 대고 마시지만, 주인공과 서양 신사들은 손으로 물을 떠마십니다. 그에 비해 한국 영화에서는 주인 하인 할 것 없이 똑같이 엎드려 직접 입을 대고 마십니다. 이럴 때 대부분의 한국 관객들은 '엎드려 입을 대고 마시면 바가지도 필요 없고, 옷도 안 적시고 편할 텐데!'라며 의아해하지요. 하지만 엎드려 입을 대고 마시는 건 동물과 다를 바 없는 행동이므로 인격을 위해서 물격(옷)이 젖는 것을 마다하지 않습니다.

또 운동장에서 놀다가 목이 말라 수도꼭지를 틀어 물을 마실 적에도 한국의 어른이나 어린이들은 수도꼭지에 고개를 돌려 입을 갖다대고 물을 마십니다. 아프리카나 동남아 후진국들 대부분이 과거 오랫동안 프랑스나 영국 등 유럽 국가들의 식민지배하에 기독교식 교육을 받아서 글로벌 매너는 한국인들보다 훨씬 수준이 높습니다. 해외 선교나 유학을 가서 이렇게 입을 대고 물을 마시면 그 순간 하층민 출신으로 인식되어 인격적으로 존경받지도 못하고, 그들과 친구가 되기도 어렵습니다. 인격 존중은 자기 존중에서부터 시작됩니다. 입 대신 손으로 받아 마시도록 습관을 들여야 합니다

마음이 굽은 자는 여호와께 미움을 받아도 행위가 온전한 자는 그의 기뻐하심을 받느니라.

(잠언, 11:20)

엎드려서 입을 대고 물을 마신 자는 선택받지 못했고, 허리를 세우고 물을 손으로 떠서 먹은 자는 선택받았습니다. 엎드리는 자세는 노예나 짐승들의 자세입니다. [인터넷 캡처]

케리 쿠퍼(1901-1961). 서부영화 배우 모집 오디션에 지망했을 때, 테스트 과제가 총잡이가 개울에서 물을 마시는 연기였습니다. 다른 지망생들은 각자 편한 대로 엎드려 물을 마셨는데, 케리 쿠퍼는 개울가로 걸어가 좌우를 둘러본 다음 오른손을 총잡이에 갖다대고 그대로 무릎을 꺾어앉아 건너편을 주시하면서 왼손으로 물을 떠마시는 연기를 해서 합격했습니다. 기드온의 3백 용사들처럼! [인터넷 캡처]

두 손으로 물을 받아 마시는 중에도 전방을 주시합니다. 수도꼭지에 입을 대고 마시는 건 짐승들의 자세입니다. [인터넷 캡처]

수도꼭지에서 물을 받아 마시는 매너를 교육받고 있는 어린이들. 아프리카나 동남아 거의 대부분의 국가들은 비록 가난하긴 하나 영국이나 프랑스 등 유럽 기독교 국가의 식민지배를 받아 기독교식 교육이 정착되어 글로벌 매너의 수준은 한국보다 훨씬 높습니다. 그러므로 선교를 가거나 비즈니스로 파견 나가는 사람들은 필시 글로벌 매너를 익히고 가야 합니다. [인터넷 캡처]

바른 자세가 바른 인격을 만듭니다. 실로 바른 자세가 쓰임받는 인재를 만듭니다. 우리 옛 선비들도 지켜 온 인물 평가 기준, 신언서판(身言書判)의 첫 단추는 신(身), 즉 바른 자세입니다. 특히 상체는 인격 그 자체입니다. 해서 허리를 구부리거나 고개를 숙이는 글로벌 매너는 없습니다. 인격은 동격입니다. 오직 신 앞에서만 엎드릴 뿐입니다.

5 적을 앞에 두고 고개 숙이지 않는다!

그러나 내가 이스라엘 가운데에 칠천 명을 남기리니 다 바알에게 무릎을 꿇지 아니하고, 다 바알에게 입맞추지 아니한 자니라.

(열왕기상, 19:18)

텔레비전 오락 프로에 종종 우스꽝스런 소재로 등장하던 신병훈련소의 직각식사를 한국에선 더 이상 볼 수 없게 되었습니다. 2019년 육군본부 내 인권서포터즈단이 이 직각식사를 '악폐습'으로 지적하는 바람에 없애버렸습니다.

직각식사는 70여 년 전 미군이 가르쳐 준 것으로 당시 한국인들 간에 전혀 그 개념이 없었던 소통의 리더십 계발을 위해 장교 간, 그리고 사병 간 상대방 눈보기 훈련 방법으로 식사 시 바로 앞에 있는 동료의 눈을 보게 하기 위해 고개를 바로 세운 상태에서 밥을 떠먹도록 한 것입니다. 한데 이것이 그 본래의 의미를 잃어버리고 절도 있는 자세, 즉 군인 정신을 함양한다는 거창한 것으로 잘못 인식되어 왔습니다.

전통적으로 서구에서 지휘관(장교)은 중상류층 출신으로 성숙된 사회적 인격체임이 이미 자리잡고 있습니다. 한데 현대에

직각식사 훈련을 받는 미군 병사들. 직각식사의 목적은 피차의 목숨을 지켜 줘야 하는 전투 공동체내의 소통과 리더십 배양입니다. 영화 속 한 장면. [인터넷 캡처]

이라크에서 작전중 식사를 하는 미군 병사. 식탁이 없는 야외에서 바른 전방 주시 자세로 식사하려면? 그릇을 턱밑까지 당겨 오면 됩니다. [인터넷 캡처]

차를 마시는 잠깐의 순간조차도 상대방에 대한 시선을 놓치지 않는 버락 오바마 미국 대통령. ⓒ백악관

대부분의 한국인들은 회의나 회담중 물을 마실 때조차도 마치 어른 앞에서 막연히 겸양하듯 무심코 눈을 내리깔고 고개를 옆으로 살짝 돌리거나 숙임으로써 상대방과의 눈맞춤 교감이나 미세한 상황 파악을 놓칩니다. 사소한 동작 하나로 리더십의 여부는 물론 그 사람이 어떻게 살아왔는지가 드러납니다. ⓒ연합뉴스

이르러 자원 입대하는 사관생도나 사병은 대체로 리더로서나 공동체 구성원으로서나 사회성 기본이 제대로 형성되지 않았기 때문에 소통 방법론 등 공동체 규율을 서둘러 체화시키기 위해 직각식사 등 절도 있는 자세와 동작을 혹독할 정도로 익히게 했던 것이지요. 물론 그 외양상의 절도 있는 동작의 최종 목적은 피차의 목숨을 지켜 줘야 하는 전투 공동체 내의 소통과 리더십 배양에 있습니다. 이게 되어야 전투력 향상과 전쟁 승리를 장담할 수 있을 것입니다. 전사(지휘관이든 병졸이든)가 동료는 물론 적의 눈을 자동적으로 주시하지 못하면 어찌되겠습니까?

기역자 식사 훈련의 궁극적인 목표점은 절도가 아니라 소통입니다. 건너편의 상대와 마주 보면서 대화하고 소통하며 식사하라는 본디 목적을 이해 못하고, 70년 동안 맹목적으로 그 동작만 따라 하다 보니 기형적이고 형식주의적이고 관료적인 악습의 하나로 굳어져 내려온 것이겠지요. 게다가 식불언(食不言)이란 반문명적 전통 관습까지 보태는 바람에 마치 공장의 로봇들과 같은 비인격적 행태를 연출한 것입니다. 입속에 음식이 있을 때 말을 하여 보기 흉한 모습을 연출하지 말란 식불언을 식사 시간 내내 말을 하지 말란 것으로 오해 아닌 오해를 한 것이지요.

바른 자세여야 상대방은 물론 식당(전장) 전체를 조망하고 소통하며 통솔하는 리더십이 길러집니다. 직각식사란, 한 술 한 술 숟가락으로 밥을 떠서 건배하듯 눈높이로 올려 마주앉은 상대방과 눈을 맞추고 먹으라는 소통 매너입니다. 아무튼 이 직각식사로부터 다시 악수나 건배, 차를 마실 때, 회의를 할 때에도 상대방을 주시·주목해서 동시적으로 소통과 피드백이 이루어집니다. 그렇게 해서라도 바른 자세와 상대방과의 눈맞춤이 익숙해지면 굳이 직각이 아니어도 상관없겠지요.

남귤북지(南橘北枳)! 결국 오렌지도 태평양을 건너오자 탱자가 된 것이지요. 그러니까 불가피하게 인간존엄성을 무시해 가면서 고육지책으로 도입된 서양식 소통 훈련, 리더십 배양 목적의 상대방 눈보기 직각식사가 한국에서는 그저 외향적으로 군인답게 절도 있는, 피차 멋다 쇼로 변질된 것입니다. 그러면서 군대 속의 전투 능력 체화, 전투력 향상과 전쟁 승리를 위한 절대 수단이 물 건너가고 말았습니다. 소통 실수로 아군끼리 총질하고 폭격하는 일이 일어나지 않는다고 장담할 수 있을까요?

여분네의 아들 갈렙과 눈의 아들 여호수아 외에는 내가 맹세하여 너희에게 살게 하리라 한 땅에 결단코 들어가지 못하리라.

(민수기, 14:30)

눈맞춤도 못하는 구부정한 민족이 어찌 세계사의 주류가 될 수 있겠습니까? 직각식사는 인권의 문제가 아니라 인격의 문제입니다. 훌륭한 리더로 만들어 준다는데 그걸 마치 인권 억압인 줄로 오해한 것입니다. 주인으로 살아 보지 못한 하인 혹은 노예다운 세계관에서 나온 발상의 한계이지요. 식사중 바른 자세는 군인만의 자세가 아니라 성숙된 인격체로서 갖춰야 할 테이블 매너입니다.

한데 국군은 직각식사 폐지를 결정하기 전에 그걸 전해 준 사람들에게 왜 물어보지 않았을까요? 바로 옆에 미군들이 있지 않습니까? 그토록 인권을 중시하는 미국인들은 왜 직각식사 훈련을 없애지 않는지를 말입니다. 긴 칼 옆에 찬다고 다 훌륭한 장수가 되는 것 아닙니다. '깊은 시름'도 없이 덜컥 결정하고 나면 그 뒷감당은 누가 합니까? 리더십은 디테일입니다.

6 '묵은 누룩을 내버리라'^(고린도전서, 5:7)

너희는 이레 동안 무교병을 먹을지니 그 첫날에 누룩을 너희
집에서 제하라. 무릇 첫날부터 일곱째 날까지 유교병을 먹는 자는
이스라엘에서 끊어지리라.

(출애굽기, 12:15)

곰팡이균의 일종인 효모를 이용해 부풀려 만든 빵은 기원전
2천년경 이집트인들이 만든 것입니다. 누룩 없이 만든 납작하고
딱딱한 빵(떡)과는 비교할 수 없을 정도로 맛이 있는 이집트 빵은
로마제국의 지배하에 다채롭게 개발되어 전 유럽으로 퍼져 나갔
습니다. 이스라엘 민족이 애굽에서 나올 때 누룩을 버리게 한 것
은 최대한 멀리로 도망하기 위해 밀가루 반죽이 발효되기를 기다
릴 여유가 없어서였기도 하지만, 그보다도 애굽에서의 모든 관습
과 미련을 버리라는 의도가 더 컸을 것입니다. 유월절을 정해 놓
고 무교병을 먹는 것은, 다시는 종으로 살지 않겠다는 각오를 되
새기는 것이지요.

전통적인 유교 관념 때문에 한국인들은 남녀노소가 인격적으
로 절대 동등할 수가 없습니다.

장유유서(長幼有序)! 윗사람과 아랫사람 사이에 존재하는 엄격한 차례와 질서로 누천년 동안 동양 사회를 지배해 온 윤리관입니다. 여기에는 예외가 없습니다. 물건을 주고받거나 술을 따를 적에도 장유유서를 따져 윗사람에게 두 손으로 받들도록 강요하는 것 또한 반인권적이고 비인격적인 봉건적 악습입니다. 굽힘과 두 손 받들음이 공손이라는 관습적 인식은 현대 사회에선 설득력이 없습니다. 정히 공손하려면 상호 동등한 공손이어야 그나마 변명이라도 되겠습니다. 게다가 남녀유별(男女有別)까지! 유별은 차별입니다. 진즉에 버렸어야 할 케케묵은 누룩입니다만 아직도 아까워 버리지 못하고 있습니다.

이어서 어른 앞에서는 무조건 고개를 다소곳이 숙여야 하고, 눈을 내리깔아야 합니다. 자칫 고개 바로 들고 눈을 맞추고 이야기를 하면 건방지고 불경한 인간으로 낙인찍힙니다. 길에서거나 전동차 안에서도 맞은편 사람과 어쩌다 시선이 마주치면 얼른 피해야 합니다. 서구인의 관점에선 자폐증 환자이거나 노예나 하인이 아닌 이상 그럴 수가 없는 이해 불가능한 행동이지요.

혹여 커피나 차 등 음료를 마실 적에 자동적으로 눈을 내리깔아 잔 속을 들여다보는 듯한 자세를 취하지 않는지요? 눈맞춤 기피 습관이 이런 데까지 드러나는 겁니다. 선생이나 어른 앞에서 처음 술이나 차 마시는 법을 배울 때 두 손으로 받아 고개를 옆으로 돌리고 눈을 살포시 내리깐 채 마시도록 교육받았기 때문입니다. 광고 사진의 모델들 역시 마찬가지입니다. 만약 서구에서 그런 광고를 만들었다간 담당자들 모두 해고당했겠지요. 한국의 유명 배우나 스포츠 스타들 누구도 글로벌 상류층 사교 클럽에 들지 못할뿐더러 그 흔한 글로벌 광고 모델로 선택받지 못하는 원인이 여기에 있다는 사실을 모릅니다. 광고 속에서 그럴듯하게 꾸며 포즈만 잡으면 되지 않느냐고요? 천만에요. 일상에서의 눈맞춤이 안 되는 모델로 광고를 만드는 건 고객을 속이는 짓이지요. 무엇보다 유명인의 행동거지는 평소 시민들에게 노출되어 있어서 그 광고 속의 폼이 연기일 뿐이라는 사실을 직감적으로 느끼게 됩니다. 해서 결과적으로 상품과 기업에 대한 신뢰와 진정성을 떨어뜨리게 되지요. 이처럼 사소한 매너 하나로 그 사람의 온전한 인격체로서의 자격이 의심받고 마땅히 누렸어야 할 부가가치가 날아갈 수 있다는 사실을 하나님의 자녀라면 반드시 알아야 합니다.

전투중이거나 치열한 비즈니스 협상장이거나 국가정상 간의 회담장에서 한순간의 시선 놓침은 자칫 엄청난 결과를 초래할 수 있습니다. 하여 리더들은 상대방의 미세한 표정의 변화나 현장의 사소한 움직임도 놓치는 법이 없습니다. 평소 그렇게 훈련이 되어 몸에 배었기 때문입니다. 따라서 차나 음료를 입으로 들이켜는 순간에도 상대방과 전방을 주시합니다. 운동장 수도꼭지에서 물을 받아먹을 때에도 마찬가지입니다.

주인장의 태도를 등대에 비유한다면, 하인의 태도는 후레시에 비할 수 있겠습니다. 등대는 제자리에 똑바로 서서 뭇배들을 인도하지만, 후레시는 굽신굽신대며 구석구석을 비추고 돌아다녀

한미 정상 간 전화 통화 기사를 다룰 때, 각 언론에서는 두 정상의 전화하는 사진을 나란히 붙여 내보냅니다. 이럴 때 선진국 중상류층 사람들에게는 두 정상의 글로벌 매너 내공의 차이가 저절로 비교되는 바 한국 대통령은 언제나 미국 대통령의 명령을 하달받는 부하 같은 모습을 연출하여 국격을 심대히 훼손시키고 있습니다. 사진을 찍히는 사람, 사진을 찍는 사람, 사진을 고르는 사람 모두가 유의해야 합니다. ⓒ청와대-연합뉴스

평소 대통령 본인의 통화 자세도 문제이지만, 그 많은 청와대 보좌관들 중에 매너와 품격을 아는 사람이 한 명도 없다는 것이 더욱 통탄할 일입니다. 매번 전화할 때마다 품격 떨어지는 사진을 찍어 언론에 홍보용으로 뿌릴 게 아니라, 취임하자마자 정장에 넥타이 제대로 매고 바른 자세로 당당하게 상대방과 직대면해서 대화하는 듯한 모습을 연출한 사진 몇 장 홈페이지에 올리고, 또 국내외 언론에 나누어 줘서 그것으로 임기 내내 사용하게 하면 그만입니다. 언론의 모든 기자들도 '사진의 품격'이 무엇인지 학습해서 국격 추락 불상사를 없애는 데 관심을 기울여야 합니다. 개념 있는 언론인이라면 청와대에다 위와 같은 굴욕적인 모습의 통화 자세 사진 대신 제대로 된 사진을 다시 찍어 보내 달라고 요청해야 합니다. ⓒ청와대-연합뉴스

야 합니다. 전화를 할 때에도 이런 습관이 그대로 드러납니다. 대부분의 사람들은 전화기나 핸드폰을 들 때 자동적으로 고개를 숙이고, 어깨를 움츠리고, 눈을 내리깝니다. 물격에다 인격을 가져다 대는 것이지요. 전화조차도 공손하게 두 손으로 받는다지만, 그건 상관이나 어른한테 명령받는 아랫사람으로서의 자세입니다. 그에 비해 글로벌 중상류층 사람들이나 오피니언 리딩 그룹 인사들은 전화기를 한 손으로 들고 마치 상대방과 마주 보고 대화하는 것처럼 고개를 바로 들고 시선을 수평으로 유지합니다. 평소 당당한 인격체로서 눈맞춤 대화가 몸에 밴 때문입니다.

네 몸의 등불은 눈이라. 네 눈이 성하면 온몸이 밝을 것이요, 만일 나쁘면 네 몸도 어두우리라.
(누가복음, 11:34)

눈은 '마음의 문'이라 합니다. 심리학적으로도 상대와 눈맞춤을 회피하는 건 현실(사건, 진실)을 직시할 자신감이 없는 것으로 판단합니다. 대화중이라면 본심을 숨기거나 거짓말하는 것으로 받아들여질 수 있습니다.

꽤 국제적으로 활동하는 이들도 눈맞춤이 잘 안 됩니다. 심지어 직업외교관들도 악수할 때, 인터뷰할 때, 안내할 때, 그리고 회의중에도 상대를 똑바로 주시하지 못합니다. 특히나 상대가 서양인이라면 본능적으로 눈길을 피합니다. 죄인도 아닌데 말입니다. 결국 상대의 마음을 읽어내는 능력이 떨어지고, 그로 인해 배려심이 부족한 원인이 되고 있습니다. 때문에 제대로 속내를 트고 소통할 때까지 엄청난 시간과 에너지를 낭비하게 됩니다.

모든 아기는 태어나 눈을 뜨면 엄마와 눈을 맞추려고 애씁니다. 눈으로 소통하려는 본능이지요. 입과 귀, 그러니까 언어로 소통하는 건 한참 후의 일이니까요. 그런데 한국의 아이들은 차츰 자라면서 어른의 눈길을 피해 고개를 숙이는 예절 교육을 받게 됩니다. 여러분의 귀한 자녀가 어린이집에서 배꼽인사를 배우는 순간 눈으로 진심을 표현·전달·교감하는 능력이 퇴화되기 시작합니다. 그리고는 하인처럼 차츰 자신을 감추고 남의 눈치를 살피는 습관을 길러 나갑니다. 공손함을 가장한 복종의 처세술을 강요당하는 거지요. 용돈을 주면서 두 손으로 받게 하고, 몸을 굽혀 절을 하도록 훈련시킵니다. 인간존엄성 차원에서 보자면 분명 잘못된 매너로서, 선진문명국에선 심각한 인권탄압이자 아동학대로 볼 수 있습니다. 이는 한국 교육의 치명적인 결함으로 적폐 중의 적폐입니다. 썩은 누룩입니다. 교육은 길들이기가 아닙니다.

생베 조각을 낡은 옷에 붙이는 자가 없나니, 만일 그렇게 하면 기운 새것이 낡은 그것을 당기어 해어짐이 더하게 되느니라. 새 포도주를 낡은 가죽 부대에 넣는 자가 없나니, 만일 그렇게 하면 새 포도주가 부대를 터뜨려 포도주와 부대를 버리게 되리라. 오직 새 포도주는 새 부대에 넣느니라 하시니라.

(마가복음, 2:21-22)

　　AI(인공지능)가 세상을 선도해 나가는 시대를 살고 있습니다. 기계가 인간의 표정과 감정까지 읽어내고 있습니다. 기실 AI라는 것도 본질적으로 '소통의 도구'라 할 수 있습니다. 무역 규모 1조 달러를 넘기는 글로벌 소통 시대에 마주 앉은 사람들끼리 제대로 눈맞춤 대화도 못하는 민족이 과연 4차산업혁명 시대의 주역이 될 수 있을까요? 사람을 바로 쳐다보지도 못하는 사람이 어찌 세상을 바로 볼 수 있겠습니까? 눈맞춤이야말로 상대방 존재의 명시적 인정, 인격 존중과 협력 시작의 구체적 신호입니다. 그리고 당장 눈앞에 보이지 않는 제3의 불특정 대중에게도 마음 문을 활짝 여는 소통과 배려의 시작입니다. 수직 사회의 봉건적 인습을 버리지 못하면 결코 소통의 시대를 선도해 나갈 수가 없습니다. 하나님의 나라는 수평 사회입니다. 해방된 지 75년이 넘었습니다만 한국인에게 진정한 해방은 아직도 요원합니다.

7 '그 속에 간사한 것이 없도다'

하나님이 자기 형상 곧 하나님의 형상대로 사람을 창조하시되 남자와 여자를 창조하시고, 하나님이 그들에게 복을 주시며 하나님이 그들에게 이르시되 생육하고 번성하여 땅에 충만하라. 땅을 정복하라, 바다의 물고기와 하늘의 새와 땅에 움직이는 모든 생물을 다스리라 하시니라.

(창세기, 1:27-28)

하나님이 인간을 창조하실 때 구부정하게 빚지 않으셨습니다. 그래서는 만물의 영장, 만물의 리더가 될 수 없으니까요.

인간이 동물과 구별되는 건 직립보행이라고 합니다. 유인원은 구부정했지만 차츰 바로 세워져 지금처럼 완전한 직립을 하게 된 것이지요. 결국 이 바른 자세가 곧 '인격(人格)'인 셈입니다. 그러니까 먼저 자세가 똑바르다는 것은 인격을 제대로 갖췄음을 의미한다고 할 수 있습니다.

청소년들의 공부하는 자세가 나빠 척추가 많이 휘었다고들 걱정을 합니다. 그때마다 전문가들은 척추가 휘는 것을 방지하기 위한 온갖 처방을 다 내놓지만 정작 바른 자세가 곧 바른 인격이라는 지적은 없습니다. 더욱이 언제나 앉은 자세만 나무랐지 선 자세에 대해서는 아무도 언급하지 않습니다. 비뚤게 앉는 사람이 똑바로 설 리도 없지요. 한국에서 버스나 전동차를 기다리며 서 있는 사람들 중에 똑바로 선 사람이 참 드뭅니다.

독립(獨立)! 한국인에겐 정말 귀가 따가운 단어이지요. 이스라엘 민족이 애굽에서 엑소더스한 것도 압제에서 벗어나 독립하기 위함이었지요. 그렇게 종의 굴레를 끊어내고 뛰쳐나가 새로운 땅을 차지한다고 해서 바로 독립이 되는 게 아니지요. 하나님 여호와께서 제 백성들에게 씌워진 멍에의 빗장을 부수고 바로 서서 걷게 하였지만 4백여 년 동안 굽은 등이 하루아침에 펴지질 않았습니다. 해서 광야를 40년 동안 이끌고 다니며 두려워 말고 담대하고 당당하라고 독려하여 바로 서게 했습니다. 왜냐하면 바른 자세에서 주인 의식이 생겨나기 때문입니다. 독립은 정립(正立)으로 완성됩니다.

글로벌 품격의 기본 뼈대는 신사도, 즉 기사도입니다. 남녀노소를 불문하고 사관생도처럼 바른 자세면 글로벌 사회에서 일단 기본은 갖춘 셈입니다. 글로벌 매너는 당당함에서 시작합니다. 당당하지 못한 겸손이나 온유는 곧 비굴이거나 자신 없음입니다. 미국의 많은 하층민이나 이민 온 동양계 사람들이 주류사회에 편입하지 못하는 가장 큰 원인이 바로 이 바르지 못한 자세에 있습니다. 경제적으로는 성공했다 한들 인격적으로는 뭔가 부족할 것 같지요. 온전히 신뢰가 가지 않지요. 한 테이블에서 함께 식사하기가 불편하고, 같이 서 있는 것조차 거북하겠지요. 세기의 여배우 오드리 헵번은 그의 자녀들에게 보낸 편지글에서 "아름다운 자세를 갖고 싶으면 결코 너 혼자 걷고 있지 않음을 명심하라"고 일렀습니다.

프랑스의 모델학원에서는 워킹만 가르치지 않습니다. 매너와 더불어 인문학 위주의 교양도 가르칩니다. 특히 시를 많이 외우도록 합니다. 외모도 중요하지만 영혼의 성숙을 더 중시하는 것이지요. 그리고 나면 걸음과 온몸의 율동에서 시적 리듬이, 자세와 눈에서 내면의 지적 아름다움이 절로 배어 나오게 됩니다. 미모와 팔등신의 몸매만으로 모델 하는 것 아닙니다. 그 같은 소양을 지니지 못한 사람 눈에는 그런 게 안 보이지만, 내공이 깊은 사람들은 워킹만 보고서도 직감적으로 느낍니다. 어떤 스타일의 옷이든 멋지게 소화해내어 영혼이 있는 모델이라는 소리는 듣는 것도 그 때문입니다. 이는 패션뿐 아니라 여타 예술에서도 마찬가지입니다. 가령 시(詩)를 아는 피아니스트와 그렇지 못한 피아니스트의 연주를 비교해 보면 금방 알 수 있습니다. 똑같은 곡을 연주해도 깊이와 감흥이 전혀 다릅니다. 철학이 없고 품격이 낮아서는 절대 글로벌 주류 무대에 못 선다는 말입니다.

예수께서 나다나엘이 자기에게 오는 것을 보시고 그를 가리켜 이르시되, 보라 이는 참으로 이스라엘 사람이라 그 속에 간사한 것이 없도다. 나다나엘이 이르되 어떻게 나를 아시나이까. 예수께서

대답하여 이르시되 빌립이 너를 부르기 전에 네가 무화과나무 아래
에 있을 때 보았노라.

(요한복음, 1:47-48)

자세가 곧 마음입니다. 자세가 바르면 마음도 바르고, 마음
이 바르면 자세도 바릅니다. 사람됨은 그렇게 매너와 품격으로
명확하게 표현되고 검증되어야 합니다. 등 굽은 겸손이 아니라
바른 겸손, 바른 자세에서 적극적인 배려와 환대로 나아가야 합
니다. 그리하여 하나님께서 멀리서 척 보시고도 당신의 자녀임을
알아볼 수 있어야 진정한 크리스천이라 하겠습니다.

8 '맹인이 맹인을 인도하면'

화 있을진저, 눈 먼 인도자여. 너희가 말하되 누구든지 성전으로 맹세하면 아무 일 없거니와 성전의 금으로 맹세하면 지킬지라 하는도다. 어리석은 맹인들이여 어느것이 크냐 금이냐, 그 금을 거룩하게 하는 성전이냐. 너희가 또 이르되 누구든지 제단으로 맹세하면 아무 일 없거니와 그 위에 있는 예물로 맹세하면 지킬지라 하는도다. 맹인들이여 어느것이 크냐 그 예물이냐, 그 예물을 거룩하게 하는 제단이냐. 그러므로 제단으로 맹세하는 자는 제단과 그 위에 있는 모든 것으로 맹세함이요. 또 성전으로 맹세하는 자는 성전과 그 안에 계신 이로 맹세함이요. 또 하늘로 맹세하는 자는 하나님의 보좌와 그 위에 앉으신 이로 맹세함이니라.

(마태복음, 23:16-22)

유목 국가를 제외하고 오늘날 말을 가장 많이 기르고 말과 관련된 스포츠나 문화를 즐기고 있는 나라는 영국과 미국일 것입니다. 우리도 스스로 기마 민족이라고 하지만, 역사를 두루 훑어보면 과연 그럴 만한가 하는 의구심이 생기기도 합니다.

예로부터 모든 민족이 말타기를 즐겼지요. 전차경주를 위시

해서 격구·폴로·경마·승마 등 말을 이용한 각종 스포츠가 성행했었습니다. 그리스 고대올림픽에도 네 마리의 말이 끄는 전차경주와 경마 종목이 있었습니다. 중국 주나라 때에 귀족의 자제들이 필수적으로 배워야 할 과목 육예(六藝: 禮·樂·射·御·書·數) 중 어(御)가 수레를 모는 마술(馬術)입니다. 서양의 귀족들도 마찬가지여서 전통적으로 상류층의 자제들은 일찍부터 라틴어나 프랑스어 등 외국어 두세 개와 고급 사교 매너 외에도 댄스·수영·사격·승마를 반드시 익혀야 했습니다. 오늘날에는 승마와 경마가 가장 대표적인 스포츠와 오락으로 자리잡고 있습니다.

그렇다면 승마와 경마는 어떻게 다른가요?

경마는 사행성 게임으로 스포츠 종목에는 들어가지 않습니다만 승마는 올림픽 종목입니다. 근대 승마는 14,5세기 이탈리아에서 체계화되었으며, 1900년 제2회 파리올림픽대회에서 정식 종목으로 채택되었습니다. 경마는 말 등에 바짝 엎드려 무조건 달려서 일등만 하면 되지만, 승마는 장애물비월·높이뛰기·멀리뛰기·마장마술 등 여러 가지 코스를 제 시간 내에 완주해내는 것으로 점수를 매기는 경기입니다. 승마의 채점 기준은 기수가 가장 적은 동작으로 가장 섬세하게 말을 다루는 것입니다. 따라서 기수의 흐트러짐 없는 꼿꼿한 자세가 채점의 주요 포인트가 됩니다. 겨드랑이를 딱 붙이고 흡사 마네킹이 올라탄 것처럼 시종일관 꼿꼿한 자세를 유지해야 합니다.

그럼 누가 경마를 하고, 누가 승마를 하는가요?

전통적으로 경마는 그 말 주인인 귀족집 하인 중 몸이 가벼운 자가 기수가 됩니다. 그에 비해 승마는 귀족과 그 자제들이 즐깁니다. 평소에는 우아하게 살지만 유럽의 귀족들은 전쟁이 나면 즉시 사령관이 되어 자신의 영지 내에서 모집한 병사들을 이끌고 싸우러 나갑니다. 당연히 그 아들들도 지휘관이 되어 함께 전쟁에 나갑니다. 해서 귀족들은 평소 승마와 사격·사냥 등의 스포츠를 통해 그 자질을 연마해 놓아야 했습니다.

전장에서 기병돌격대는 죽어라고 빨리 달려나가 적진을 흩뜨려 놓는 것이 임무이지만, 지휘관은 높은 말 위에 앉아 전장의 형세를 파악하고 부대를 지휘해야 합니다. 모든 부하들에게 잘 보이게끔 모자나 제복에 특별한 장식으로 표시를 내고, 꼿꼿한 자세를 유지해야 합니다. 화살이나 총알이 날아와도 엎드리거나 기우뚱거릴 수가 없습니다. 만약 지휘관이 그런 흔들리는 모습을 보였다간 부하들이 지레 겁을 먹어 전투를 제대로 치러 보지도 못하고 진이 와해되고 말지요. 그러니까 승마는 지휘관의 자세, 즉 리더십을 기르기 위한 스포츠였던 것입니다. 최소한의 동작, 최소한의 말로써 섬세하게 그리고 정확하게 집단을 통제하고 이끌어 나갈 수 있는 리더십을 승마를 통해 익히는 것이지요.

그에 비해 미국 카우보이들의 말타기는 매우 자유롭습니다. 군사를 지휘하는 게 아니라 소떼나 말떼를 모는 것이니까요. 해서 겨드랑이를 벌려 두 팔을 날개처럼 펴고 덜렁덜렁대며 달립니다. 처음 한국에선 무덤덤했던 싸이의 말춤 댄스곡 〈강남 스타일〉이

강남이 아닌 미국에서 히트한 것도 바로 그런 문화 때문입니다. 그렇지만 그 우연한 행운의 본질도 모르고 자신의 재능 때문인 양 착각해서 인기 한창 때 성급하게 느끼한 다음 작품을 발표했다가 둘 다 망해 버렸습니다. 〈젠틀맨〉이라니? 주제 파악을 못한 거지요. 완전 시들해질 때까지 실컷 뽑아먹은 다음에 더 신나는 '말춤 2'를 만들었어야 했습니다.

그냥 두라. 그들은 맹인이 되어 맹인을 인도하는 자로다. 만일 맹인이 맹인을 인도하면 둘이 다 구덩이에 빠지리라 하시니.
(마태복음, 15:14)

박근혜 전 대통령 탄핵의 시초도 실은 이 말 때문이었지요. 한데 최순실과 정유라, 왜 하필 승마였을까요?

속담에 미운 놈 떡 하나 더 준다는 말이 있습니다. 옛날 우스 갯소리에 임금이 미운 신하가 있으면 코끼리 한 마리를 하사했다고 합니다. 임금이 내린 코끼리이니 잡아먹을 수도, 팔아 버릴 수도 없지요. 잘 키워야 하는데 그러자면 코끼리가 하루에 먹어치우는 양식이 이만저만이 아닙니다. 결국 그 신하는 몇 년 못 가서 가난해진다는 겁니다. 아무렴 코끼리뿐이겠습니까? 누가 당장 말 한 마리를 선물로 내준다면 그걸 어찌 키우겠습니까? 특히 경주 마나 승마용의 비싼 말이라면 더더욱 그렇지요. 목장을 하지 않는 사람이라면 거저 줘도 못 가져갈 것입니다.

최순실이 자신의 딸을 이화여대에 특기생으로 입학시키기 위해 그 딸에게 승마를 가르쳤습니다. 그렇게 해서 전국체전에 나가면 대개는 은메달이나 금메달을 딸 수 있었습니다. 왜냐하면 엄청난 부자가 아니면 말을 가질 수가 없기에 전국적으로 출전 선수가 몇 명 되지 않아 일단 참가만 해도 메달권이었으니까요. 문체부의 누군가가 최순실에게 귀띔해 주었겠지요.

우선 우수한 말이 필요했습니다. 유능한 코치도 있어야 하고, 말을 맡아 관리해 주는 사람도 고용하여야 했습니다. 밝혀진 대로 그 돈을 삼성그룹에서 뜯어내었습니다. 때맞춰 이화여대에서는 특기생 입학 조항에 .승마 종목을 추가했습니다. 그렇게 해서 딸을 이화여대생으로 만들었지요. 거기까진 잘했는데 문제는 수업 태도와 성적이었습니다. 결국 교수들이 성적 조작에 나선 것이 밝혀지면서 사태가 일파만파로 퍼져 나가 대한민국을 홀라당 뒤집어 놓았습니다.

만약 그때 최순실이 승마의 본디 목적을 제대로 알고 딸에게 승마를 가르쳤더라면, 어쩌면 딸을 훌륭한 리더로 키우지 않았을까요? 눈 먼 자가 말을 탄 결과는 참혹했습니다. 뜻도 모르고 잔꾀로 승마를 가르치는 바람에 본인은 물론 대통령을 비롯해서 재벌 총수 등등 셀 수 없이 많은 사람들을 감옥으로 이끌었습니다. 마력(馬力)은 참으로 대단했습니다.

진정한 상류의 삶 속에 내재하는 철학과 문화, 태도적 가치를 모르고선 말이 아니라 코끼리를 타도 리더십을 못 기릅니다. 근자에 한국에도 승마장이 많이 생겼습니다. 기마 민족의 후예라고 우쭐하기 전에 승마의 본디 목적, '말에 오른다'는 의미부터 새기고 말 등에 올라야겠습니다.

9 '나는 마음이 온유하고 겸손하니'

나는 마음이 온유하고 겸손하니 나의 멍에를 메고 내게 배우라. 그리하면 너희 마음이 쉼을 얻으리니, 이는 내 멍에는 쉽고 내 짐은 가벼움이라 하시니라.

(마태복음, 11:29-30)

성경에 '멍에'란 단어가 자주 나옵니다. 그런데 한국에선 바로 이 말씀상 예수께서 메라 했다는 멍에에 대한 인식에 심대한 착오가 벌어지고, 그 결과 서구 교섭 문화에 대한 이해가 좀처럼 불가능한 지경에까지 이릅니다. 대부분의 사람들은 '자기가 메던 멍에를 나에게 떠맡기고 간다는 말인가?'라고 의아해하지요.

한국에서 농사용 소에 씌우는 멍에는 거의 대부분이 1인용입니다. 그렇지만 서양 문화의 큰 원류 중 한 곳인 중동에서 농사용 소의 멍에는 2인용이 기본이지요. 사회 생활이란 원래 2인용 속성이 기본이라는 인식 가운데 상대방을 존중·배려하고, 상대방과 '커플로 잘 일해 보려는' 서구인들의 사업 합작 마인드 또는 '상대방과 함께 멋있게 춤추려는' 앙상블 의식을 몰이해해서 벌어지는 불상사가 빈발하게 됩니다. 비즈니스는 혼자서 하는 게

서구식 멍에. 유럽에선 흔하지만 한국에선 쌍두 마차, 쌍두 달구지가 드뭅니다. 여기서 양자 간 사회 교섭 문화 개념상 아주 깊은 간극이 생겨납니다. [인터넷 캡처]

아닙니다. 상대방을 인정하고 함께 잘되겠다는 인식이 없이는 글로벌 무대에서 진실한 파트너나 친구 못 만듭니다.

한국인들은 3·5·7 홀수를 좋아합니다. 그에 비해 중국인들은 짝수를 좋아하는데, 특히 2·6·8이란 숫자를 좋아하지요. 한국의 시조는 3행이지만, 중국의 시는 4행·6행·8행 짝수로 짓습니다. 기둥에 걸린 대련도 짝을 이룹니다. 그뿐이 아닙니다. 한국의 춤은 거의가 제멋에 겨워 혼자서 추는 데 비해 서양의 춤은 항상 짝을 이룹니다. 특히 사교춤은 예외가 없습니다.

짝수를 좋아하는 민족은 상대방에 대한 인식이 있는 반면에,

한국인들처럼 홀수를 좋아하는 민족은 자기 중심적이고 이기적인 사고를 지니는 경향이 강합니다. 비즈니스를 해도 마찬가지지요. 동양권에서 한국인만 유독 동업을 꺼리고, 실제로도 잘 안 됩니다. 차라리 작게 할망정 독불장군처럼 혼자 하지 남들과 함께 하는 걸 꺼립니다. 일찍부터 '뱀 대가리가 될망정 용 꼬리로는 살지 않는다'라는 가당찮은 속담에 세뇌된 탓이지요. 여기에는 대가리가 못 되면 몸통이든 꼬리든 다 종일 뿐이라는 편협한 선입견과 가부장적 계급 의식이 지배하고 있습니다. 한국 도시 골목골목에 구멍가게가 많은 이유입니다. 한국의 글로벌 대기업들이 분명 주식회사이긴 하지만 실제로는 오너 독단으로 운영되는 것도 이런 기질 때문일 것입니다.

또 참으로 나와 멍에를 같이한 네게 구하노니 복음에 나와 함께 힘쓰던 저 여인들을 돕고, 또한 글레멘드와 그외에 나의 동역자들을 도우라. 그 이름들이 생명책에 있느니라.

(빌립보서, 4:3)

꼬리 없는 용이 승천할 수 있다던가요? 동양 전래의 군자 정신, 선비 정신에는 이같은 맹점이 있습니다. 독야청청 결벽증도 여기서 나오고, 공공(公共)에 대한 인식도 그래서 부족한 듯합니다. 신은 홀로 존재하지만 사람(人)은 혼자 설 수 없습니다.

10 인사는 아래위가 없거늘!

우리 왕의 날에 지도자들은 술의 뜨거움으로 병이 나며, 왕은 오만한 자들과 더불어 악수하는도다.

(호세아, 7:5)

예전에 노무현 대통령이 평양 방문 때 동행했던 당시 김장수 국방장관이 공항에서 고개를 꼿꼿하게 세운 자세로 김정일과 악수했다 하여 남한의 자존심을 지킨 영웅 아닌 영웅이 된 적이 있습니다.

세상에는 절(拜), 읍(揖), 악수, 포옹, 볼키스, 코비비기 등등 민족마다 다양한 인사법들이 있습니다. 신체 접촉을 통해 피차 인격체임을 확인하고 호의를 주고받는 것이지요. 그 중 악수가 가장 보편화된 방법으로 세계 어디에서나 통하는 인사법입니다.

그런데 한국인들은 악수를 그냥 손만 잡으면 되는 너무도 쉬운 인사법이라고 생각해서인지 악수하는 법을 가르쳐 주거나 따로 배운 적이 없습니다. 겨우 사관생도들만 꼿꼿하게 악수하는 법을 배우는데, 그나마도 장교로 임관되고 나면 차츰 일반인들처럼 굽신 악수를 하게 되지요. 그처럼 한국인 대부분이 악수의 구체적 요령과 지켜야 할 매너가 있는 줄도 모른 채 그냥 남 따라 상대방의 손을 덥석 잡기만 합니다.

원래 악수는 우리의 전통 예절이 아닙니다. 성경에도 손잡는 얘기가 나오는 것처럼 악수의 풍습은 고대에도 있었던 것 같습니다. 오늘날의 악수는 수백 년 전 영국인들의 인사법으로 근대화와 함께 세계적으로 보급된 것입니다. 우리는 구한말, 그리고 일제식민 시대에 별생각 없이 그 의미도 모른 채 무작정 받아들인 것이지요. 한데 한국인과 외국인이 나누는 악수의 모습을 자세히 비교해 보면 어딘지 달라 보입니다. 물론 대부분의 한국인들은 그 차이를 눈치채지 못하지만 말입니다. 설사 알아차린들 대수롭게 여기지 않습니다.

동양의 전통 관습에서는 타인과 신체를 접촉하는 걸 꺼렸습니다. 악수가 보편화되기 전에 우리는 절로 인사를 나눴습니다. 그러다 보니 악수만으로는 왠지 인사를 제대로 다하지 못한 것 같은 느낌이 듭니다. 해서 악수할 때 절까지 더해서 고개를 숙이고 허리까지 굽히는데, 특히 자기보다 직위나 연배가 높은 사람한테는 왼손으로 받치기까지 합니다. 굽신배가 몸에 배다 보니 손이 나가면 자동적으로 허리를 굽히고 등이 굽어지면서 어깨가 움츠러들고, 이마나 턱이 따라 나가는 바람에 세상에 다시없는 추악한 악수 자세가 만들어집니다. 막걸리와 와인을 섞어 마시는 것 같은 형국이라 하겠습니다. 이는 세계적으로 한국인들만(일부 일본인도) 하는 기형적인 악수법입니다.

엘리자베스 여왕과 악수하는 마릴린 먼로의 당당한 자세. [인터넷 캡처]

할로윈데이에 백악관에 초대되어 트럼프 대통령과 바른 자세로 악수하는 어린이들. ⓒ연합뉴스

그렇게 한국적 인사법으로 굳어졌으니 우리끼리야 상관이 없습니다만 외국인들과 악수할 때는 심각한 문제가 됩니다. 허리를 굽힌 한국인이 상대적으로 비굴해 보이기 때문입니다. 세계인들은 나이나 신분에 관계없이 자세를 바로 세운 상태로 악수를 합니다. 사관생도의 악수가 군인들만의 악수법이 아닙니다. 악수는 원래 그렇게 꼿꼿한 자세로 하는 겁니다.

굽신 악수를 하면 외국인들이 한국인을 공손하다며 기특하게 여길까요? 천만의 말씀입니다. 노예나 하인과 같은 하층민과 악수한 것 같아 불편해합니다. 공공 장소에서였다면 혹여 자기를 아는 사람이 그 광경을 볼까봐 주변을 의식해서 당황하겠지요. 물론 겉으로야 미소를 띠고 아무렇지도 않은 표정을 하지요. 아직 개화가 덜된 미개한 나라의 문화려니 하고 이해해 주는 것뿐입니다. 해서 피할 수 없는 공적인 자리에서야 웃고 넘어가지만, 사적으로는 절대 같이 놀아 줄 친구로 여기지 않습니다. 애초에 악수는 신사들의 인사법입니다. 신사복을 입었어도 매너를 제대로 익히지 못하면 그들에게서 진짜 신사로 대접받지 못합니다.

악수할 때 상대방과의 거리가 멀다고 해서 팔을 쭉 뻗는 것도 좋지 않습니다. 팔은 적당히 뻗어야 합니다. 그래도 닿지 않는다면 상대방에게 좀 더 가까이 다가섭니다. 가까울수록 더 친밀해 보이고 그림도 멋있습니다. 그렇게 손을 잡고 살짝 흔들면서 반가운 미소와 덕담을 나눕니다. 너무 힘없이 쥐거나 지나치게 세게 쥐는 것은 상대방의 감정을 상하게 하거나 당혹스럽게 할 수가 있습니다. 그리고 한국인들은 악수할 때 저도 모르게 입을 꽉 다물고 입술에 힘을 주는 버릇이 있는데, 이는 하층민 출신으로 오해받을 염려가 있습니다. 손에 힘을 주더라도 태연하게 입에 가벼운 미소를 띠어야 합니다. 좀 더 반가운 만남이면 두 손을 같이 맞잡기도 하고 손목이나 팔뚝을 잡는가 하면 때로는 손을 세워 잡기도 합니다. 그리고 초면이 아닌 서너번째의 만남이면 악수 후 자연스럽게 포옹(hug)이나 볼키스(bisou)로 넘어가도 좋습니다.

인격은 동격입니다. 계급은 인격이 아닙니다. 당연히 악수에도 아래위가 없습니다.

아무튼 글로벌 무대에서 굽신 악수는 자살골입니다. 그렇지만 현재 한국의 관습에선 글로벌 정격 악수만을 고집했다간 십중팔구 건방진 사람으로 오해받게 되겠지요. 그럴 때에는 절과 악수를 분리해서 적절히 구사하도록 합니다. 그러니까 상대가 어른일 경우 먼저 한국식으로 살짝 고개를 숙이는 절인사를 한 후, 상대가 손을 내밀면 그때 배운 대로 악수를 하는 거지요. 단 공적인 행사에서나 외국인을 대할 때에는 무조건 글로벌 정격 악수를 해야 합니다. 악수가 품격을 판가름합니다.

11 악수는 눈맞춤으로!

이제 원하건대 너희는 내게로 얼굴을 돌리라. 내가 너희를 대
면하여 결코 거짓말하지 아니하리라.

(욥기, 6:28)

지극히 단순해 보이지만 실은 매우 디테일한 인사법이 바로
악수입니다. 만만찮은 수업료가 드는 미국의 고가 MBA 과정 옵
션 코스 중의 하나인 '럭셔리 매너 스쿨'에서는 악수 하나를 한 달
내내 반복해서 연습시키기도 합니다. 왜냐하면 악수라는 간단한
동작 하나로 반가움이며 호감, 청탁, 주장, 배려, 유혹 등등 만남
의 의도를 상대방에게 암묵적으로 전달 교감해내어야 하기 때문
입니다.

우리는 관습적으로 형식을 중시하다 보니 인사의 본디 의미
인 소통에 대해 매우 소홀합니다. 하여 악수를 할 때 서로의 손
만 맞잡으면 인사가 성립되고 완결되는 줄 알고 서둘러 손부터 잡
게 되는데, 이때 시선도 상대방이 내미는 손에 집중을 하게 됩니
다. 그 바람에 절로 고개가 숙여지게 되지요. 그렇게 손잡음을 확
인한 후에야 비로소 상대방의 눈을 바라보게 됩니다. 이에 대해

악수란 원래 그렇게 하는 것이 아니느냐고 항변할 수도 있습니다만, 순간적이지만 악수를 하려던 외국인들은 상대방이 눈길을 피하는 줄로 알고 내심 당황하게 마련입니다. 심지어 꼿꼿 악수를 하는 사관생도들조차 눈맞춤을 못하고 마네킹처럼 허공을 바라봅니다. 결국 악수의 목적인 소통에 실패하게 되고, 상대방은 물론 주변 사람들에게조차 격이 낮은 사람으로 인식되고 맙니다.

인사로서 악수의 본질은 손잡음이 아니라 '눈맞춤(eye contact)'인 줄 아는 한국인은 많지 않습니다. 악수란 그저 만남의 의례 차원에서 끝나지 않고 한걸음 더 나아가 사회 활동 교섭 상대방 간에 서로의 눈을 쳐다봄으로써 대화할 수 있는 상대임을 확인하는 절차입니다. 눈을 마주치지 않으면 소통이 안 됐다는 것이 글로벌적 인식입니다. 한국에서는 눈맞춤(눈싸움?)을 불경하게 여기다 보니 평소 눈방긋 미소가 훈련되지 않아 매우 어색합니다. 하여 그 어색함을 입 주변의 근육으로 표현하다 보니 미소조차 비굴해 보입니다. 악수는 눈맞춤으로 최종 완성됩니다.

상대의 손을 쳐다봐야 놓치지 않고 잡을 수 있지 않느냐고요? 그런 걱정 안해도 됩니다. 눈만 바라보고 악수해도 절대 상대방 손을 놓치는 법이 없습니다. 상대가 아무리 나이가 많고 직급이 높고 신분이 고귀해도 제사상에 술 따라 올리듯 두 손으로 악수하거나, 왼손으로 소매나 옷깃을 여미는 것은 절대 금물입니다. 발끝에서 머리끝까지 자세를 곧추세우고, 만면에 온화한 미소를 띠우며, 줄곧 상대방의 시선을 놓치지 말고 다가가면서 오

악수는 눈을 보고! 마이크 펜스 미국 부통령과 정격 악수하는 어린이. ⓒ백악관

악수는 인사입니다. 인사에는 아래위도, 계급도 없습니다. 인격은 동격입니다. ⓒ백악관

당당한 자세로 눈맞춤을 유지한 채 다가가 그대로 손을 잡으면 됩니다. 너무 쉬운 일이지만 등 굽은 자에게는 무척 어렵습니다. ⓒ연합뉴스

자라목에 눈맞춤도 못하는 이명박 대통령. 악수할 때 상대방의 손을 보는 사람은 하층민 출신으로 오해받아 리더의 자격을 의심받을 소지가 다분합니다. ⓒ청와대

른손만 내밀면 됩니다. 쉬운 것 같지만 눈맞춤이 두려워 그것을 회피하기 위해 상대방의 손을 보고 고개를 숙이는 습관이 몸에 밴 사람은 상당한 각오와 용기가 필요합니다. 자기가 자기를 다스리는 일이 결코 쉽지 않음을 금방 알게 됩니다.

12 굽은 나무가 산을 지킨들!

그리스도께서 우리를 자유롭게 하려고 자유를 주셨으니, 그러
므로 굳건하게 서서 다시는 종의 멍에를 메지 말라.

(갈라디아서, 5:1)

문재인 대통령은 국내외를 가리지 않고 가는 곳마다 절을 했
습니다. 자신의 겸손함과 예의바름을 만방에 알리려는 듯 큰절
작은절 가리지 않고 굽실거렸습니다. 역대 정권에서 추진했던 한
식, 한복의 세계화처럼 한류 붐을 타고 한국 절의 세계화에 나선
걸까요? 이에 대해 대부분의 한국인들은 동방예의지국의 대통령
으로서 당연하고 심지어는 자랑으로 여기는 것 같습니다. 그럼
이전 대통령들은 왜 그러지 않았을까요? 이제는 한국의 위상이
높아져서 우리 예법을 세계에 알릴 필요가 있다고 생각하는지요?

오늘날 코가 땅바닥에 닿도록 납작 엎드려 인사하는 민족은
아마도 한국인밖에 없을 겁니다. 누천년 전 공자가 신(神)에게 바
치는 제례(祭禮)를 민간에 상례(常禮)로 퍼뜨린 것을 아직도 고수
하고 있는 것입니다. 특히 조선 시대에는 그걸 누가 더 잘 지키느
냐며 양반들이 목숨까지 걸고 경쟁을 벌였지요. 봉건 시대라면 이

시진핑 중국 국가주석과 눈맞춤 악수하는 마윈 회장. 중국에도 굽신배 악수는 없습니다. ⓒ연합뉴스

국무총리 임명장을 수여하는 문재인 대통령. 공적인 행사에서는 굽신배 인사를 지양하고 글로벌 정격 악수로 국격을 바로세워야 합니다. 겸손도 지나치면 가식이 되고, 장난이 됩니다. 감사는 말로 해도 충분합니다. ⓒ청와대

착석 대담이든 보행중이든 발언자를 주목하는 것이 소통 매너의 기본. 참고로 이렇게 통역 없이 각자 자기 모국어로 얘기해도 상대방이 다 알아듣습니다. 영어, 불어, 독어는 기본적으로 구사할 수 있어야 글로벌 주류 무대에서 리더로 활약할 수 있습니다. ⓒ테리사 메이

이 사진 한 장으로 인해 글로벌 무대에서 두 주인공이 눈맞춤 소통이 안 되는 불통 신사들로 낙인찍힐 수 있다는 사실을 알아야 합니다. 또한 사진 찍히는 당사자들도 걸어가면서 대화하는 데 왜 눈맞춤까지 해야 하느냐고 항변할 것이 아니라 불특정 다수에게 보여지는 자신의 모습에 늘 신경을 써야 합니다. ⓒ연합뉴스

런 예법이 당연했겠지만, 모든 인간은 동등하다는 철학을 공유하고 있는 현대에는 매우 불합리하고 불평등하게 받아들여질 수밖에 없습니다.

우리의 전통예절인 절은 신체 접촉이 없는 인사법으로 계급적 신분과 연배에 따른 위계의 확인이라는 봉건적인 요소가 내재되어 있습니다. 인사가 상호 존중 차원에서 동등하지 않고, 상대에 따라 차등적으로 행해집니다. 해서 서로 맞절을 하는 데에도 굽힘에 차이가 있습니다. 계급이나 신분 등 서열이 아래인 사람이 윗사람에게 먼저 인사를 올려야 하고, 더 깊이 숙여 공손함을 표현해야 하는 것이지요. 그러다 보니 누군가와 첫 인사를 할 때에는 순간적으로 그 사람의 나이며 신분·계급 등등 복잡하게 계산을 하게 됩니다. 무턱대고 푹 숙이면 푼수가 되고, 적게 숙였다가는 불손하거나 건방지다고 오해받을 수도 있으니까요. 해서 고개를 숙이는 동안에도 서로 눈치를 살피게 됩니다. 상대가 갑(甲)일 경우에는 혹여 건방지다고 여기지 않을까, 불이익이 따르지 않을까 싶어 공손과 복종의 표시로 그저 땅바닥에 엎드려 큰절을 못 올려 죄송스럽다는 듯 허리를 최대한으로 굽히고, 어깨를 움츠리고, 고개를 숙이고, 두 손까지 모아 조아립니다. 이를 글로벌적 시각에서 보자면 세상에서 가장 비굴하고 천한 인사법이 아닐 수 없습니다.

게다가 한국인들은 정도의 차이는 있을망정 하나같이 자라목입니다. 허리를 굽히다 말고 어깨를 움츠려 목을 앞으로 쭉 빼는 바람에 볼품이 없어져 천해 보이기까지 합니다. 턱을 내미는 자라목 인사법은 짐승들 간의 인사법으로 여겨 글로벌 신사들은 내심 질색을 합니다. 공손함도 지나치면 비굴이 되지요. 당연히 이런 사람은 복종형으로 주동 의식과 책임감이 부족할 수밖에 없습니다.

한국인의 목례(目禮) 또한 문제가 많습니다. 목례란 눈〔目〕인사이지 목〔頸〕인사가 아닙니다. 고개를 까닥이는 것이 아니라 '눈방긋'을 말합니다. 악수나 볼키스 등 신체를 접촉하는 인사를 할 형편이 안 되거나 멀리 떨어져 있을 때 구사하는 인사가 바로 목례입니다. 그럴 때 눈방긋 미소를 보다 분명하게 전달하기 위해 눈맞춤 상태에서 고개를 살짝 끄덕여 주는 겁니다. 상대방과의 거리가 멀수록 눈방긋이 희미해지니 좀 더 크게 끄덕여 소통을 확인시켜 주어야겠지요. 목례는 결코 한국인들이 생각하는 절인사가 아닙니다.

감사의 표현 역시 마찬가지입니다. 눈방긋, 말로만 해야 합니다. 허리나 고개를 숙여 감사해하는 건 종의 매너로 하루빨리 고쳐야 합니다. 다른 나라에선 종업원이 팁을 받거나 거지가 동냥을 받아도 그냥 "땡큐!"라고만 합니다.

의례(儀禮)와 상례(常禮)는 달라야 합니다. 한국의 예절 교육은 예(禮)의 형식적인 면을 지나치게 중시해서 '전통'과 '공손' '서열 확인'만 강조하고 있습니다. 하여 상대와 소통·교감하는 능력은 물론 대화·토론·협상력까지 떨어져 글로벌 비즈니스 무대에서 삼류로 밀려날 수밖에 없습니다.

흔히 우리는 어른에게 "인사드린다!"란 말을 합니다. 하지만 인사란 누가 누구에게 바치고 받는 것이라는 인식부터 고쳐야 합니다. 이 유교의 권위주의적 관습과 군사 문화에서 굳어진 계급적 사고방식과 매너를 고치지 않고서는 국제 사회에서 한국은 영영 주류로 올라설 수 없습니다. 인사는 상례로 사회적 소통 행위의 첫 단추입니다. 해서 인사는 서로 동등하게 '나누는' 겁니다.

'인사'는 곧 '절'이라는 등식이 자동 작동하는 한 한국인은 바로 설 수가 없습니다. 한번 꺾어진 나무는 절대 바로 서질 못합니다. 허리 역시 마찬가지입니다. 배꼽인사를 배워 맹목적으로 순종, 복종, 공손한 척해 보여야 하는, 번거롭기까지 한 절인사를 일방적으로 강요당한 우리 어린이들이 과연 꿈나무가 될 수 있을까요? 그러고도 말로는 당당하라고 채근합니다. 누천년 전 봉건시대에 만들어진 예절로 '인성 교육'을 한다는 게 과연 타당한 일인지 심각하게 고민해야 합니다.

세상은 본디 바를 뿐, 굽은 적이 없습니다. 스스로 굽혀 보면 굽어 있고, 바로 서면 바로 보입니다. 제 몸 하나 똑바로 세우지 못하면서 세상이 바로 서기를 바라는 것은 허망입니다. 굽신배는 전인적 사회적 인격체 함량에서 기준치 미달인 자들이 만들어낸 공손을 위장한 인사법으로 그 본질은 비굴과 굴욕입니다.

국기는 아무 때나 숙이거나 내려서 달지 않습니다. 국민의 대표이자 국가의 상징과도 같은 대통령이 시도때도없이 허리 굽혀 절을 하는 것은 세계적인 웃음거리입니다. 국격을 팔아 제 공손함을 챙긴 것이지요. 공(公)과 사(私)를 구분 못한 겁니다. 대통령이란 직분의 무게와 태도적 가치에 대한 확고한 인식이 없다는 뜻입니다.

예수께서 경고하여 이르시되 삼가 바리새인들의 누룩과 헤롯의 누룩을 주의하라 하시니.

(마가복음, 8:15)

품격 없인 명품, 명문, 명가 없습니다. 저품격 매너에서는 저급한 발상밖에 나오지 않습니다. 굽실거리는 사람이 만든 제품에 신뢰가 갑니까? 비싸게 사주고 싶습니까? 인간존엄성을 모르는 사람이 만든 작품에 경외심이 우러나올 리 없지요. 배보다 배꼽이 더 큰 것을 우리는 명품이라 부릅니다. 그 배꼽의 크기가 곧 부가가치이지요. 그런데 허리 굽히고, 고개 숙이고, 똑바로 쳐다보지도 못하고, 숨도 제대로 못 쉬면서 어찌 배꼽을 키우겠습니까? 결국 굽히고 숙인 각도만큼 자기 가치는 물론 메이드인코리아의 글로벌 시장 가격이 깎여 나가고 있습니다.

현대 한국 생활 예절의 상당 부분은 일본인한테서 배웠거나 일본을 통해서 받아들인 서양 예절입니다. 굽신배도 그 중의 하나입니다. 그 옛날까지 살필 것도 없이 1970년대까지만 해도 지금처럼 45도 90도 굽혀 절하는 인사는 없었습니다. 굽신배는 서울 소공동에 롯데백화점이 들어서면서 일본에서 수입한 서비스 매너입니다. 그게 퍼져 나가면서 점점 더 굽히기 경쟁을 하다가 일본과 차별화한다며 두 손으로 배꼽을 누르는 배꼽인사로까지 발전(?)을 한 것입니다.

서구 문명 사회에선 온몸으로 하는 배례를 종의 인사법으로 여겨 일찌감치 내다버렸습니다. 극히 일부 의전이나 의례에만 남아 있을 뿐입니다. 공자의 나라인 중국조차 배례와 읍례를 없애버린 지 오래입니다. 인간에게 엎드리거나 굽히는 사람은 종이나 하인밖에 없습니다.

아무도 노예나 종으로 살고 싶지는 않을 겁니다. 하지만 단 한번이라도 노예나 종으로 살았던 사람은 여차하면 다시 노예나 종으로 사는 걸 마다하지 않습니다. 절은 누천년 묵은 누룩입니다. 신사복을 입었으면 신사들의 인사법인 악수로 인사하는 게 마땅하지 않겠습니까? 절은 한복처럼 제례 의식 등 특별한 경우에만 사용하고, 일상에서는 악수로 소통하는 것이 좋겠습니다. 특히 공적인 자리에선 바른 악수만으로 인사하여 세계인들과 소통하는 데 걸림이 없었으면 합니다. 하나님의 자녀라면 상대방 신발에다 코 박고 절하는 일은 없어야 합니다. 사람을 존중 존경할 수는 있지만, 우상으로 숭배할 순 없지 않습니까?

왕이 환관장 아스부나스에게 말하여 이스라엘 자손 중에서 왕족과 귀족 몇 사람, 곧 흠이 없고 용모가 아름다우며 모든 지혜를 통찰하며 지식에 통달하며 학문에 익숙하여 왕궁에 설 만한 소년을 데려오게 하였고, 그들에게 갈대아 사람의 학문과 언어를 가르치게 하였고, 또 왕이 지정하여 그들에게 왕의 음식과 그가 마시는 포도주에서 날마다 쓸 것을 주어 삼 년을 기르게 하였으니, 그후에 그들은 왕 앞에 서게 될 것이더라. 그들 가운데는 유다 자손 다니엘과 하나냐와 미사엘과 아라샤가 있었더니.

(다니엘, 1:3-6)

하나님을 섬기고 뭇사람들을 사랑할 리더가 지녀야 할 현실적인 조건을 제시하고 있습니다. 지식에다 매너까지 갖춘 건강한 인물입니다. 그러니 매너 없이 해외로 선교하러 가는 건 영어도 모르고 미국 유학 가는 것과 다를 바 없습니다. 당연히 안해도 될 고생을 한참 하겠지요.

아브라함이 또 이르되 주는 노하지 마옵소서, 내가 이번만 더 아뢰리이다. 거기서 십 명을 찾으시면 어찌하려 하시나이까. 이르시되 내가 십 명으로 말미암아 멸하지 아니하리라.

(창세기, 18:32)

의인이 50명이면? 45명이면? 30명이면? 20명이면? 마지막으로 10명이면? 여호와의 사자가 소돔을 멸하러 간다고 하자 아브라함이 소돔을 구하고자 사정을 하는 장면입니다. 나 하나 바로 선다고 세상이 바로 서랴? 아무려나 세상이 다 밝으면 빛이 무슨 소용이 있고, 만물이 다 짜면 누가 소금을 찾겠습니까? 굽은 나무는 산을 지키는 것 외에는 쓰임받을 일이 없습니다. 기둥만으로 집을 짓지는 않지만 몇 개는 있어야 훌륭한 집을 세울 수 있습니다. 의인이 열 명만 있었어도 소돔은 멸망하지 않았습니다. 내 한 몸 바로 세우는 것은 하나님이 보우하시는 나라의 국본(國本)을 세우는 일입니다.

13 '닭 울기 전에 네가 세 번 나를 부인하리라'

아무도 자신을 속이지 말라. 너희 중에 누구든지 이 세상에서 지혜 있는 줄로 생각하거든 어리석은 자가 되라. 그리하여야 지혜로운 자가 되리라.

(고린도전서, 3:18)

상대방이나 불특정 대중에 대한 배려심과 소통 매너가 부족한 사람들의 나라에선 법원에 고소 고발이 넘쳐나고, 교통사고율 또한 비상하게 높습니다.

자동차 등 공공 교통 수단 사용 문화의 역사가 그리 오래되지 않은 한국에서는, 운전이나 교통 습관을 그저 각자의 개성 혹은 취향이려니 하고 그다지 중요하게 여기지 않는 바람에 끔찍한 사고가 많이 일어납니다. 하지만 서구 사회에선 운전 습관을 그 사람에 대한 평가 도구로서 테이블 매너 이상으로 중시합니다. 운전이 곧 인격! 운전은 매너의 기본이라는 인식이 어릴 적부터 길러져 있기 때문입니다.

선진국 사람들은 교통 법규를 잘 지킨다고들 말합니다. 심지어 한적한 변두리의 건널목에서 다른 차들이 안 다니는 한밤중에도 신호등 앞에 서서 녹색 불이 들어올 때까지 기다리는 것을 볼 수 있습니다. 차 안에도 운전자 저 혼자뿐입니다. 아무도 보지 않지만 운전자든 보행자든 똑같이 그렇게 신호를 지킵니다. 이를 두고 한국 사람들이 품평하기를, 그들은 어렸을 적부터 배운 준법 정신이 남달라 그렇다고 합니다. 맞는 말이지요. 또 말하기를 그 나라들에서는 교통 법규를 위반하면 벌금이 어마어마하게 많이 나오기 때문에 잘 지킨다고 합니다. 아무럼 그도 그럴 것입니다. 한데 그 깜깜한 밤중, 아무도 없는 교차로이지만 누군가가 지켜보고 있습니다. 누구겠습니까?

단 한 사람! 바로 자기 자신입니다.

남이 나를 안 볼 때는 있어도 내가 나를 안 보는 경우란 없습니다. 교통 신호는 약속이고, 약속은 지키자고 만든 것이지요. 그리고 그 약속이란 남들과의 약속이기도 하지만, 자기 자신과의 약속이기도 합니다. 그러니까 다른 사람이 안 본다고 해서 신호를 무시하는 것은 자기와의 약속을 깨는 것이고, 이는 곧 스스로를 기만하는 짓입니다. 자기가 자기를 속이는 사람이 남을 속이지 못할까요? 언제든 기회가 생기면 규칙을 위반하고, 자기를 속이고 남을 속이고 회사를 속이고 국민을 속일 것입니다. 해서 부정부패와 쉬이 결탁해 타락하게 되겠지요.

남들이 신호를 무시하고 건넌다고 따라 건너는 것도 비겁한 일입니다. 매사를 남들 하는 대로 따르는 것은 하인(민중)들의 근성! 그러다가 잘못되면 남 탓을 합니다. 술이나 마약 등이 건강에 좋지 않다는 걸 잘 알면서도 거부하지 못하는 것 역시 자신을 기만하는행위입니다.

거짓말하는 자들을 멸망시키시리이다. 여호와께서는 피 흘리기를 즐기는 자와 속이는 자를 싫어하시나이다.

(시편, 5:6)

인간이 저지르는 죄악 중에 가장 많은 것이 거짓이라 해도 되겠습니다만 그 거짓에도 여러 종류가 있습니다. 일반적으로 사실을 왜곡함으로써 남을 속이는 거짓이 있는가 하면 자기를 속이는, 그러니까 양심을 파는 거짓도 있습니다. 그런가 하면 편견이나 선입견 때문에 자신의 오류를 인정하지 못하는 우김도 거짓이라 하겠고, 남 탓으로 돌리는 변명과 핑계, 책임 회피, 가식, 위선 또한 넓은 의미에서 거짓이라 할 수 있겠습니다.

그들이 묻기를 마지아니하는지라. 이에 일어나 이르시되 너희 중에 죄 없는 자가 먼저 돌로 치라 하시고, 다시 몸을 굽혀 손가락으로 땅에 쓰시니 그들이 이 말씀을 듣고 양심에 가책을 느껴 어른으로 시작하여 젊은이까지 하나씩 하나씩 나가고, 오직 예수와 그 가운데 섰는 여자만 남았더라.

(요한복음, 8:7-9)

음행한 여자의 정죄에 관한 이야기입니다. 자신의 유불리에 관한 일도 아니니 양심을 따르는 데에 주저함이 없었던 것이지요. 그렇지만 제 목숨이 걸린 상황에선 진실과 양심만을 따르기가 쉽지 않습니다. 아직 목숨을 걸 만큼 믿음이 신실하지 못하고 용기 또한 부족하여 예수의 제자임을 부인한 베드로의 이야기는 성경에서 가장 극적이면서도 인간적인 장면이라 할 수 있지요.

이에 베드로가 예수의 말씀에 닭 울기 전에 네가 세 번 나를 부인하리라 하심이 생각나서 밖에 나가서 심히 통곡하니라.

(마태복음, 26:75)

예수께서 그런 베드로의 심성을 잘 아시고 누구보다 아끼시기에 미리 언질을 주신 것입니다. 그래도 너를 나무라지 않을 것이니 너무 자책하지 말라고 배려하신 것이지요.

남을 속이는 일은 쉽지 않지만 자기를 속이는 일은 너무 쉽습니다. 자기 유혹, 자기 기만을 정죄할 사람은 자신뿐이니까요. 그렇지만 양심의 가책만큼 부끄럽고 괴로운 일도 없지요. 해서 지혜로운 주인은 자기를 속이지 않습니다. 자기를 속이는 사람을 어찌 자기 주인이라 할 수 있겠습니까? 양심이란 자기 신뢰입니다!

한국은 아직 정직하게 살기 참 힘든 나라입니다. 관행이라는 은밀함과 익숙함의 함정에서 홀로 빠져나오기 쉽지 않은 사회입니다. 혼자 정직하면 온갖 불이익과 따돌림을 피하기 어렵습니다. 그렇지만 성경엔 정직하라, 속이지 말라, 거짓말하지 말라는 말이 끝도 없이 나옵니다. 크리스천의 자존심은 정직의 마음밭에서 자랍니다. 정직하게 양심 지키며 당당하게 살 수 있는 나라가 선진문명 사회입니다.

14 '믿음이 겨자씨 한 알만큼만 있어도'

이르시되 너희 믿음이 작은 까닭이니라. 진실로 너희에게 이르
노니 만일 너희에게 믿음이 겨자씨 한 알만큼만 있어도 이 산을 명
하여 여기서 저기로 옮겨지라 하면 옮겨질 것이요, 또 너희가 못할
것이 없으리라.

(마태복음, 17:20)

제2차 세계대전이 끝난 어느 날 윈스턴 처칠이 의회 연설을
하러 가던 중 지각할 처지에 놓이자 운전사가 신호 위반을 하여
순경에게 걸렸습니다. 운전사가 수상이 타고 계신데 의회에 급히
가야 하니 그냥 보내 달라고 사정하자, 순경이 뒷좌석을 힐끗 쳐
다보더니 "비슷하게 생기셨지만 수상은 아니시로군요. 우리 수상
각하는 신호를 위반하실 분이 아닙니다"며 딱지를 끊었습니다.
관저에 돌아온 처칠이 기특하게 여겨 경시청장에게 전화를 걸어
그 순경을 특진시키라고 하자 경시청장이 난색을 표하면서 거절
하였습니다. 순경이 신호 위반 딱지를 끊었다고 특진시킨 사례도
규정도 없다며. 세계적으로 이와 유사한 갑질 에피소드는 참으로
많습니다.

취임 선서하는 마이크 폼페이오 미국 국무장관. 관직을 맡는다는 건 벼슬을 하사받는 것이 아니라 임명권자의 지명에 동의하는 것입니다. 선서를 마치고 나면 임명장을 건네 줍니다. ⓒ백악관

미국의 대통령을 비롯한 모든 공직자들은 취임할 때 성조기를 세워 두고 가족들이 보는 앞에서 성경(비기독교인은 헌법이나 다른 경전)에 한 손을 얹고 선서를 합니다. 해서 차마 가족들 보기에 부끄러워서라도 부정한 짓을 못합니다. ⓒ백악관

2019년 11월 24일, 미국의 리처드 스펜서 해군장관이 경질 되었습니다. 그는 전해에 이라크에서 민간인 살해 및 시신 촬영 등 군이 금지하는 무도한 행위를 저지른 해군특전단(네이비실)에 드워드 갤러거 중사를 전쟁범죄 행위로 기소해 유죄 판결을 받게 하였으며 이어 그를 특전단에서 해고하기 위한 징계 절차를 밟기 시작하였습니다. 그런데 트럼프 대통령이 20일 자신의 트위터에 "아무도 갤러거 중사의 특전단 배지를 떼어낼 수 없다"며 사실상 징계 철회 명령을 내립니다. 하지만 스펜서 장관은 "해군의 문제는 해군 내에서 해결해야 한다"며 반발했다가 대통령을 미움을 사 해고를 당하고 말았습니다. 전범에 대한 대통령의 개입이 군사법 절차에서 적절치 못하고 헌법에 위배된다는 겁니다. 그는 사직서에 "나는 양심상 미국 헌법을 지지하고 수호하기 위해 내 가족과 국기, 신념 앞에서 한 신성한 맹세를 어기는 명령에 복종할 수가 없다"고 밝혔습니다.

그런가 하면 2019년 10월 29일, 미국 국가안보회의 소속 알렉산더 빈드먼 중령은 '우크라인 스캔들' 청문회 출석 금지 지시를 받았으나 정복을 입고 의회에 나가 트럼프 대통령에게 불리한 증언을 하였습니다. 그는 "오늘 내가 입은 건 미 육군의 제복이다. 군인은 특정 정당이 아닌 국가에 봉사한다"고 하였습니다. 이에 한 의원이 "미스터 빈드먼"이라고 부르자 그는 곧바로 "빈드먼 중령입니다"라고 정정하였습니다. 러시아 태생으로 1979년에 미국으로 이민 온 그는 한국에서 군복무를 하기도 했었습니다.

너희는 내 이름으로 거짓 맹세함으로 네 하나님의 이름을 욕되게 하지 말라. 나는 여호와이니라.

(레위기, 19:12)

바이더피플! 대통령이 대통령답지 못한 행동을 해도 주변의 다른 누군가가 확고하게 자신의 태도적 가치를 견지해냄으로써 사회가 굳건하게 정의를 지키고 정체성을 유지하는 나라, 소신 있게 사는 사람이 많은 나라를 우리는 선진국이라 일컫고 부러워하지요. 진정 주인장다운 시민들이 만든 민주 국가의 모습입니다.

예로부터 우리는 모난 돌이 정 맞는다며 그저 둥글둥글하게 세상을 살아가는 것이 좋다고 가르치고 배워 왔습니다. 그렇지만 좋은 게 좋은 세상은 반드시 부패하고 맙니다. 그렇게 살면 안 된다는 사실을 깨우쳐 주기 위해 소크라테스는 독배를 받아 마시고 공자는 천하를 주유하였으며, 그리스도는 십자가에 못 박히셨던 것이지요. 가치는 타협의 대상이 될 수 없기 때문입니다.

앞이 안 보이는 혼돈의 시대를 맞고 있습니다. 격(格)이 없으면 품(品)을 지킬 수 없습니다. 을(乙)질이 없으면 당연히 갑(甲)질도 성립되지 않습니다. 지혜의 겨자씨는 믿음으로 싹을 틔웁니다. 우리 사회 구성원 각자가 선한 청지기로서 자기 직분에 해당하는 규범과 규칙을 지켜내는 태도적 가치가 그 어느 때보다도 소중한 때입니다.

15 '너는 먼저 안을 깨끗이 하라'

입으로 들어가는 모든 것은 배로 들어가서 뒤로 내버려지는 줄 알지 못하느냐. 입에서 나오는 것들은 마음에서 나오나니 이것이야 말로 사람을 더럽게 하느니라. 마음에서 나오는 것은 악한 생각과 살인과 간음과 음란과 도둑질과 거짓 증언과 비방이니 이런 것들이 사람을 더럽게 하는 것이요, 씻지 않은 손으로 먹는 것은 사람을 더럽게 하지 못하느니라.

(마태복음, 15:17-20)

2014년 12월 5일, 뉴욕 케네디 공항에서 이륙을 위해 활주로를 향하던 대한항공 여객기가 갑자기 리턴하여 수석승무원(사무장)을 내려놓고 한국으로 날아가 버렸습니다. 일등석에 탑승한 조현아 대한항공 부사장이 기내 땅콩(마카다미아) 서비스를 문제 삼아 승무원과 사무장을 호통치다가 자신의 착각을 인정하지 않고 오히려 승무원 무릎을 꿇리는 등 난동을 피워 비행기를 탑승구로 리턴시키는 바람에 이륙을 20여 분이나 지체시켰습니다.

한데 사건이 외부로 알려지고, 그 과정에서 회사가 책임을 두 승무원에게 떠넘기고 거짓 진술을 하도록 회유·협박했다는 사실까지 들통나는 바람에 사태는 걷잡을 수 없이 커져 버렸습니다. 오너 가족의 갑질로 국민적 분노를 불러 온 이 사건으로 조현아 부사장이 해임되고, 그리고 항공기진로변경죄, 승무원폭행죄, 위계에 의한 공무집행방해죄 등으로 고발되었지만 결국 공무집행방해만 인정되어 징역 10개월에 집행유예 2년으로 대법원 확정 판결을 받았습니다. 미국에서라면 징벌적 배상으로 비행기 한 대 값은 고스란히 갖다 바쳤어야 할 사건임에도 불구하고 박창진 사무장의 2억 원 손해배상청구 소송은 기각되었습니다.

그러자 분이 풀리지 않은 민심은 계속해서 오너 일가의 집안 구석구석까지 뒤져 그 동생인 조현민의 물컵 갑질, 명품 밀수, 그 모친의 필리핀 가정부 불법 고용 및 인부들에 대한 욕설과 손찌검 갑질을 찾아내어 망신주기를 계속했습니다. 결국 2019년 3월말, 대한항공 주주총회에서 조양호 회장이 사내이사 연임에서 탈락하고 얼마 후 지병이 도져 미국에서 사망함으로써 지리한 막장극이 막을 내렸습니다.

승객의 난동이나 응급 상황, 또는 비행기를 잘못 탑승한 승객 등 갖가지 사유로 비행기가 이륙 전에 리턴하거나, 심지어 이륙 후 한참 날아가다가 회항하는 경우도 더러 있습니다. 그렇지만 대한항공 땅콩 회항 사건과 같은 어처구니없는 문제로 리턴한 경우는 항공 역사상 초유라 하겠습니다. 돌이켜 보면 이 사건의 발단과 사후 처리가 처음부터 뭔가 본질을 벗어난 것 같은 미심쩍은 부분이 있습니다. 그게 뭘까요?

만약에 땅콩 리턴 사건이 한국 국적 항공사가 아닌 외국(특히 선진국) 국적 비행기 안에서 일어났다면, 부사장과 사무장 중 누가 비행기에서 내렸을까요? 한국인 중 누구도 이런 의문을 가져 본 적이 없습니다. 하나같이 오너 패밀리의 갑질에 분개하고, 비행기에서 쫓겨 내린 힘없고 불쌍한 사무장을 동정하기에 바빴지요. 약자를 편드는 게 정의인 것처럼 말입니다.

비행기 사무장은 승객의 안전과 서비스를 총괄하는 직책입니다. 만약 그때 시비를 걸고 난동을 부린 자가 일반 승객이었다면 어찌되었을까요? 당연히 당당한 청지기로서 기내에 비치된 소정의 대응 매뉴얼 절차대로 비행기를 되돌리고, 공항경찰을 불러 승객을 끌어내게 했을 것입니다. 마땅히 그랬어야 했고, 사무장은 그럴 권한을 가지고 있습니다. 한데도 대한항공의 그 부사장이나 그 사무장이나 공히 주인 의식과 책임 의식이 뭔지조차 몰랐습니다. 그러고선 한 사람은 갑(甲)질을, 한 사람은 을(乙)질을 한 것이지요. 그 갑질도 뒤집어 보면 을질보다 못한 등신질이지요.

너는 서둘러 나가서 다투지 말라. 마침내 네가 이웃에게서 욕을 보게 될 때에 네가 어찌할 줄을 알지 못할까 두려우니라.

(잠언, 15:8)

진정으로 주인 의식을 가진 오너 가족 부사장이라면 비행기를 타자마자 사무장에게 "쉿! 나 신경 쓰지 말고 다른 손님들 잘

모시라!"고 하는 게 정상일 터입니다. 한데 그 오너 부사장은 탑
승하자마자 자신이 그 비행기와 관계 있는 특별한 신분임을 주변
승객들에게 과시하려는 듯 승무원을 제 몸종 다루듯 닦달해댔습
니다.

세월호 침몰 사고에서도 여실히 증명되었지만 대부분의 한국
인들은 공(公)과 사(私)에 대한 분별력이 떨어지고 사고와 사건을
구분할 줄도 모릅니다. 직분에 대한 태도적 가치에 대해 제대로
성찰해 본 적도 없습니다. 하여 그로 인한 혼동과 비합리적인 사
고, 부적절한 처신은 인간 관계에서 매번 갖가지 모순과 갈등을
일으킵니다. 갑질도 그 대표적인 사례 가운데 하나입니다.

아무리 서비스업 하위기능직에 종사한다 해도 직원은 노비가
아닙니다. 한국의 막장 드라마처럼 회장이 시킨다고 어떤 짓이든
무작정 따를 의무가 있는 건 아니지요. 직책에 맞는 책임만 다하
면 그만입니다. 승무원이든 사무장이든 기장이든 사장이나 부사
장의 시중 드는 비서가 아닙니다. 부사장이 아니라 회장이 탔어
도 비행기 안에서는 한 명의 승객일 뿐이지요. 당연히 조현아 부
사장이 끌려 나갔어야 했습니다. 서비스에 문제가 있으면 조용히
돌아가 회사에서 담당자를 불러 지적하고 시정을 지시할 일이지
요. 그리고 사무장은 승객의 안전과 서비스를 위해 자신에게 주
어진 권한을 행사해서 끝까지 직무를 완수하였어야 했습니다. 불
이익이나 해고를 당할지도 모르지만 그건 그 다음의 일이지요.

사무장이 부사장의 갑질에 주눅들어 250여 명의 승객의 안

전을 무시한 채 비행기를 내린 건 분명한 직무 유기입니다. 기수를 돌려 사무장을 내리게 하고 떠난 기장은 더 큰 책임을 져야 했습니다. 승객들의 집단 소송이 없었던 것은 천만다행(?)이었습니다. 상식적인 나라의 상식적인 회사였으면 즉시 징계위원회를 열어 난동을 부린 부사장과 자신들의 책무를 저버린 기장과 사무장에 대해 중징계를 내렸어야 마땅했습니다. 하지만 사무장은 자신이 억울하게 당했다고만 생각했지 본인의 과오에 대해서는 한번도 반성해 본 적이 없는 모양입니다. 주동 의식을 가진 존엄한 인격체로서의 한 개인이라기보다 어쩔 수 없이 미운 주인 밑에서 일을 해서 먹고 살아야 하는 종속적인 모습이 영 안쓰럽습니다.

비뚤어진 주인 의식과 참을 수 없는 종복 근성! 어쩌면 에피소드로 지나칠 수도 있었던 사소한 갑질을 세계적인 우스개로 만든 한국인들의 무지함! 이 희대의 사건을 두고 외국인들은 하나같이 기장과 사무장의 행동을 어이없어하는 데 비해, 한국 언론과 한국인들은 한결같이 불쌍한(?) 사무장을 두둔하며 대기업 오너 일가를 욕보이는 데 줄기차게 진력을 쏟아 한국인이 아직 개화가 덜된 비문명인임을, 한국 사회가 아직 준 원시미개 상태에 있는 비문명 사회임을 전 세계에다 확실하게 보여주었습니다.

화 있을진저 외식하는 서기관들과 바리새인들이여, 잔과 대접의 겉은 깨끗이 하되 그 안에는 탐욕과 방탕으로 가득하게 하는도다. 눈 먼 바리새인이여, 너는 먼저 안을 깨끗이 하라. 그리하면 겉도 깨끗하리라.

(마태복음, 15:25-26)

　가세(家勢)와 가풍(家風)은 별개! 부자만이 세상의 주인이 아
닙니다. 그렇다고 가난한 민중들만의 나라도 아닙니다. 나라의
흥망은 필부에게도 책임이 있다 하였습니다. 갑답지 않은 갑, 을
질을 부끄러워하지 않는 을들이 있는 한 한국인들의 갑질 추태는
멈추지 않을 것입니다.

　진실로 가난보다 무서운 건 천(賤)함입니다. 가난과 천함 중
어느것이 더 극복하기 어려운지를 작금의 한국 사회가 선명하게
보여주고 있습니다. 가난하다고 비굴해지는 것도 조롱받을 일이
지만, 부자가 존경받지 못하는 건 죄악입니다. 부자를 부자답게
하는 건 갑질이 아니라 덕(德)질입니다. 천박함을 경멸하는 건 시
민의 의무입니다.

16 '너희도 포도원에 들어가라'

아담에게 이르시되 네가 네 아내의 말을 듣고 내가 네게 먹지 말라 한 나무의 열매를 먹었은즉 땅은 너로 말미암아 저주를 받고, 너는 네 평생에 수고하여야 그 소산을 먹으리라. 땅이 네게 가시덤불과 엉겅퀴를 낼 것이라. 네가 먹을 것은 밭의 채소인즉 네가 흙으로 돌아갈 때까지 얼굴에 땀을 흘려야 먹을 것을 먹으리니, 네가 그것에서 취함을 입었음이라. 너는 흙이니 흙으로 돌아갈 것이니라 하시니라.

(창세기, 3:17-19)

만물 중 인간만이 땀흘려 일합니다. 노동은 인간이 저지른 원죄의 결과로 생겨난 것이지요. 노동은 당연히 힘든 일이기는 하지만 하나님이 아담에게 베푸신 생명을 연장시키는 방법입니다. 인간이 자신 속에 들어 있는 영혼을 유지하고 보호하기 위한 유일한 수단이지요. 따라서 노동을 회피하는 것은 결과적으로 다시 한 번 하나님의 뜻을 거역함으로써 하나님을 모욕하는 행위가 됩니다. 바로 이 부분이 노동에 신성한 가치를 부여하는 청교도적 삶의 근거가 됩니다. 그런 철학을 공유하기에 장애인조차도 무언가 제 몫의 노동을 해내려 애쓰고, 주변에서 그걸 응원해 주고 돕는 것을 당연한 도리로 여기는 것이지요.

예수께서 제자들에게 이르시되 내가 진실로 너희에게 이르노니 부자는 천국에 들어가기가 어려우니라. 다시 너희에게 말하노니 낙타가 바늘귀로 들어가는 것이 부자가 하나님의 나라에 들어가는 것보다 쉬우니라 하시니.

(마태복음, 19:23-24)

한 부자 청년이 가진 재물을 가난한 자들에게 나눠 주고, 나를 따르라는 말에 자신 없어 발길을 돌린 일을 두고 예수께서 하신 말씀입니다. 그러자 제자들이 모든 걸 버리고 주를 따라온 자신들은 무엇을 얻을 수 있겠느냐고 묻습니다. 이에 예수께서는 포도원 품꾼을 비유로 들어 설명하십니다.

천국은 마치 품꾼을 얻어 포도원에 들여보내려고 이른 아침에 나간 집주인과 같으니, 그가 하루 한 데나리온씩 품꾼들과 약속하여 포도원에 들여보내고, 또 제삼시에 나가 보니 장터에 놀고 서 있는 사람들이 또 있는지라. 그들에게 이르되 너희도 포도원에 들어가라 내가 너희에게 상당하게 주리라 하니 그들이 가고, 제육시와 제구시에 또 나가 그와 같이 하고, 제십일시에도 나가 보니 서 있는 사람들이 또 있는지라 이르되 너희는 어찌하여 종일토록 놀고 여기서 있느냐. 이르되 우리를 품꾼으로 쓰는 이가 없음이니이다. 이르되 너희도 포도원에 들어가라 하니라. 저물매 포도원 주인이 청지기에게 이르되 품꾼들을 불러 나중 온 자로부터 시작하여 먼저 온 자까지 삯을 주라 하니, 제십일시에 온 자들이 와서 한 데나리온씩을 받거늘 먼저 온 자들이 와서 더 받을 줄 알았더니 그들도 한 데나리온씩 받은지라. 받은 후 집주인을 원망하여 이르되 나중 온 이 사람들은 한 시간밖에 일하지 아니하였거늘 그들을 종일 수고하며 더위를 견딘 우리와 같게 하였나이다. 주인이 그 중의 한 사람에게 대답하여 이르되 친구여, 내가 네게 잘못한 것이 없노라. 네가 나와 한 데나리온의 약속을 하지 아니하였느냐. 네 것이나 가지고 가라. 나중 온 이 사람에게 너와 같이 주는 것이 내 뜻이니라. 내 것을 가지고 내 뜻대로 할 것이 아니냐. 내가 선하므로 네가 악하게 보느냐.

(마태복음, 20:1-15)

　　포도원 주인이 아침 일찍 나왔으나 품꾼으로 팔려 나가지 못한, 늙었거나 허약해서 아무도 데려다가 일을 시키지 않아 늦도록 장터에서 기웃거리며 일거리를 찾는 불쌍한 품꾼들을 긍휼히 여겨 눈에 띄는 대로 불러다가 자신의 포도원으로 들여보내 일을 시킵니다. 그 품꾼들이 그렇게 공을 친 날이 하루이틀이 아니었을 테니 오죽이나 곤궁하겠습니까. 하여 집으로 돌아가지도 못하고 혹시나 하고 종일을 저잣거리에서 서성거렸겠지요. 그렇게 해서 뒤늦게 잠깐 일을 시키고도 온전히 종일의 품삯으로 먼저 계산해서 챙겨 주는 포도원 주인에 비유하여 하나님의 품성을 예수께서 설명하고 계십니다. 그리고 앞서 하셨던 말씀을 다시금 반복해서 강조하셨습니다.

이와 같이 나중 된 자로서 먼저 되고, 먼저 된 자로서 나중 되리라.

(마태복음, 20:16)

선택받아 포도원에 들어가 일을 하게 된 그 자체로써 은혜받았음을 알지 못하고 삯이 많고 적음을, 세속적 잣대로 공평성을 따지는 품꾼들에 비유해서 남다른 대가, 특별난 보답을 기대하는 제자들의 어리석음을 깨우쳐 주고 계십니다. 구원과 복은 다른 성질입니다. 구원은 절대적인 것입니다. 덜 받고 더 받고 할 수 있는 것이 아닙니다.

한 부자가 있어 자색 옷과 고운 베옷을 입고 날마다 호화롭게 즐기더라. 그런데 나사로라 이름하는 한 거지가 헌데투성이로 그의 대문 앞에 버려진 채 그 부자의 상에서 떨어지는 것으로 배불리려 하매, 심지어 개들이 와서 그 헌데를 핥더라. 이에 그 거지는 죽어 천사들에게 받들려 아브라함의 품에 들어가고 부자도 죽어 장사되매, 그가 음부에서 고통중에 눈을 들어 멀리 아브라함과 그의 품에 있는 나사로를 보고.

(누가복음, 16:19-23)

대권을 꿈꾸는 어느 부자 정치인이 자신의 지역구에서 연탄을 배달하는 사진이 종종 신문에 실리곤 했습니다. 마스크만 빼고 완전무장! 온몸에 비닐을 감고 난생 처음 지게 지는 이색체험으로 천사연하는 함박 미소에 연탄 검정 대신 기름진 역겨움 비슷한 것이 묻어납니다. 철없는 부자의 무한도전! 순진해 보이는 어눌한 연기! 상투적이라면 지나친 편견일까요?

때마다 한국에선 정치인이나 유력한 인사들이 나름 소외계층이나 불우이웃들을 위해 봉사를 한다며 다른 이들과 섞여 함박 웃는 사진이 매스컴에 자랑스레 실립니다. 그 중 취약계층을 위한 연탄 배달과 김장담그기는 세밑 풍경으로 자리잡은 지 오래되었습니다. 아무렴 아름다운 일이지만, 20세기도 20년을 넘기는 이 시대에 흑백사진 시대의 대명사격인 연탄 배달이라니! 흡사 지난 세기의 신파극을 보는 듯합니다.

국가적인 재난이나 대형 참사가 발생하면 기다렸다는 듯이 잽싸게 달려와 맨손맨입에 꼴값 떠는 정치인들의 뻔뻔함. 라면 한 상자, 쌀 한 포대 얻어먹기 위해 자존심 죽이고 잘나가는 위인들의 자선 홍보용 사진 모델이 되어야 하고, 병풍이 되어야 하는 취약계층 사람들. 잠시 몸으로 때우는 생색내기로 차경(借景)해서 언론에 사진 실려 홍보하는 얌체 관료들. 유명세 챙기고 나면 휙하니 바람처럼 사라지는 그들을 볼 때면 정말 역겹습니다. 대기업 임직원들의 취약계층민을 위한 집수리, 목공으로 가구 만들어 주기 등 행사를 위한 자원봉사 이벤트 역시 마찬가지지요. 대체 언제까지나 이런 후진국적인 생쇼를 봐줘야 할까요?

큰돈은 쌓아두고 맨몸으로 봉사하는 부자? 구역질나는 위선 이지요. 가령 미국의 워런 버핏이나 빌 게이츠 같은 부자가 도네이션 않고 연탄 배달 봉사한다고 하면 얼마나 우습겠습니까? 도네이션이든 봉사든 피드백은 본인의 형편과 등가(等價)·등질(等質)의 것이어야 합니다. 가진 게 재능밖에 없다면 재능으로 피드백하는 수밖에 없겠지요. 그마저도 없으니 몸으로 때우는 겁니다. 허나 재능이 있다 해도 돈을 많이 벌었으면 돈으로 하는 게 매너입니다.

스스로 속이지 말라. 하나님은 업신여김을 받지 아니하시나니, 사람이 무엇으로 심든지 그대로 거두리라.
(갈라디아서, 6:7)

워런 버핏은 2019년까지 어림잡아 39조 원을 기부했다고 합니다. 그것도 자신이 만든 재단이 아닌 빌게이츠재단에 대부분을 기탁했습니다. 그런 일은 자기보다 빌 게이츠 회장이 더 잘하기 때문이랍니다. 해마다 단 한번 경매에 나오는 워런 버핏과의 점심식사가 2019년엔 54억 원에 낙찰되었습니다. 당연히 그 돈은 자선기관에 도네이션되지요. 그런다고 해서 그가 항상 남들과 점심하면서 돈을 받는 것은 아닙니다. 종종 지역의 대학생들과 식사를 같이하며 조언도 많이 해준다고 합니다.

예전에 친구가 홍콩의 세계적인 부호 리카싱[李嘉誠]에게 신년 무렵 지나는 길에 인사차 들렀다가 '젊은 친구 주는 복돈'이라며 주는 움찔 무게 나가는 봉투를 하나 받은 적이 있습니다. 여느 한국 부자들로서는 마음 내켜 선물하기 어려운 금액의 골드바였습니다. 그는 이 예기치 않은 귀중한 뜻의 선물을 아주 흔쾌히 현지 장애인돕기협회에 현물 기부하였다고 합니다. 그런 게 보유재산으로든 마음의 중심으로든 부자의 분수, 부자의 본색, 부자의 품격이지요.

가난한 사람만 분수를 지켜야 하는 게 아닙니다. 부자도 지켜야 할 분수가 있고, 봉사에도 격이 있습니다. 아무튼 부자가 칭송받을 일은 도네이션 외엔 없습니다. 그리고 그만큼 쉬운 방법도 없지요. 아리스토텔레스도 "부자가 재산을 자랑하더라도 그 부를 어떻게 쓰는가를 알기 전에는 칭찬하지 말라"고 했습니다. 곳간에서 인심나지만, 곳간에서 원성도 납니다.

17 봉황은 오동나무에만 깃든다!

너희가 너희의 땅에서 곡식을 거둘 때에 너는 밭 모퉁이까지 다 거두지 말고, 네 떨어진 이삭도 줍지 말며, 네 포도원의 열매를 다 따지 말며, 네 포도원에 떨어진 열매도 줍지 말고 가난한 사람과 거류민을 위하여 버려두라. 나는 너희의 하나님 여호와이니라.

(레위기, 19:9-10)

성경에는 부자에 관한 이야기가 종종 나옵니다.

한국에서 재벌그룹이 운영하는 백화점 목 좋은 금싸라기 코너는 모조리 오너의 일가친척과 CEO 내지는 임원 누구누구들의 몫입니다. 대형병원의 빵집이나 죽집 역시 오너의 일가친척, 사돈의 팔촌이 아니면 언감생심임은 상식에도 속하지 않은 지 오래입니다. 요즘은 그마저도 모자라 대기업들이 대형빌딩 구내식당 사업까지 하는 바람에 주변 식당들이 죽어나고 있습니다. 재벌 2,3세 및 오너 가족과 친인척들이 동네 빵집이며 커피집에 무차별 진출하는 등 골목 상권을 다 장악하고 있지요. 정치권에서는 이들을 규제한답시고 경제정의니 경제민주화니 하면서 일감몰아주기 금지법을 제정하는 등 법석이지만 기실 이는 법 이전에 양심과 상식의 문제입니다.

성경에서 다시 반복하여 강조하였습니다.

네가 밭에서 곡식을 벨 때에 그 한 뭇을 밭에 잊어버렸거든 다시 가서 가져오지 말고 나그네와 고아와 과부를 위하여 남겨두라. 그리하면 네 하나님 여호와께서 네 손으로 하는 모든 일에 복을 내리시리라. 네가 네 감람나무를 떤 후에 그 가지를 다시 살피지 말고 그 남은 것은 객과 고아와 과부를 위하여 남겨두며, 네가 네 포도원의 포도를 딴 후에 그 남은 것을 다시 따지 말고 객과 고아와 과부를 위하여 남겨두라. 너는 애굽 땅에서 종 되었던 것을 기억하라. 이러므로 내가 네게 이 일을 행하라 명령하노라.

(신명기, 24:19-22)

제주도 해녀들은 젊은 여성들과 나이 많은 할머니들이 같이 일합니다. 해서 육지에 가까운 얕은 쪽은 할머니들에게 양보하고, 젊은 해녀들은 멀리 깊은 곳에서 물질을 합니다. 예전에 우리네 농촌에서도 웬만큼 사는 집들은 추수 때에 이삭을 줍지 않았습니다. 방과 후 이삭줍기 나온 가난한 집 아이들을 위해 그냥 두었습니다. 아무려나 황새가 참새 따라 방앗간을 들락거려서야 어찌 체면이 서겠습니까? 염치가 살아 있는 사회라면 있을 수 없는 일이지요.

거칠게 말하자면 부자가 철들어야 선진국입니다. 수년 전 미국의 슈퍼리치들이 '세금을 더 내자'는 내용을 담은 성명을 발표해 화제가 된 적이 있습니다. 워런 버핏 회장과 조지 소로스 회장 주도로 나온 성명에는 미국 '재정 절벽' 타개를 위해 상속세 인상을 촉구하는 내용이었습니다. 여기에는 뮤추얼펀드 뱅가드그룹 사주인 존 보글, 지미 카터 전 대통령, 빌 게이츠 마이크로소프트 창립자, 로버트 루빈 전 재무장관 등 20여 명의 부유층 저명인사가 뜻을 같이했습니다. 이들은 "상속세 인상이 재정 감축과 관련해 세입을 늘리려는 노력에 큰 도움이 될 것"이라면서 세금을 올려도 "소득 상위 1%에 여전히 해당하는 것"이라고 천명했습니다. 따라서 "최고부자들의 상속세를 인상하고, 그것을 지키면 되는 것뿐"이라고 강조했습니다.

삭개오가 서서 주께 여짜오되 주여 보시옵소서. 내 소유의 절반을 가난한 자들에게 주겠사오며, 만일 누구의 것을 속여 빼앗은 일이 있으면 네 갑절이나 갚겠나이다.
(누가복음, 19:8)

소유란 합법적인 절도 행위라고도 하지요. 소유가 없으면 존재조차 부정될 정도로 극도로 물신화된 사회입니다. 평소에도 거액을 기부해 왔고, 또 사후 재산의 절반을 기부하겠다고 서명까지 한 이들 부자들이 상속세까지 올려 달라고 한 것을 두고 세상 사람들은 그 저의를 파헤친답시고 이리저리 머리를 굴려 봅니다.

노블레스 오블리주? 부자라면 마땅히 해야 할 피드백이라는 중요한 매너 의식을 실천한 것일 뿐이지요. 자신이 잘나서 많은 재산을 모은 것이 아니라 하나님이 주신 것을 청지기한다고 믿기 때문에 가능한 일이지요. 그런 게 성경적 삶이지요. 굳이 저의라면 그렇게 해야만 현재 사회가 뒤집어지는 일 없이 지속 가능하기 때문일 터입니다. 그럼으로써 상위층으로서의 그들의 존재 가치를 변함없이 유지할 수 있으니까요. 법의 울타리가 없다면 재산은 절대 개인의 소유가 될 수 없으니까요. 자연 상태에서는 한 개인이 아무리 땀을 흘려도 부자가 될 수 없지요. 부자는 문명이란 시스템이 만들어 준 겁니다. 그러니까 그런 시스템을 구축한 누천년전·현세대의 불특정 수많은 남들이 만들어 준 것이지요. 혼자 잘나서 부자가 된 것이 아닙니다.

우리 민족은 스스로를 홍익인간(弘益人間)이라 부릅니다. 글자 그대로면 분명 하나님의 백성입니다. 이쯤에서 이 홍익 이념을 다시 한 번 곱씹어 보겠습니다. 어떻게 하는 것이 널리 인간을 이롭게 하는 걸까요? 누천년 동안 그렇게 널리 인간을 이롭게 하며 살아 온 민족입니까? 그럴 만한 자격을 갖춘 민족입니까? 혹여 내가 잘사는 게 곧 널리 인간을 이롭게 하는 일이란 생각을 갖고 있지는 않지요? 하여 추수하고 남겨둔 이삭으로, 혹은 먹다 흘린 빵부스러기로 널리 인간을 이롭게 하렵니까? 좀 더 벌어서…! 나중에…! 언젠가는…! 아직 그럴 준비가 안 되었습니까? 준비조차 안 된 자가 천국의 문을 두드리면 열리겠습니까? 알뜰하게 모은 재산을 죽기 전에 자식들에게 살뜰하게 다 넘겨 주고 "이젠 나도 부자가 아니다!"라고 외치렵니까?

백성이 믿으며 여호와께서 이스라엘 자손을 찾으시고 그들의 고난을 살피셨다 함을 듣고 머리 숙여 경배하였더라.

(출애굽기, 4:31)

예(禮)란 본디 신(神)을 섬기는 절차, 그러니까 제사였습니다. 제단(示)에다 갖가지 귀한 예물(豊)을 올려놓고 북과 옥으로 만든 악기를 연주하며 제사를 지내는 모양의 글자입니다. 복(福)은 제단과 술통(畐)을 그린 상형문자입니다. 그러면 신은 그 향기를 받으시고 난 다음 제사에 참석한 모든 인간들에게 그 술과 고기를 골고루 나눠먹게 합니다. 그걸 음복(飮福)이라 하지요. 그러니까 제물을 제단에 올리느냐 내리느냐의 차이일 뿐 예(禮)와 복(福)은 본디 같은 의식에서 나온 글자였던 겁니다. 그냥 먹으면 음식(飮食)이고, 신이 내린 걸 먹으면 음복(飮福)이 되는 거지요. 음식은 한번 먹고 나면 없어지지만, 음복은 먹어도 먹어도 안 없어집니다. 해서 떡 한 조각으로도 수많은 사람들을 배불릴 수 있습니다. 예수께서는 하나님의 아들이신지라 즉석에서 그걸 실행하신 겁니다. 진정 감사한 마음이면 그 중 한 조각만 받아먹어도 전체를 먹은 거와 같은 복을 받게 됩니다. 그러니까 복(福)이란 예(禮)에 대한 보답인 것이지요. 그렇게 제사는 부자(권력자)가 지내는 것으로

신을 섬기고, 술과 음식을 나눠먹음으로써 공동체 의식을 다지는 원초적인 의식이었습니다.

예수께서 떡 다섯 개와 물고기 두 마리를 가지사 하늘을 우러러 축사하시고 떼어 제자들에게 주어 무리에게 나누어 주게 하시니 먹고 다 배불렀더라. 그 남은 조각을 열두 바구니에 거두니라.

(누가복음, 9:16-17)

부자(富者)란 복(재물)을 제 집 안에 잔뜩 쌓아둔 사람을 말하지요. 그 복을 나눠 준다고 해서 거지가 되는 부자는 없습니다. 신이 다시 채워 주십니다. 그래야 계속 제를 올릴 수 있으니까요. 신은 다시 복을 내리고…. 다시 많은 인간들이 나눠먹고…. 결국 복이란 나누라고 주는 것이지 혼자 독차지하라고 주는 것이 아닌 거지요. 해서 나누는 부자는 자자손손 부자이지만, 혼자 가지는 부자는 삼대를 넘기지 못하고 망하는 겁니다. 복이 나갈 때에는 사람도 망가져 그 자손들까지 음부로 떨어지게 되지요. 결국엔 자손까지 멸절케 됩니다.

농부는 자기 밭에 뿌린 씨앗들이 골고루 퍼져 모두 다 잘 자라길 바라지요. 설마 여호와께서 이스라엘 백성을 구제코자 뿌린 만나를 쓸어담아 제 곳간에다 쌓아 놓는 인간을 곱게 보시겠습니까? 모든 인간을 구제코자 내린 복을 죽을 때까지 긁어모아 도로 천국으로 지고 오는 미련한 부자를 기특하다고 하나님이 반기시겠습니까? 하여 예수께서 부자가 천국에 갈 수 있는 유일한 길을 일러주신 겁니다. 하나님이 내린 복이 미처 미치지 못한 곳에다 하나님을 대신해서 뿌리는 겁니다. 그게 부자의 소명이지요. 그래야 진정한 홍익인간이지요. 그렇게 부자도 당당하게 천국의 대문으로 들어갈 수 있습니다.

예수께서 그들 앞에 또 비유를 들어 이르시되 천국은 좋은 씨를 제 밭에 뿌린 사람과 같으니, 사람들이 잘 때에 그 원수가 와서 곡식 가운데 가라지를 덧뿌리고 갔더니, 싹이 나고 결실할 때에 가라지도 보이거늘 집주인의 종들이 와서 말하되 주여 밭에 좋은 씨를 뿌리지 아니하였나이까. 그런데 가라지가 어디서 생겼나이까. 주인이 이르되 원수가 이렇게 하였구나. 종들이 말하되 그러면 우리가 가서 이것을 뽑기를 원하시나이까. 주인이 이르되 가만 두라. 가라지를 뽑다가 곡식까지 뽑을까 염려하노라. 둘 다 추수 때까지 함께 자라게 두라. 추수 때에 내가 추수꾼들에게 말하기를 가라지는 먼저 거두어 불사르게 단으로 묶고, 곡식은 모아 내 곳간에 넣으라 하리라.

(마태복음, 13:24-30)

함께 뒤섞여 무성하게 자라고 있을 때에는 자신이 가라지인지 곡식인지 잘 모르지요. 밭에 심어졌으니 당연히 곡식이겠거니 하겠지요. 그렇게 가라지도 복받고 잘 자랄 수 있습니다. 누구든

믿음만으로도 신실한 삶을 살았다고 자위할 수 있겠습니다만 과연 하나님도 그렇게 여기실지요? 교회에 열심히 다니며 기도와 찬양으로 믿음을 증거하고 봉사한 보답으로 복을 받을 수는 있겠지만, 영혼까지 구원받기는 쉽지 않을 겁니다. 당신은 가라지인가요? 곡식인가요? 가라지 부자인가요? 청지기 부자인가요?

18 '스스로 낮추사 천지를 살피시고'^(시편, 113:6)

누구든지 자기를 높이는 자는 낮아지고, 누구든지 자기를 낮추는 자는 높아지리라.

(마태복음, 23:12)

인간은 애초에 비겁하게 태어나지는 않았지만 살아가면서 부닥치는 온갖 규율과 도덕, 윤리, 법률, 재난, 사건, 사고, 다툼, 경쟁 등의 학습과 경험을 통해 차츰 겁쟁이가 되어갑니다. 상사 앞에서, 부자 앞에서, 잘난 사람 앞에서. 매일 아침 신문을 보면서, 매일 저녁 텔레비전을 보면서. 매일 누군가에게 굽히고 아부하면서, 때로는 못 본 척하면서. 우리의 영혼이 양심의 가책과 불량한 양심, 그리고 눈치보기와 못난 생각 때문에 괴로움을 당하고 있는 것을 그대로 내버려두면서 말입니다.

성경에는 자기를 낮추라는 당부가 끝도 없이 나옵니다. 동서양의 수많은 성현들도 누누이 권하였습니다. 아무리 선할 일을 했다 해도 교만한 마음이면 그 공을 인정하기는커녕 오히려 저주를 하였지요.

한데 이 '낮춤'이 매너(예절)로 구현될 때 동양과 서양이 조금

무릎을 꿇고 눈높이 대화하는 조 바이든 미국 부통령. ©백악관

백선엽 장군과 눈높이 대화하는 해리스 주한 미국 대사. 존경의 표시로 무릎을 꿇은 것이
아니라 인격 동등, 눈높이 응대 매너의 실천입니다. [인터넷 캡처]

백선엽 장군에게 무릎 꺾어앉아 눈높이에서 사진첩을 선물하는 미군 지휘관. ⓒ연합뉴스

높이 선 자세에서 백선엽 장군에게 선물을 하사(?)하는 정경두 한국 국방부장관. 눈앞에서 미국인들이 하는 걸 보고도 따라 하지 못하는 건 자존심 때문일까요? 권위 때문일까요? 아니면 쑥스러워서일까요? ⓒ연합뉴스

다릅니다.

일찍이 인격 동등을 실현한 수평 사회의 서구 사람들은 상대를 존중하고 자신을 낮추더라도 서로 동등하게 대면 가능한 위치까지만 낮춥니다. 그 수평 상태에서 눈맞춤을 통해 내적으로 교만하지 않음을 온화한 미소를 통해 교감하는 것이지요. '낮은 데로 임한다'는 건 곤궁에 처했거나 낮은 위치에 있는 사람들의 위치까지 내려가 함께 멍에를 진다는 것이지, 그 낮은 사람보다 상대적으로 더 낮춘다는 의미가 아닙니다. 쉽게 말하자면 차등을 없애는 것이지요. 그에 비해 아직 봉건적 수직 사회를 고수하고 있는 동양인들은 상대방을 높이기 위해 자신을 상대방보다 더 낮춰야 한다고 생각합니다. 형식적인 외양으로 상대적 낮춤을 인증받고자 하는 것이지요. 어찌 보면 가식이나 위선이라 할 수도 있습니다. 이런 '낮춤'의 차이는 인사를 나눌 때, 악수나 건배를 할 때, 화동에게서 꽃을 받을 때, 병상의 환자를 위문해 대화를 나눌 때, 어린이를 대할 때의 자세에서 확실하게 드러나 비교가 됩니다.

더 중요한 것은 글로벌 매너적 시각에서 보면 동양인들의 '낮춤'은 낮춤이 아니라 '굽힘'이라는 사실입니다. 서양인들은 자세를 낮출 때 무릎을 꺾어 상대방과 눈높이를 같이해서 대화하고 소통하는 데 비해, 동양인들은 허리를 굽혀 엉거주춤한 상태에서 내려다보면서 대면을 합니다.

낮춤과 굽힘은 다른 성질이지요. 자기 존중의 주인 의식을 가지고 사는 사람이라면 낮출지언정 굽히지 않습니다. 굽힘은 복종의 표시로 노예나 종들의 매너입니다. 특히 한국인들은 상대방이 자기보다 연배나 계급이나 직위가 높은 사람, 소위 갑일 때에는 그 사람보다 더 깊이 굽히는데, 이는 낮춤이 아니라 굴종이거나 아부이거나 위선입니다. 글로벌 사회에서 낮춤은 겸손으로, 굽힘은 비굴로 인식됩니다만 한국인들은 무릎을 꺾으나 허리를 굽히거나 낮추기만 하면 된다고 생각합니다. 이렇게 익숙해진 습관은 바닥에 떨어진 물건을 주울 때 가장 잘 드러납니다. 대부분의 한국인들은 남녀 불문하고 허리를 굽혀 줍지만, 매너 있는 신사 숙녀는 기드온의 3백 용사처럼 상체를 바로 세운 상태에서 두 무릎을 꺾어 줍습니다.

나무는 희망이 있나니 찍힐지라도 다시 움이 나서 연한 가지가 끊이지 아니하며, 그 뿌리가 땅에서 늙고 줄기가 흙에서 죽을지라도 물 기운에 움이 돋고 가지가 뻗어서 새로 심은 것과 같거니와.

(욥기, 14:7-9)

영화 〈벤허〉에서 주인공 벤허는 사지에서 어떻게 살아나왔을까요? 어쩌다 운이 좋아서일까요?

누이의 사소한 실수로 인해 집안이 풍비박산난 벤허는, 노예의 무덤으로 불리는 로마 함선으로 보내져 다른 죄수들과 같이 쇠사슬에 발이 엮여 노를 젓게 됩니다. 그 쇠사슬은 선체에 고정되어 있어 배가 침몰하면 노예들도 모두 같이 수장됩니다. 전투가 벌어지면 죽도록 노를 저어 자신이 탄 배가 승리를 거두어 침몰을 면하는 길 외엔 어떤 요행도 바랄 수 없습니다. 그렇다 한들 언젠가는 배와 함께 수장될 운명이지요.

그러던 어느 날 전투를 앞두고 그 배에 탄 사령관이 점검차 노예들이 노젓는 아래 선창으로 내려왔다가 우연히 눈에 띈 벤허를 발견하고는 감독관에게 벤허의 발목에 채운 쇠사슬을 풀어 주도록 명령합니다. 이윽고 전투가 벌어지고, 적선의 공격에 옆구리를 받혀 사령선이 침몰합니다. 그때 벤허가 사령관을 구하는 바람에 인생을 역전시켜 고향으로 돌아가게 되지요.

한데 줄지어 노를 젓고 있는 그 많은 노예들 중에서 사령관은 어떻게 벤허를 알아보았을까요? 그리고 왜 그의 쇠사슬을 풀어 주도록 명령하였을까요? 설마 노예들의 이력서를 뒤져 보았을까요?

자세입니다! 다른 노예들은 이미 배에서 살아 나간다는 희망을 포기한 채로 구부정하게 고개 푹 숙이고 북소리에 맞춰 노를 저을 뿐인데 반해, 유독 벤허만이 채찍을 맞으면서도 고개를 꼿꼿하게 세우고 정면을 주시한 채 노를 젓는 바람에 사령관의 눈에 띈 것입니다. 그러자 증오에 가득 찬 이글거리는 눈초리에서 예사롭지 않음을 짐작한 사령관은 혹시나 하는 심정에서 한 노예의 운명을 시험하게 된 것이지요.

바른 자세와 눈맞춤은 주인장의 태도입니다. 주인장으로 살아 온 사람은 상대방의 자세만 보고서도 금방 알아챕니다. 따라서 사령관이 그 많은 노예들 중에서 노예답지 않은 노예 한 명을 발견해내는 건 지극히 당연한 일이라 하겠습니다. '사람'이 '사람'을 알아보았으니 모른 척할 수 없어 한마디 던져 본 것이지요.

그들이 대답하되 우리가 아브라함의 자손이라 남의 종이 된 적이 없거늘 어찌하여 우리가 자유롭게 되리라 하느냐.

(요한복음, 8:33)

서양 영화에서 붙잡힌 적장을 왕 앞에 데려갈 때 웬만하면 선 채로 그냥 두지만 반항적인 행동을 할 때에는 무릎을 강제로 꿇립니다. 그럴수록 포로는 더욱 상체를 바로 세우고 고개를 꼿꼿이 듭니다. 비록 적이지만 서로가 무사의 자존심만은 지켜 주는 것이지요. 그에 비해 한국 영화에서는 무작정 고개 숙이고 엎드릴 것을 강제합니다. 자기 왕도 아닌데 굽히고 복종하라니 어이가 없지요. 이런 개념도 매너도 없는 영화를 서구에서 사줄 수가 없지요.

서구 상류층 자제들이 반드시 익히는 승마와 댄스도 결국 바른 자세잡기 스포츠라 할 수 있습니다. 시종일관 상체를 바로 펴고 고개를 꼿꼿하게 세워 리더로서의 태도를 만들어 가는 훈련인 것이지요. 때문에 그들은 온몸으로 겨루면서 엎드리거나 고개를 숙이는 등 노예다운 동작이 많은 운동은 그다지 좋아하지 않습니다.

몸이 비굴하면 마음도 절로 비굴해집니다. 아무리 낮은 곳으로 떨어지더라도 인격을 포기할 순 없습니다. 상체는 인격입니다. 상체를 굽히는 순간 주변 상황을 제대로 살필 수도 없습니다. 진정한 리더는 자세를 낮추더라도 상체는 당당하게 바로 세웁니다. 굽힘은 겸손이 아닙니다.

19 죽음 앞에 선 신사의 태도!

사람이 친구를 위하여 자기 목숨을 버리면 이보다 더 큰 사랑이 없나니, 너희는 내가 명하는 대로 행하면 곧 나의 친구라. 이제부터는 너희를 종이라 하지 아니하리니, 종은 주인이 하는 것을 알지 못함이라. 너희를 친구라 하였노니, 내가 내 아버지께 들은 것을 다 너희에게 알게 하였음이라.

(요한복음, 15:13-15)

1911년 4월 15일 밤, 빙산과 충돌해 침몰한 세계 최대의 호화 유람선 타이타닉! 구명보트는 절대적으로 부족해서 더 많은 사람들이 배에 남아야만 했습니다.

뉴욕의 유명한 메이시 백화점을 소유하고 있는 스트라우스 노부부는 금슬이 좋았는데, 이시도르 스트라우스가 구명보트의 승선을 거절하자 그의 부인도 선원의 구명보트 승선 제안을 거절하고서 하녀에게 모피 코트를 건넨 뒤 구명보트에 태워보내고 남편과 함께 그 배에 남았습니다.

세계 최고의 갑부 애스터는 임신 5개월 된 아내를 구명보트에 혼자 태워보내면서 강아지를 안고 시가를 피우며 "사랑해요,

여보!" 하고 외쳤습니다. 신원이 애스터 씨도 보트에 타라고 권유하자 "사람이 최소한의 염치는 있어야지!"라며 거절하였습니다.

스위스의 억만장자 철강업자 벤저민 구겐하임은 구명조끼를 거절하고 대신 턱시도로 갈아입고서 현지처와 하녀가 무사히 구명보트를 탄 것을 확인한 후 자신을 따르는 하인과 함께 "우리는 가장 근사한 예복을 입고 신사답게 갈 것이다"고 하며 마지막까지 시가와 브랜디를 즐기다 배와 함께 최후를 맞이했습니다.

배의 설계자인 토머스 앤드류스는 승객들의 구명보트 승선과 뜰 만한 물건들을 던지는 것을 돕다가 1등실 흡연실에 조용히 들어가서 배와 함께 최후를 맞이했습니다. 이때 흡연실에 고귀하게 남기로 한 사람은 앤드류스뿐만이 아니라 다른 1등실 승객들도 있었습니다. 어떤 승객들은 카드 게임을 계속했으며, 당대 저명한 언론인이었던 윌리엄 T. 스티드는 조용히 독서를 하고 있었다고 합니다.

토머스 바일스 신부는 기독교 성직자의 양심으로 구명보트 승선을 거절하고, 사람들의 구명보트 승선을 도왔습니다. 구명보트를 타지 못하고 죽을 운명만을 기다리는 사람들에게 죄를 고백함으로써 하느님께 용서를 받는 성사인 고해성사를 집전하여 위로하였고, 갑판 위에서 많은 사람들과 함께 미사를 드리다가 선종하였습니다.

감리교회 신자인 월리스 하틀리가 바이올린 연주와 지휘를 맡은 8명의 악단은 대혼란에 빠진 승객들을 안정시키고자 침몰하기 10분 전까지 찬송가를 연주하였습니다. 그러고는 서로에게 행운을 빈 후 헤어졌으나 비극적이게도 그들 모두는 죽었습니다. 월리스 하틀리의 시신을 건졌을 때 예의 바이올린이 그의 몸에 묶여 있었다고 합니다. 구명보트로 탈출한 승객들은 배가 침몰하는 마지막 순간에도 바이올린 연주 소리를 들을 수 있었노라고 증언했습니다.

기관장인 조지프 G. 벨을 포함한 많은 기관사들과 화부, 전기 수리노동자 등 기관부 선원들이 배가 완전히 침몰하기 2분 전, 그러니까 배의 불이 완전히 꺼질 때까지 자리를 계속 지키면서 배의 전기를 작동시키는 작업을 하며 배와 함께 최후를 맞았습니다. 은퇴를 앞두고 마지막 항해에 나섰던 에드워드 존 스미스 선장 역시 구명보트에 오를 수 있었음에도 불구하고 끝까지 타이타닉에 남아 승객들의 탈출을 돕다가 배와 함께 갔습니다. 그렇게 각자가 생사의 갈림길에서 자신의 직분에 맞는 태도적 가치를 지키고 인간존엄성을 확보함으로써 참혹한 비극 속에서 남긴 미담들이 끝없이 회자되고 있습니다.

20 '피데스 세르반다(fides servanda)!'

너희는 문들을 열고 신의를 지키는 의로운 나라가 들어오게 할 지어다. 주께서 심지가 견고한 자를 평강하고 평강하도록 지키시리 니, 이는 그가 주를 신뢰함이니이다.

(이사야, 26:2-3)

종교개혁가 기욤 파렐과 장 칼뱅의 나라 스위스는 용병을 빼 놓고는 그 역사를 이야기할 수가 없습니다.

1506년 1월 22일, 로마 교황 율리우스 2세의 신변 경호를 맡 은 150명 용병들이 로마에 도착합니다. 이것이 바로 바티칸의 군 대이자 교황의 경호대 스위스 근위대의 시작입니다.

1527년 '로마 약탈'에서 그들의 용맹이 증명됩니다. 당시 스 페인 국왕이자 신성로마제국의 황제였던 카를 5세가 교황 클레멘 스 7세와 프랑스 연합군을 공격하는 과정에서 로마를 침탈하는 일이 벌어졌습니다. 이때 다른 나라 용병들은 모두 항복했는데도 스위스 근위대만큼은 끝까지 교황을 보호하여 피신시키는 데 성 공합니다. 하지만 그 대가는 처절했지요. 스위스 근위대 187명 중 147명이 전사하였습니다. 목숨을 구한 클레멘스 7세는 자신의 출신 가문인 메디치가를 상징하는 노랑과 파란색 줄무늬 군복을 입힘으로써 이들에 대한 감사와 신뢰를 표시하였습니다. 이후 교황청 근위대는 전원 스위스 용병들로만 구성되는 전통이 생겨나 지금까지 이어지고 있습니다.

그런가 하면 스페인 왕위계승전쟁에서는 서로 전쟁을 벌이고 있던 프랑스와 네덜란드군에 속한 각각의 스위스 용병들이 플랑드르의 말프라케에서 용병사에서 가장 비극적인 전투를 벌이게 됩니다. 이 전투에서 베른주 출신의 마이가 지휘하는 스위스 연대와 같은 베른주 출신의 슈툴러가 지휘하는 스위스 연대가 치열하게 싸운 끝에 쌍방 모두 거의 괴멸되었습니다.

프랑스대혁명이 절정으로 치닫던 1792년 8월 10일, 루이 16세와 마리 앙투아네트는 시민군에게 포위된 상태였고, 다른 근위대들은 모두 도망쳐 버리고 스위스 용병들만이 남아 성을 지키고 있었습니다. 이미 상황이 절망적이라고 판단한 루이 16세는 이 스위스 용병들에게 "그대들과는 상관없는 싸움이다. 고향으로 돌아가라"고 권하였지만, 스위스 용병들은 "신의(信義)는 목숨으로 지킨다"며 끝까지 항전하다가 786명 모두 전사하였습니다. 이후 이 호수는 용병으로 나가는 스위스 전사들이 각오를 다지고 서약의 의식을 치르는 신성한 장소가 되었습니다.

자원 없는 나라가 무엇으로 먹고 살겠습니까?

절박함입니다. 불과 2백 년 전만 해도 스위스는 용병이 아니고선 생계를 유지하기가 힘든 그런 나라였습니다. 따라서 자신들

스위스 휴양 도시 루체른의 한 작은 호숫가 절벽에는 화살이 박힌 채 꺾여진 프랑스 부르봉 왕가의 방패를 껴안고 고통스럽게 죽어 가는 사자의 모습이 조각되어 있습니다. 〈빈사의 사자상〉으로 불리는 이 작품은, 루이 16세의 근위대였던 스위스 용병들을 기리기 위해 1821년에 완성된 기념비입니다. [인터넷 캡처]

이 신뢰를 잃으면 당장의 가족은 물론 후손들도 굶어죽을 수밖에 없었지요. 제아무리 용맹한 사자라 해도 굶어죽을 수밖에 없음을 잘 알기에 어떤 상황에서도 도망가지 않고 끝까지 싸우다 죽기를 택한 것이지요.

제2차 세계대전 때 독일이 스위스를 침공하려 하자 스위스가 선포를 했습니다. 만약 독일이 쳐들어 오면 스위스 국민들은 마지막 한 명까지 싸울 것이다, 그리고 독일군이 스위스 땅에 한 발짝이라도 넘어오는 순간 스위스에 있는 모든 다리를 파괴하겠다고. 다리가 끊어지면 모든 스위스의 도로는 무수히 토막이 나고 말지요. 그렇게 되면 지중해로 넘어갈 수가 없으니 힘들게 점령해 본들 아무 소용이 없어지게 되지요. 뱉은 말은 목숨으로 지키는, 한다면 반드시 하는 민족인지라 히틀러도 결국 포기하고 말았습니다.

오늘날 스위스를 시계의 나라로 만든 원동력은 목숨을 신의와 맞바꾼 용병 정신에서 나옵니다. 서양 법정신을 한마디로 표현해 주는 라틴어 명제 'fides servánda, 신의는 지켜져야 한다'가 체화된, 정확·약속·신뢰가 생명인 시계는 스위스의 상징인 것이지요. 세계의 신사들이 굳이 스위스 명품시계를 차는 이유가 반드시 돈 자랑하기 위한 것만이 아닙니다. 신뢰를 사는 것이지요.

어디 시계뿐입니까? 은행 역시 신뢰가 밑천이지요. 세계의 부자들이 이자를 바라고 스위스은행에 돈을 맡기는 것이 아닙니다. 게다가 요즘 웬만한 다국적 연구소, 각종 IT산업 데이터 저장소, 세계 유명 보석 기업들의 비밀 창고도 스위스에 들어서 있습니다. 신뢰가 생명인 제약업 역시 스위스가 세계 시장의 한몫을 거머쥐고 있습니다. 신뢰를 고부가가치 안전 산업으로까지 확장시킨 것이지요. 1인당 국민소득 9만 불로 세계 최상위에다 다음 천년의 먹을거리까지 이미 다 준비해 놓은 겁니다.

그가 너희 모든 사람들이 두려움과 떪으로 자기를 영접하여 순종한 것을 생각하고 너희를 향하여 그의 심정이 더욱 깊었으니, 내가 범사에 너희를 신뢰하게 된 것을 기뻐하노라.

(고린도후서, 7:15-16)

영국과 독일의 제1차 세계대전이 한창이었던 그때 프랑스에 주둔중이었던 로버트 캠블 부대는 후퇴하던 중 붙잡혀 독일 마그데부르크 포로수용소에 수감됩니다. 부대장이었던 로버트 캠블은 탈출을 우려한 수용소의 삼엄한 감시하에 2년 동안 포로 생활을 하고 있었습니다.

그러던 어느 날, 빌헬름 2세가 로버트를 석방하라고 명했습니다. 전쟁중 적국의 포로를 풀어 주는 것은 전례가 없는 일! 로버트가 쓴 편지 한 장 덕분이었습니다. 어머니가 위독한 상황이라는 소식을 들은 로버트가 자신을 풀어 주면 영국에 돌아가 어머니의 임종만 지키고 독일로 되돌아오겠노라고 빌헬름 2세에게 간청했던 것입니다. 그렇게 로버트는 영국으로 건너가 어머니의 임종을 지켰으며, 약속을 지키기 위해 1916년 수용소로 돌아가 종전 후에야 석방되었습니다.

적과도 지켜야 할 신의(fides cum hoste servánda)! 포로와 황제 간의 서신을 통한 소통 매너! 경청과 신뢰! 그리고 약속 이행! 문명 사회 신사들의 태도적 가치를 잘 보여준 사례라 할 수 있습니다. 그렇다면 빌헬름 2세는 무얼 믿고 로버트를 석방시켰을까요? 아무 포로나 그렇게 간청하면 풀어 줄까요? 편지의 내용이 절절해서? 효심에 감동해서? 적국에 연락해서 사실 여부를 확인하고? 아닐 것입니다. 당시의 부대지휘관이면 당연히 상당한 가문 출신일 터이니 그것을 의심할 필요는 없겠지만 신사가 신사를 알아보는 법! 편지글의 품격만 보고도 그가 진실한 신사임을 알아보는 것은 그리 어려운 일이 아닙니다. 신사(紳士)란 곧 신사(信士)입니다!

신의는 붉은색입니다. 피로써 증명합니다. 예수께서는 신뢰를 증거하기 위해 십자가에 못 박히셨습니다.

21 '아흔아홉 마리를 들에 두고'

"제임스… 가치 있게 살아라, 가치 있게…."

스티븐 스필버그 감독, 톰 행크스 주연의 1998년작 전쟁 영화 〈라이언 일병 구하기〉란 영화에서 밀러 대위가 숨을 거두면서 라이언 일병에게 해주는 말입니다.

라이언 4형제의 어머니는 아들 넷을 육군과 해병대에 입대시키고 별 4개가 새겨진 페넌트를 창문에 걸고 지내다, 어느 날 먼 벌판에서 달려오는 차를 보고 무슨 일인가 싶어 밖으로 나가다가 현관에서 휘청거립니다. 외진 시골에 세단이 온다는 것 자체가 직감적으로 무언가 잘못됐음을 느낀 것이지요. 그리고 정복 입은 육군 장교들과 목사가 차에서 내리는 걸 보자마자 주저앉고 맙니다.

제2차 세계대전 당시 라이언 가문의 4형제가 모두 미군으로 참전했는데, 그 중 막내를 제외한 세 명이 태평양 전선과 노르망디 상륙작전중 각각 전사하고 맙니다. 그리하여 라이언 4형제의 어머니는 세 아들이 전사했다는 비보를 동시에 전해듣게 됩니다. 이제 하나 남은 막내 제임스 라이언도 살아 있는지 죽었는지, 살아 있다 한들 언제 죽게 될지 모를 상황입니다. 조지 C. 마셜 육군참모총장은 이 사실을 듣고 마지막 남은 막내라도 살려서 집에 보내고자 레인저 부대의 밀러 대위를 지휘관으로 한 총 8명의 구출팀을 혼전이 벌어지고 있는 최전선으로 보냅니다. 결국 임무는 완수하지만 모두 전사합니다.

모든 세리와 죄인들이 말씀을 들으러 가까이 나아오니 바리새인과 서기관들이 수군거려 이르되, 이 사람이 죄인을 영접하고 음식을 같이 먹는다 하더라. 예수께서 그들에게 이 비유로 이르시되, 너희 중에 어떤 사람이 양 백 마리가 있는데 그 중의 하나를 잃으면 아흔아홉 마리를 들에 두고 그 잃은 것을 찾아내기까지 찾아다니지 아니하겠느냐. 또 찾아낸즉 즐거워 어깨에 메고 집에 와서 그 벗과 이웃을 불러모으고 말하되 나와 함께 즐기자 나의 잃은 양을 찾아내었노라 하리라. 내가 너희에게 이르노니 이와 같이 죄인 한 사람이 회개하면 하늘에서는 회개할 것 없는 의인 아흔아홉으로 말미암아 기뻐하는 것보다 더하리라.

(누가복음, 15:1-7)

어쩌면 예수께서 하신 수많은 비유 말씀 중 가장 위대한 비유가 아닐까 싶습니다. 한 마리의 양을 찾기 위해 아흔아홉 마리를 들에 그냥 둔 채 그 한 마리를 찾으러 간다는 건 그 한 마리의 가치(값이 아닌)가 아흔아홉 마리와 다르지 않다는 것이겠지요. 세리든 죄인이든 한 인간으로서의 소중함을 이보다 더 적절하게 표현한 예는 다시없을 것입니다. 성경에 이 구절이 없었다면 〈라이언

일병 구하기〉와 같은 영화는 만들어지지도 않았겠지요. 인간존
엄, 가치 존중의 인식 공유 없는 관객에게는 언뜻 공감하기 어려
운 이상한 전쟁 영화였을 겁니다.

2020년초 중국 우한에서 폐렴이 창궐하자 각국은 전세기를
보내 자국민들을 데려갔습니다. 한국도 전세기를 보내어 교민들
을 데려왔는데, 우선순위가 이상했습니다. 1차 전세기에서 발열
증상자나 환자를 돌려보내고 무증상자만을 골라 태웠습니다. 2차
에서도 발열자와 의심환자는 데려왔으나 확증환자는 태우지 않았
습니다. 타지 못한 환자 한 명을 그곳 영사가 현지 병원에 입원시
켜 주었다고는 하지만 패닉 상태인 중국 병원에서 제대로 치료받
았을지요?

그에 비해 미국은 1차 전세기에서 환자들을 데려와 집중치
료해 줬습니다. 그런 다음 2차에서 무증상자들을 태워 왔습니다.
급한 환자부터 먼저 데려다 치료해서 살리는 게 순리에 맞겠습니
다. 한국은 국내에 전염·확산되는 것부터 먼저 걱정해서 여론과
중국의 눈치를 보면서 마지못해 남들 따라 전세기를 보낸 셈이지
요. 그러니 잃어버린 양 한 마리나 라이언 일병은 나중 문제가 되
고 만 것입니다. 중국 당국에서 증상자를 안 내보낸다? 그건 자국
민에게나 유효한 조처이지요. 더구나 일반 여객기도 아닌 특별 전
세기입니다. 중국 당국을 강하게 설득하고 재촉해서 단 한 명의
교민 환자가 발생해도 전세기를 보내서 데려와야 했습니다. 열 번
이든 백 번이든!

그깟 양 한 마리를 찾으려고 아흔아홉 마리를 위험에 빠트려? 한 명을 살리려고 멀쩡한 8명의 병사를 희생시킨 게 잘한 일? 인간의 생명을 두고 계량화·수량화해서 무게를 재어 가성비를 따지는 것은 비문명인들이나 하는 짓입니다. 요즈음 한국 기업이나 언론에서 너도나도 '가치 중심'이란 말을 신조어처럼 내걸고, 서점에는 '가치'를 내건 경영전략서들이 널려 있습니다만 실은 그게 무슨 뜻인지도 몰랐다는 것이 중국 폐렴 사태로 드러난 것이지요. '가치'는 고사하고 '중심'의 의미조차 알고나 있는지 의문스럽습니다. '이윤 추구'라는 상투적인 말을 '가치 추구'로 살짝 바꾼 것에 불과한 것이겠습니다. '가치'든 '중심'이든 행동으로 옮겨질 때에야 비로소 의미를 지닙니다.

너는 이방 나그네를 압제하지 말며, 그들을 학대하지 말라. 너희도 애굽 땅에서 나그네였음이라. 너는 과부나 고아를 해롭게 하지 말라. 네가 만일 그들을 해롭게 하므로 그들이 내게 부르짖으면 내가 반드시 그 부르짖음을 들으리라. 나의 노가 맹렬하므로 내가 칼로 너희를 죽이리니 너희의 아내는 과부가 되고, 너희 자녀는 고아가 되리라.

(출애굽기, 22:21-24)

2007년 4월 6일, 미국 버지니아공대에서 한인 학생 조승희의 총기 난사로 32명이 숨지는 끔찍한 사건이 있었습니다. 사건

후 교정 한켠에 희생자의 영혼을 위로하는 꽃을 놓는 자리가 마련되었는데, 조금 떨어진 곁에 가해자인 조승희 씨의 자리도 함께 만들어져 꽃이 놓여 있었습니다. 한국인들에겐 너무도 생소한 광경이었지만, 같은 학교 학생으로서 그 역시 불행한 희생자라는 것입니다. 우리가 그에게 조금만 관심을 보였더라면 그같은 극단적인 선택을 하지 않았을 터라는 겁니다. 해서 그의 영혼도 함께 위로하는 것이라고 했습니다. 이걸 미국인들의 관용으로만 볼 것인가요? 그와 같은 죽음에 대한, 사자에 대한 생자의 편견 없는 매너는 어디서 나오는 것일까요?

22 '잃은 드라크마를 찾아내었노라'

앞서의 아흔아홉 마리와 한 마리의 양의 비유에 이어서 예수
께선 또 하나의 비유를 더하여 재차 강조하십니다.

어떤 여자가 열 드라크마가 있는데 하나를 잃으면 등불을 켜고
집을 쓸며 찾아내기까지 부지런히 찾지 않겠느냐. 또 찾아낸즉 벗
과 이웃을 불러모으고 말하되 나와 함께 즐기자, 잃은 드라크마를
찾아내었노라 하리라.

(누가복음, 15:8-9)

동전 한 닢 찾았다고 잔치까지 벌이다니! 배보다 배꼽이 더
큰데? 당시에는 여인이 결혼을 하게 되면 그 징표로 드라크마 열
개를 묶은 선물을 받는데 그걸 평소에 몸에 지니고 다녔다고 합
니다. 열이라는 숫자의 완전성으로 온전한 여성임을 의미하는 호
신부 같은 것이었지요. 한데 그 중 한 개를 잃었다면 나머지 아
홉 개로는 그 본래의 의미를 상실하게 되겠지요. 하나를 잃은 것
은 모두를 잃은 것과 같은 것이지요. 다른 드라크마로 대체할 수
가 없는 것이어서 그렇게 열심히 찾았던 겁니다. 절대적인 가치

란 다른 무엇과 비교 · 대체할 수 없는 가치를 말합니다.

2013년 6월 7일, 미국의 유명 음식 칼럼니스트 필리스 리치먼(74세) 여사는 1961년 자신이 하버드 디자인대학원 도시계획학과에 입학 거부당한 것에 대한 항변을 《워싱턴포스트》지에 칼럼을 통해 발표하여 화제가 된 적이 있었습니다. 당시 입학 심사를 맡았던 윌리엄 도벨레 교수는 그녀에게 보낸 편지에서 "똑똑한 학생조차 결혼하면 학과 공부를 지속하는 데 어려움을 느끼고, 공부에 들어가는 시간과 노력을 낭비라고 생각한다. 당신은 어떻게 공부와 남편, 그리고 가정에 대한 책임을 양립시킬 수 있을지 구체적인 계획을 제출하시오"라고 했답니다. 이에 그녀는 입학을 포기하고 말았습니다.

그후 아이 셋을 낳고 글쓰는 일에도 성공한 그녀는 칼럼을 통해 "당시 너무 겁을 먹어 교수의 말에 반박할 수 없었다. 결혼이 하버드 입학이나 경력에 방해가 될 줄 몰랐기 때문에 굉장히 낙담했었다. 나와 동시대를 살았던 많은 여성들은 여러 장벽에 맞서야 했다. 그럼에도 가정과 학업의 균형을 어떻게 맞출 수 있을지 결정하는 것은 나의 몫이어야 했다. 이제는 당신도 열린 마음이 되었을 것이라 생각한다. 문제는 당신이 아닌 시대의 편협했던 틀이었다"고 지적했습니다.

그렇게 해서 52년 전의 미흡했던 인생의 한 부분을 메운 것이지요. 선진문명권의 성숙한 사람들은 이처럼 자기 완성을 향한 내면적 잠재 욕구를 가지고 있어 끊임없이 자기를 성찰하고 노력

합니다. 그들은 한국적인 비문명적 증후군, 다시 말해 나이듦이 곧 노추(老醜)라는 등식과 다른 세상에 있습니다.

또한 안락한 노후가 자기 완성이 아닙니다. 미국 시민들 중 평소 재소자나 사회적 소외자의 인간존엄성을 미처 인식하지 못했음에 대해 반성하는 사람들이 상당히 많습니다. 그리하여 언젠가는 자신의 공동체 의식 부족에 대해 참회하고 자원봉사나 도네이션에 적극 동참합니다. 한국전쟁 때 수많은 서민들이 갹출해서 지원하고, 전쟁고아들을 돌보며, 가난한 청년들에게는 스칼라십으로 유학시켜 주는 것에 적극 나선 것도 그 때문입니다. 그렇게 자기 완성을 향해 삶을 아름답게 가꾸는 것입니다. 그래야 나중에 하나님 앞에서 당당하게 바로 설 수 있으니까요. 글로벌 매너에는 자기 완성적 삶을 추구하는 서구인들의 태도적 가치가 녹아들어 있습니다.

그러므로 하늘에 계신 너희 아버지의 온전하심과 같이 너희도 온전하라.

(마태복음, 5:48)

44년 전 역무원 몰래 550원짜리 기차표를 훔친 한 여성이 1천 배로 갚은 사실이 알려져 화제가 된 적이 있습니다. 2017년 5월 15일, 구미역에 "오랫동안 양심에서 지워지지 않았는데 갚게 되어 다행"이라는 편지와 함께 현금 55만 원이 든 봉투가 배달되었습니다. 편지에는 "44년 전 여고생 시절 (경북 김천) 대신역에서 김천역까지 통학하던 중, 역무원 몰래 550원짜리 정기권 1장을 더 가져갔다"는 사연이 적혀 있었습니다. 그 한 장이 자기 생의 완전성을 해치는 흠이었던 것이지요.

군이 미담이라고까지 할 건 아니지만 해외에서도 종종 있는 일입니다. 학창 시절 빌려 가서 돌려주지 않았던 도서관 책을 수십 년이 지나 되돌려 주거나 변상하는 일도 종종 있었지요. 어린 시절이나 어려운 환경에서 저질렀던 사소하거나 고의적인 실수로 상대방의 마음을 아프게 한 적은 없는지요? 무임승차를 하거나 실수로라도 공공 기물을 훼손한 적은 없나요? 그런가 하면 장학금을 받아 공부했거나 어려울 때 누군가의 신세를 지고도 아직까지 보답하지 못한 일, 자신이나 주변에서 행해졌던 불합리나 모순에 대해 모른 척 외면했던 일, 마땅히 도와주었어야 함에도 그러지 못해 못내 미안했던 기억 등등 평생토록 마음에 걸리는 일 몇 개쯤 가지지 않은 사람이 있을까요?

너희는 세상의 소금이니, 소금이 만일 그 맛을 잃으면 무엇으로 짜게 하리요. 후에는 아무 쓸데없어 다만 밖에 버려져 사람에게 밟힐 뿐이라.

(마태복음, 5:13)

우리 주변에도 퇴직 후 안락한 연금 생활 대신 동남아나 아프리카에 가서 자신의 재주로 봉사하는가 하면, 지난날 베트남 전쟁중에 한국군이 어쩔 수 없이 고통을 준 베트남을 찾아가 봉사의 노년을 보내는 이들도 있습니다. 단순히 교회나 사찰을 찾아 헌금 바치고 참회하는 것만으로는 자기 완성적 삶을 가꾼다고 할 순 없습니다. 삶은 누가 대신 살아 줄 수 있는 것이 아니지요. 그러니 자기의 삶은 자기가 완성해야 합니다. 그 어떤 처지든 삶은 고귀한 것입니다.

내가 아직도 너희에게 이를 것이 많으나 지금은 너희가 감당하지 못하리라. 그러나 진리의 성령이 오시면 그가 너희를 모든 진리 가운데로 인도하시리니, 그가 스스로 말하지 않고 오직 들은 것을 말하며 장래 일을 너희에게 알리시리라.

(요한복음, 16:12-13)

선하고 옳은 것만으로 완전하지 않습니다. 이 땅에 처음 복음이 전해질 때 우리는 철학적으로도 한참 미개한 상태였습니다. 하여 선교사들이 이같은 크리스천적인 삶의 태도에 대해 제대로 설명해 주지 않고 거두절미하고 예수 믿으면 복받고 천국 간다고 했을 겁니다. 처음 불교가 들어왔을 적에 무작정 진언을 외우면 극락 간다고 했던 것처럼 말입니다. 아무쪼록 설명을 해줬던들 이해하지 못해 중도에 잃어버렸겠지요. 오늘날 한국 기독교가 눈부신 양적 성장에도 불구하고 여전히 한구석이 허전한 건 어쩌면

이 때문이 아닐까요. '자기 완성을 위한 태도적 가치'야말로 잃어버린 양 한 마리, 잃어버린 드라크마 한 닢이 아닐는지요? 크리스천에게 있어서 자기 완성은 하나님과의 약속입니다.

23 '네가 지금은 알지 못하나'

저녁 잡수시던 자리에서 일어나 겉옷을 벗고 수건을 가져다가 허리에 두르시고, 이에 대야에 물을 떠서 제자들의 발을 씻으시고 그 두르신 수건으로 닦기를 시작하여, 시몬 베드로에게 이르시니 베드로가 이르되 주여 주께서 내 발을 씻으시나이까. 예수께서 대답하여 이르시되 내가 하는 것을 네가 지금은 알지 못하나 이후에는 알리라.

(요한복음, 13:4-7)

예수께서 제자들에 대한 절대적인 사랑과 신뢰를 보여주심으로써 믿음과 구원에 대한 확신을 불어넣어 주고 계십니다. 자기 존중, 상대방에 대한 배려, 인간존엄성 확보를 위한 그리스도 정신의 실천적 메시지로서 여호와의 사자에 대한 아브라함의 환대와 함께 크리스천 매너의 하이라이트를 이루고 있습니다.

소국 근성, 사대 근성, 피식민 근성, 하인 근성, 노비 근성을 그냥 두고는 인품 교육 절대로 안 됩니다. 그래 본들 결국 사대 교육, 식민 교육, 종복 교육일 뿐입니다. 흔히 식민지배를 당한 민족이 그 트라우마를 털어내려면 1백 년은 족히 걸린다고 하지요. 몸으로 체득된 건 하루아침에 원상 회복되지 않는다는 뜻입니다. 역으로 몸을 잘 다스리면 오염된 정신, 즉 피식민 근성을 빨리 극복해낼 수 있다는 이치가 성립됩니다. 매너와 품격으로 근성을 바꿀 수 있다는 말이지요.

한국인들에게 피식민지배와 한국전쟁 등을 거치면서 형성된 트라우마는 일상에서 무의식중에 문득문득 솟구칩니다. 가령 선거에서 드러나는 한국인의 양태가 그렇습니다. 선거는 선거일 뿐, 이기든 지든 가볍게 털고 일상으로 돌아가는 것이 잘 안 됩니다. 지는 것에 대한 두려움! 돈을 걸고 배팅한 것도 아니고, 자기가 직접 출마하는 것도 아님에도 불구하고 지지하는 인사나 정당이 선거에 패배하면 마치 적에게 정복당해 굴욕적으로 살아야 할 것처럼 인식되어 막연한 공포심을 느낍니다. 해서 게임의 결과에 여간해서 승복하지 못하고 극악스럽게 반발합니다. 권력에 대한 저항이 곧 독립운동인 양 오버하는 거지요. 해서 크게는 통치자에게 저항하고, 작게는 길 가다 낯선 이와 어깨만 부딪쳐도 마치 제 나라가 침탈당한 듯 부르르 몸을 떱니다. 과거를 미처 소화하지 못한 민족에게서 나타나는 전형적인 태도입니다.

게다가 모든 책임을 최고통치자에게로 돌리는 버릇이 있습니다. 문제가 생기면 주인이 잘못해서 종인 우리 혹은 내가 피해를 보고 있다고 주먹질해대는 것이지요. 스스로 주인 노릇을 잘 못해서 문제가 생긴 것이라곤 꿈에도 생각지 않습니다. 그마저도 혼자서는 용기가 없어 반드시 떼를 지어 항거합니다. 민중(民衆)

이 곧 민주(民主)인 줄 아는 거지요. 그러나 주인은 남 탓하지 않습니다. 떼를 짓지도 않습니다.

왜(Why)? 어떻게(How)? 노예나 종은 스스로 판단하고 결정할 자격도 책임도 없고, 또 그런 훈련을 거치지도 않았습니다. 당연히 창조하거나 혁신할 능력도 없습니다. 오히려 그런 고민을 부담스러워하고 싫어합니다. 책임지겠다는 말조차 허락되지 않습니다. 오직 복종과 변명·핑계만이 허락될 뿐입니다. 하지만 주인장은 그럴 수 없습니다. 권한이 있기 때문에 스스로 판단하고 결정을 해야 합니다. 그리고 그것에 대해 전적으로 책임을 져야 합니다. 변명하거나 핑계댈 곳이 없습니다.

기실 노예가 비겁하고 천한 것은 수치가 아닙니다. 체면이니 도리니 염치니 가치니 하는 것은 사치이지요. 일을 적게 하고 배부르게 받아먹는 것은 노예에겐 은혜입니다. 아닌 건 아니라고 말하는 건 주인장으로 사는 사람의 태도이지 노예와는 상관없는 태도입니다. 아니든 그렇든 상관없이 저한테 관대하고 먹을 것을 더 주는 주인이면 무조건 좋고 옳은 겁니다. 집안이 망해도, 나라가 망해도 주인이 망하는 것이지 노예가 망하는 것이 아니니까요. 노예는 망하고말고 할 것이 없습니다. 제 것이 없으니까요. 아쉬울 것도, 억울할 것도 없지요. 이 주인이 망하면 저 주인을 섬기면 그만이니까요. 노예가 목숨 걸고 지켜야 할 것은 제 목숨 하나밖에 없습니다.

종복 근성이 몸에 배게 되면 주관적·객관적 사고 능력이 점점 감퇴되고, 자기 중심이 없어집니다. 확고한 주인 의식이 없는 우민들은 선동에 잘 넘어가 부화뇌동을 잘합니다. 선전 구호나 광고, 심지어 생쇼에도 잘 속아 넘어가지요. 종교를 빙자한 야바위꾼들에게 현혹·세뇌당해 노예처럼 종속되어 갈취당하고도 선택받은 선민인 양 우쭐해합니다. 버림받지 않기 위한 노예적인 충직함을 신실한 믿음인 줄 착각하고 다행으로 여기며 섬깁니다. 노예는 그 굴레를 풀어 주면 불안해 어쩔 줄 모릅니다. 하여 큰 떼 속에 자신을 숨기거나 자기를 강력하게 지배해 줄 왕 같은 교주를 섬김으로써 그 불안감을 극복하는 것이지요. 그게 자신을 팔아먹는 일인 줄 모릅니다. 자기를 지배해 줄 주인을 뽑아 놓고 자기가 선택했으니 주인답게 행동했다고 착각하지요. 너 자신을 알라? 노예에겐 그 말이 '너 자신을 책임지라'는 말로 들리기 때문에 두려울 뿐입니다.

민주(民主)란 국민이 나라의 주인이 되는 것이지요. 다시 말해 주인이 국민이 되는 것입니다. 그렇지만 국민이 주인답지 못할 때, 주인이 주인답지 못할 때는 노예민주주의, 천민자본주의, 민중주의가 될 수밖에 없겠습니다. 종복에겐 나중이란 없습니다. 일은 적게 하고 혜택은 늘어나는, 일을 않고도 배불리 사는 사람이 늘어나는 복지국가! 나라가 골병들어 가는 것은 개인들 각자가 주인 의식이 없거나 부족해서라고 할 수 있습니다. 나중을 생각하는 사람은 곧 주인입니다. 언약이란 나중에 대한 약속입니다. 모세는 제 민족을 애굽에서 데리고 나와 종복 근성을 뿌리 뽑고, 주인장으로서의 태도적 가치를 지니게 하기 위해 40년 동안 광야를 행군시켰습니다. 나중을 가르치고 나중을 준비시킨 겁니다.

여호와 하나님이 그 사람을 이끌어 에덴 동산에 두어 그것을 경작하며 지키게 하시고, 여호와 하나님이 그 사람에게 명하여 이르시되 동산 각종 나무의 열매는 네가 임의로 먹되 선악을 알게 하는 나무의 열매는 먹지 말라. 네가 먹는 날에는 반드시 죽으리라 하시니라.

(창세기, 2:15-17)

기본을 우습게 아는 한국인들은 툭하면 "에티켓이나 매너는 지킬수록 손해!"라며 무시하려 들곤 합니다. 누가 지적을 하면 "남들도 안 지키는데 왜 나만 갖고 그래!"라고 반발합니다. 전형적인 종복 근성이지요. 상대방이나 남들이 상스럽게 군다고 해서 똑같이 상스럽게 나가는 것은 스스로의 품격을 떨어뜨리는 어리석은 짓입니다. 에티켓이든 매너든 상대방만을 위한 것이 아닙니다. 궁극적으로 자기 존중입니다. 상대방을 존중해 주고, 또한 자기도 존중받아 피차 인간존엄성을 확보하자는 것입니다. 자기를 존중할 줄도 모르는 사람이 남을 존중할 줄을 알겠습니까?

기실 동양 사상에는 개인주의 내지는 인간존엄성 확보에 대한 개념이 없어 '자존심(自尊心)'의 의미조차 제대로 안다고 할 수가 없습니다. 대부분의 사람들은 체면이나 위신·염치 정도를 자존심인 줄 알고 있습니다. 자존심이란 '자기 존중심'을 말합니다. 더 구체적으로는 '자기가 자기를 존중하는 것'이지요. 그런데 한국인들은 자존심을 '남이 자기를 존중'해 주는 것으로 잘못 이해하고 있습니다.

하여 남이 자기를 무시하거나 비판하면 자존심이 상했다며 감정적으로 반발하기 일쑤입니다. 요즘은 그 증상이 너무 심해

아무리 어려도 정장을 차려입으면 숙녀로 대하는 것이 신사의 기본! 모스크바에 새로 문을 연 아동병원을 방문해 선물을 준 아이의 손등에 입을 맞추고 있는 푸틴 러시아 총리. 허리를 굽히지 않고 무릎을 꺾어앉아 눈높이를 맞춘 정품격 매너. 신사가 숙녀로부터 선물을 받고 그냥 넘어갈 순 없는 일, 나중에 소녀를 크렘린궁으로 초대해서 식사 대접을 하였습니다. ⓒ로이터

사소하게는 운전중 끼어들거나 경적을 울렸다며 보복운전을 하거나 끝까지 쫓아가 폭행하는가 하면, 크게는 운동 경기에다 국가적 자존심을 걸기도 합니다. 평소에 문화적·관습적 억눌림에서 오는 반발심이 그런 엉뚱한 곳에서 변태적으로 폭발하는 것이겠지요. 이른바 갑질입니다.

따라서 천한 사람의 무례에 발끈하는 건 주인장 매너가 아닙니다. 그런 일로 자존심 구겼다고 하는 건 자존심의 본래 의미를

무릎을 꺾어 화동으로부터 꽃을 받아들고서 눈높이 대화를 하는 케이트 미들턴 영국 왕세손비. 이럴 때 무릎 대신 허리를 굽히면 부자연스러워 볼썽사납습니다. ⓒ켄싱턴하우스

모르고 하는 소리입니다. 자존심은 남이 나를 무시하거나 존중해 주지 않는다고 해서 상하는 것이 아닙니다. 자존심은 남이 어찌할 수 있는 성질의 것이 아닙니다. 자기가 자신을 무례하게 대하거나 속일 때 상하는 것입니다. 따라서 무엇에든지 결정하고 행동하기 전에 그것이 하인적인 태도인지 주인적인 태도인지를 먼저 자문해 보는 습관을 들여야 합니다.

남이 보든 안 보든 바른 자세를 유지하고, 정장을 입고, 교통신호등을 지키고, 나쁜 습관을 고치고, 거짓말을 안하고, 건강에 좋지 않은 음식이나 술·담배 등을 삼가는 것 모두가 자기 존중입니다. 집에 혼자 있을 때라도 잠옷 바람으로 대충 지내지 말고 제대로 갖춰 입고, 좋아하는 음악을 틀어 놓고 멋진 찻잔으로 차 한잔 하면서 자기만을 위한 시간을 가져 보십시오. 주인장으로서 자기 존중이야말로 진정 행복의 출발점입니다. 자기 중심, 자아(自我)를 찾는 일은 의외로 쉽습니다. 돈·권력·명예가 자기를 지켜주는 것 아닙니다. 오히려 그 때문에 패망하는 이가 더 많습니다. 진정으로 자기를 지켜 주는 건 매너입니다.

24 새 누룩으로 새 술을!

내가 나의 하나님 여호와께서 명령하신 대로 규례와 법도를 너희에게 가르쳤나니, 이는 너희가 들어가서 기업으로 차지할 땅에서 그대로 행하게 하려 함인즉 너희는 지켜 행하라. 이것이 여러 민족 앞에서 너희의 지혜요, 너희의 지식이라. 그들이 이 모든 규례를 듣고 이르기를 이 큰 나라 사람은 과연 지혜와 지식이 있는 백성이로다 하리라.

(신명기, 4:5-6)

이스라엘 민족이 애굽에서 탈출한 지 2천8백여 년 후 똑같은 일이 일어납니다.

교회를 가톨릭의 모든 부패로부터 '정화'하고자 했던 성공회 교회의 이단자들, 즉 일단의 영국 청교도 무리들이 왕정의 위협을 피해 1620년 9월 16일 메이플라워호를 타고 젖과 꿀이 흐르는 땅, 신 예루살렘을 향해 떠납니다. 이들 1백31명은 험난한 항해 끝에 마침내 케이프코트(지금의 매사추세츠 지역)에 다다르게 되는데, 그 땅에 발을 내딛기 전 정치적 단결을 위해 하나의 문서를 만들었습니다. 그것이 바로 '메이플라워 서약'입니다. 이 서약을 통해서 그들은 모든 것을 함께 결정하고, 이후 만들게 되는 정치적 기구의 법을 준수할 것을 맹세하였습니다. 미국 정신은 여기서부터 비롯되었습니다. 그리고 끊임없이 서부를 개척해 나가면서 프런티어 정신을 만들어냈습니다.

프런티어(미국 서부의 국경)란 역사적인 개념으로 비약되어 개인주의, 진취적인 기상, 평등, 사회적 혼합, 개척자의 삶을 통한 새로운 인간의 창조와 같은 미국의 정치적·정신적 특성을 나타내는 말이 되었습니다. 좀 더 쉽게 말해, 프런티어 정신은 서부 개척 정신이며, 총을 앞세운 정복 정신이자 융합과 팽창의 정신입니다. 또한 단순하고도 실용주의적인 보통 사람들의 철학이기도 하지요.

광활한 서부 개척에 나선 이들은 누구도 의지할 수 없었습니다. 그러나 스스로, 혹은 자기 집단이 정한 사항을 제외하고는 어떠한 속박으로부터도 자유로웠습니다. 스스로의 판단과 총을 앞세워 서부로 서부로 험난한 정복의 길을 나섰습니다. 서부는 정말이지 젖과 꿀이 흘러넘치는 땅이었습니다. 자원이 무궁무진했습니다. 그렇지만 그 자원은 거저 얻을 수 있는 그러한 것들이 아니었지요. 그것들을 진정한 재화로 만들기 위해서는 많은 피와 땀이 필요했습니다. 이러한 경험 속에서 개인주의적이고 창의적인 미국인의 전형이 만들어졌는데 용기와 끈기, 열정과 투지, 적응력과 기술에 대한 믿음, 노동에 대한 프로테스탄트적 미덕, 자비와 이윤 추구가 그것들입니다. 이러한 바탕에는 청교도의 소명 의식과 윤리(절약 · 검소 · 신의 · 성실)가 있음은 두말할 나위가 없겠습니다. 그들은 항상 새로운 프런티어를 발견해내고, 그것을 정복함으로써 발전해 나가려는 속성을 지니고 있지요. 그것이 곧 '뉴프런티어 정신'입니다.

그렇게 그들은 새 누룩으로 새 술을 빚어 새 부대에 담아 가며 새로운 나라를 만들어 나갔습니다. 모든 걸 버리고 온 그들이기에 모든 것이 가능했던 겁니다. 그것을 사람들은 아메리칸드림이라 부르지요. 지금도 수많은 사람들이 모든 것이 가능한 약속의 땅, 기회의 땅으로 몰려가고 있습니다.

너희는 누룩 없는 자인데 새 덩어리가 되기 위하여 묵은 누룩을 내버리라. 우리의 유월절 양 곧 그리스도께서 희생되셨느니라.

(고린도전서, 5:7)

누천년을 반도에 웅크리고 살면서 사대 근성과 노비 근성, 그리고 식민 근성으로 찌든 등 굽은 한민족! 단 한번도 남의 나라를 침략해 본 적이 없는 걸 자랑으로 아는 평화 민족? 기근으로 백성이 다 굶어죽을지언정 먹을거리를 구하러 강을 건넌 적도, 바다 멀리 나간 적도 없습니다. 근자엔 스스로 독립도 못하고, 스스로 해방도 못하고, 스스로 나라를 지키지도 못하고, 스스로 통일도 못하고 있습니다. 수없이 침탈당하고 지배까지 받아 종으로 살아 본 적도 있는 민족입니다. 그러니 주변국들도 기회만 생기면 언제든 또 침략해도 되는 만만한 나라로 여기겠지요. 지금 같은 초문명 시대에 삼대 세습 동물농장이 가능한 것도 바로 그 때문이지요. 그러고도 부끄러워할 줄 모르고 서로 네 탓, 남 탓하며 헐뜯기로 세월을 보내고 있습니다. 맹자는 "사람은 스스로 업신여긴 뒤에야 남에게서 모욕을 당하고, 나라도 스스로 해친 뒤에야 남의 손에 망하게 된다"고 하였습니다. 그러니 이대로는 죽어서도 약속의 땅에 들어가지 못할 것입니다. 과거를 소화하지 못해 역사를 존중하지 않는 민족은 어쩔 수 없이 똑같은 역사를 반복하게 마련이지요.

너는 네 하나님 여호와의 이름을 망령되게 부르지 말라. 여호와는 그의 이름을 망령되게 부르는 자를 죄 없다 하지 아니하리라.

(출애굽기, 20:7)

한국의 교회마다 주일이면 '저 북녘 땅 동포들이 압제에서 벗어나게 해주시고, 그들에게도 복음을 전할 수 있게' 해달라는 기도가 빠지지 않습니다. 허나 말뿐이지요. 통일은 소원하고 기다린다고 찾아오는 것이 아닙니다. 통일은 '되는' 것이 아니라 '하는' 것입니다. 아무리 하나님이 인자하셔도 매일같이 이것 해달라 저것 해달라는 상투적인 입발림 기도에 귀기울일 리 없지요. 교회 안에, 십자가 뒤에 숨지 말고 광장이든 광야든 우뚝 서서 하늘을 우러러 우리 힘으로 통일코자 하오니 용기와 지혜를 달라고 외쳐야지요. 자유든 통일이든 기어코 스스로 쟁취하고 말겠다고 앞으로 뛰쳐나가면서 하나님의 가호를 빌어야지요. 가나안 땅을 정탐하고는 겁먹고 발길을 돌린 이스라엘 백성처럼 허구한 날 주변 4강국이 방해해서 통일이 안 된다고 핑계 · 변명만 해대는 등 굽은 백성들의 소원을 들어 주시겠습니까? 제 방에서 잃어버린 한 개도 아닌 다섯 개의 드라크마를 제대로 찾아보지도 않고 그 자리에 앉아 하나님더러 내려 달라고 하는 꼴이지요. 전능하신 손으로 북녘 땅을 해방시켜 넘겨 주면 이 나라 이 백성이 어찌될지를 하나님은 다 내다보고 계십니다. 하나님은 허튼 일 안하십니다.

갈렙이 모세 앞에서 백성을 조용하게 하고 이르되 우리가 곧 올라가서 그 땅을 취하자, 능히 이기리라 하나.

(민수기, 13:30)

그 땅에서 태어났다고 해서 그 땅의 주인이 되는 것 아닙니다. 피를 흘려 굳힌 땅이어야 온전히 자기 것이 됩니다. 땀은 피보다 진할 수 없습니다. 땀으로 일군 땅은 여차하면 팔거나 포기할 수도 있습니다. 그러나 피로 굳힌 땅은 목숨과도 바꾸지 않습니다. 해서 여호와께서 이스라엘 민족더러 스스로 싸워서 가나안 땅을 차지하게 하여 당당한 주인으로 서게 한 겁니다. 그러기 위해 40년을 떠돌며 광야에다 묵은 누룩을 털어 버리게 하고, 묵은 누룩에 찌든 백성들까지 다 버렸던 겁니다. 땀 흘려 농사지을 만한 정착지를 찾아 돌아다닌 것이 아닙니다. 피흘리기를 두려워하지 않는 백성으로 거듭나게 하기 위해서였습니다. 그 정신이 3천 년 후에 되살아나 쫓겨난 그 땅에다 유대 민족국가 이스라엘을 다시 세우게 하였습니다.

역사는 더없이 거칠고, 참으로 무정합니다. 우리 민족은 아직 버려야 할 것이 많습니다. 새것을 받아들이는 만큼이나 버리는 데에도 용기가 필요하지요. 버림의 두려움을 극복해야만 앞으로 나아갈 수 있습니다. 버리기 위해 몸부림치고, 버리기 위해 전진해야 합니다. 진정 역사의 주인이 되고자 한다면 칼같이 단호하고 얼음같이 냉정해져야 합니다! 묵자(墨子)는 "쓴것을 조금 맛본 사람은 쓰다고 하고, 쓴것을 많이 맛본 사람은 달다고 한다"라고 했습니다. 쓴맛을 잊은 민족, 고난을 두려워하는 민족은 병들기 시작합니다. 그때부터 사람들은 단것도 쓰다고 합니다.

25 '들을 귀 있는 자는 들을지어다'

끝으로 형제들아 무엇에든지 참되며, 무엇에든지 경건하며, 무엇에든지 옳으며, 무엇에든지 정결하며, 무엇에든지 사랑받을 만하며, 무엇에든지 칭찬받을 만하며, 무슨 덕이 있든지 무슨 기림이 있든지 이것들을 생각하라.

(빌립보서, 4:8)

전염병처럼 유행하던 '행복'이란 말이 차츰 식상해지고, 요즘은 '가치'란 말이 자주 언급되고 있습니다. 특히 기업들의 홈페이지에는 이 용어가 빠지지 않고 올라 있어 거의 상투적인 용어가 되다시피 했습니다. 그러다 보니 대부분 그 의미에 대한 분명한 인식과 성찰도 없이 그저 막연하게 남들을 따라 읊조리지 않나 하는 생각이 들기도 합니다. 그동안 너나없이 홈페이지에 내걸었던 경영철학인 '윤리경영'을 새로운 용어로 바꾼 것에 불과한 것이 아닐까 싶습니다.

제2차 세계대전 때 나치에 끌려가 모진 고초 속에 살아남은 유대인 의사 빅토르 에밀 프랑클은, 인간이 추구하는 삶의 '가치(value)'를 '창조적 가치(creative value)' '경험적 가치(experiential value)' '태도적 가치(attitudinal value)'로 분류했습니다. 인류는 역사를 통해 경험적 가치를 축적해 왔으며, 철학으로 태도적 가치를 확립코자 노력해 왔습니다. 그리고 과학이나 예술을 통해 창조적 가치를 추구해 왔다고 할 수 있겠습니다. 경험적 가치는 또 다른 말로 하면 계산적 가치, 즉 유불리(有不利)에 따른 '제 수준 통빡에 맞춘' 가치가 되겠습니다. 대개 합리주의자 혹은 기회주의자들이 추구하는 가치입니다. 그에 비해 태도적 가치는 인간 존엄성 확보 및 자신의 신념과 자신이 속한 공동체의 정체성에 기반한 가치라 할 수 있습니다.

더없이 감정에 충실한 많은 한국인들은 이 경험적 가치와 태도적 가치를 잘 구분하지 못합니다. 호불호(好不好)나 유불리(有不利)에 따른 처신을 자신의 태도적 가치인 양 오해하는가 하면, 옹고집을 지조 혹은 절개인 줄로 착각하기도 합니다. 이념 또한 유행이자 수단일 뿐 불변의 가치가 될 순 없습니다. 따라서 이념 추구란 곧 이념에 종속당했다는 의미일 수도 있습니다. 그럼에도 한국인들은 그런 걸 가치라고 우기며 지성인 혹은 지사인 양합니다. 그처럼 가치에 대한 개념이 모호하다 보니 분수도 모르는 무조건적 맹종을 마치 훌륭한 태도인 양 착각하는 것이지요. 하여 영웅적 투사가 되고자 하다가 결국 양의 탈을 쓴 등신 늑대가 되고 마는 것도 그 때문일 겁니다.

이 경험적 가치와 태도적 가치를 혼동하는, 아니 인식조차 못하는 대표적인 부류가 이 나라에선 정치인들이 아닐까 싶습니다.

온갖 부끄러운 짓 다 저질러 놓고도 뻔뻔하게 고개를 세우는 것은 버티면 살더라는 경험적 가치에 매달리는 것이겠고, 막무가내 반정부 시위 투쟁이 정의 구현인 줄로 착각하는 극단의 시민들은 가치 아닌 가치, 헛것을 따르는 것이겠습니다. 침몰하는 배에 수백 명의 어린 학생들을 버리고 저 먼저 살자고 도망쳐 나온 세월호 선장은 그들을 살리려다간 자칫 제가 죽을지도 모른다는 경험적 가치를 따른 것일 테지요. 태도적 가치에 대해 한번이라도 생각해 봤다면 차마 그럴 수는 없었을 겁니다.

사실 우리는 '가치'란 용어를 철학적으로 사고해 본 적이 없습니다. 그렇지만 잘 살펴보면 그에 버금하는 용어는 물론 그것을 추구해 온 사례가 없지 않습니다. 가령 평소 한국인들이 그토록 입에 달고 다니는 '도(道)'가 태도적 가치에 다름 아니지 않을까요? '도를 닦는다'는 것은 일관되게 어떤 가치를 추구한다는 것으로 해석할 수 있겠습니다. 그러니까 도덕(道德)이란 곧 덕(virtue)의 추구이고, 교육은 그 덕성을 길러 주는 것이지요.

그리고 우리는 일상에서 '~답다'란 말을 자주 사용합니다. 그 옛날 공자도 "임금이 임금답고, 신하가 신하답고, 부모가 부모답고, 자식이 자식다워야" 한다고 했습니다. 그게 무너진 세상을 우리는 난세라 부르지요. 대통령이 대통령답고, 장관이 장관답고, 의원이 의원답고, 학자가 학자답고, 군인이 군인답고, 언론인이 언론인답고, 종교인이 종교인답고, 선생이 선생답고…. 아무튼 선장이 선장다웠으면 세월호와 같은 끔찍한 일도 일어나지 않았

겠지요. 그러고 보면 사람이 사람답게 산다는 것이 결코 쉬운 일
은 아닌 듯합니다.

2020년 3월 21일, 코로나 바이러스 폐렴이 창궐한 벨기에의
한 병원에 수잔느 호이라에트 할머니(90세)가 호흡 곤란으로 병원
에 실려 왔습니다. 의사가 인공호흡기를 꽂으려 하자 "내가 이 더
러운 코로나19를 얻었지만, 나는 아름다운 생애를 가진 사람이라
호흡기를 끼면서까지 연명하고 싶지 않다. 부탁이니 이 호흡기를
나보다 젊은 사람을 위해 사용해 달라"며 거절하였습니다. 그렇
게 마지막 순간까지 다른 사람들을 배려하고 자기 존엄을 지키다
생을 마감했습니다. 평소 어떤 자세로 살아왔을지 짐작이 됩니다.

'태도적 가치'란 한 개인의 세상을 살아가는 자세와 신념·
교양·철학·종교관·인생관·윤리관·세계관·우주관을 통관하
는 용어가 될 수 있겠습니다. 태도적 가치 추구란 또한 건강한 정
체성의 확립입니다. 그리하여 자신의 정체성과 그에 따른 선택이
우리의 삶을 결정하는 것이지 점수나 스펙 등 계량적 결과의 수집
이 삶의 목표나 척도가 될 수 없음에 대한 인식이 공유될 때에야
비로소 성숙한 사회로 진입할 수 있습니다.

가치가 빛이고 소금입니다.

26 '진리가 너희를 자유롭게 하리라'

무릇 자기 목숨을 보전하고자 하는 자는 잃을 것이요, 잃는 자
는 살리리라.

(누가복음, 17:33)

상유십이(尚有十二) 순신불사(舜臣不死)! 이순신 장군이 그렇
게 매를 맞고도 고작 13척의 배를 이끌고 다시 싸우러 나간 것은
태도적 가치를 따랐기 때문일 것입니다. 경험적 가치를 따랐다면
도무지 승산이 없으니 내던지고 도망쳤어야 마땅했지요. 심정적
가치를 따랐다면 너 죽고 나 죽자며 들고 일어나 먼저 선조부터
때려잡았을 것이니, 아무렴 그랬으면 조선은 그때 망하고 새로운
왕조가 탄생하지 않았을까요?

위국헌신군인본분(爲國獻身軍人本分)! 진정한 용사는 유불리
에 상관없이 패하거나 죽을 수밖에 없는, 세상의 경험 법칙상 1%
의 가능성조차 없는 전투임에도 나가 싸웁니다. 스파르타 레오니
다스 왕의 3백 용사도 페르시아의 10만 대군에 맞서 그렇게 싸웠
습니다. 안중근 의사는 그래서 이토 히로부미(伊藤博文)를 저격했
습니다. 그게 군인의 태도적 가치, 군인의 본분이니까요. 생즉필

사(生卽必死) 사즉필생(死卽必生)! 만약 이순신 장군에게 13척마저도 없었다면? 뗏목이라도 엮어 타고 나가 싸웠을 것입니다.

일본 유학중 떨어진 사람을 구하기 위해 전차가 달려오는 선로에 뛰어든 고(故) 이수현 군도 태도적 가치를 따른 것이지요. 역사상 수많은 순교자·선교사·강호 협객·기사·지사들이 그렇게 목숨을 바쳤던 것도 태도적 가치를 추구했기 때문입니다. 안중근 의사도 그래서 의연했지요. 덕(virtue) 없는 가치(value)는 없습니다. 가치 없인 품격도 없습니다. 태도적 가치야말로 진정한 리더십입니다. 조선의 선비가 신사가 될 수 없었던 것은 바로 이 주인장으로서의 태도적 가치의 부재 때문이었다고 할 수 있습니다.

그러므로 예수께서 자기를 믿은 유대인들에게 이르시되 너희가 내 말에 거하면 참으로 내 제자가 되고 진리를 알지니, 진리가 너희를 자유롭게 하리라.

(요한복음, 8:31-32)

이 가치에 대한 개념이 없다 보니 한국인들은 한국전쟁이나 전 세계 전쟁터에서 수많은 군인들을 희생시키는 미국인들을 이해할 수가 없지요. 그저 자국의 이익을 위해 남의 나라에서 전쟁을 일으키고, 그 핑계로 무기를 팔아먹으며 약소국을 지배하는 제국주의 국가라고 성토하는 데 열중하지요. 그리고 북한의 장단에 맞추어 건국대통령 이승만과 베트남전에 파병한 박정희 대통령을 미제국주의의 꼭두각시라며 깎아내리기에 여념이 없습니다. '민주'와 '자유'라는 절대적 가치를 모르는 데서 나온 억지라 하겠습니다. 평소 스스로 사리를 판단하고 분별해 본 적이 없는 종복들에게 창과 칼을 쥐어 주면 생기는 일이겠습니다. 유불리(有不利), 호불호(好不好) 외에 판단의 기준으로 삼을 만한 가치를 지니지 못했으니까요. 하여 역사를 그 시대 상황으로 판단하지 못하고, 오늘의 자기 잣대로 심판(?)합니다. 그게 얼마나 무지몽매한 일인지조차 모릅니다. 역사를 자기네 족보인 양 여겨 맘대로 뜯어고쳐 우기면 되는 줄 압니다. 그런 게 주인의 권한, 주인의 자유, 주인 노릇인 줄 아는 거지요. 한마디로 단순무식해서 용감한 겁니다. 해서 붉은 완장을 차고 머리띠를 두른 'ㅇ사모' 'ㅇ빠' 등등 홍위병을 자처하는 맹목적 추종 집단들이 생겨나는가 하면, 심지어 '김정은빠'들까지 생겨나 내놓고 충성 경쟁을 벌이고 있습니다. '양심의 자유'와 '다양성 존중'이란 망토를 뒤집어 걸치고 벌이는 노예들의 변태적 우상숭배 굿판이지요. 천박함과 떼짓기는 노예가 가진 최고의 무기입니다.

　가치에 대한 인식이 없는 노예에게 자유란 해방의 의미밖에 없습니다. 오래지 않아 무책임·무절제·방종으로 주저앉고 맙니다. 감당할 준비가 되지 않은 채 졸지에 일확천금 복권에 당첨된 사람의 예후와 같다 하겠습니다. 노예 근성으로 살아온 사람에게 이런 얘기를 해주면 거의 대부분이 짜증부터 내고 외면합니다. 가치의 의미를 깨닫는 순간 노예는 이미 노예가 아닙니다. 그는 더 이상 노예로 살 수가 없습니다. 기실 그게 두려운 겁니다. 그냥 지금처럼 주인 같은 노예, 노예 같은 주인으로 사는 게 편한 겁니다. 해서 자유와 권리는 주인답게 챙기고, 책임과 의무는 노예답게 외면하려는 이중적 태도를 지니게 되는 거지요.

또 우리는 스스로 평화 민족이라 자부(?)하지요. 그러나 평화는 가치에 들지 않습니다. 행복과 마찬가지로 평화는 상태이지 가치가 아니기 때문입니다. 〈국민교육헌장〉에도 평화란 단어는 없습니다. 로마어 'pax(평화)'는 'pango(정착시키다, 이기다)'란 동사에서 유래되었다고 합니다. 평화는 항복이나 체념, 굴욕으로도 얻을 수 있습니다. 대신 자연재해나 사건, 전염병, 국익, 권력자의 독선이나 사소한 실수로도 깨어질 수 있는 것이 평화입니다. 평화롭기만을 따지자면 북한·중국·소련·쿠바도 더없이 평화로운 나라이지요. 평화의 반대말은 전쟁이 아니라 갈등이겠습니다. 물론 전쟁도 갈등 해결의 수단이지 가치는 아니지요. 진정한 평화는 싸워 이겼을 때 옵니다.

개념 정리가 안 되는 한국인들은 학창 시절 고작 벽돌과 주먹질로 군사정권에 저항해서 자유와 민주를 스스로 쟁취해낸 줄 착각하고 있습니다. 지난날 자유 세계의 수많은 전사들의 붉은 피로 이 땅을 적셔 이뤄낸 것이라곤 생각조차 안합니다. 피해 의식에 젖어 전쟁의 참혹함만 기억하려 합니다.

1950년 6월 25일, 한국전쟁이 발발하자 UN 안전보장이사회는 유엔연합군을 한국에 파견하기로 결정합니다. 프랑스 역시 유엔군의 파병이 결정되었지만 한국에 파병할 여력이 없었습니다. 당시 프랑스는 인도차이나·알제리 등지에서의 식민지 전쟁으로 병력 보충에 어려움이 많아 고작 12명의 시찰단만 한국에 파견하기로 결정합니다. 한데 이 결정에 반기를 든 한 사람이 있었습니다. 바로 랄프 몽클라르(Ralph Monclar, 1892-1964) 중장입니다. 부족한 병력을 채우기 위해 그는 직접 전국을 순회하며 모병(募兵)에 나서 1,300여 명을 모았습니다. 그런데 생각지도 못한 문제가 발생했습니다. 막스 르젠 국방차관이 "미국의 대대는 육군 중령이 지휘하는데, 중장인 당신이 대대장을 맡는다는 건 말이 안 된다"고 반대했습니다. 그러자 몽클라르 장군은 그 자리에서 중장 계급장을 떼고 중령의 계급으로 한국전쟁에 참전했습니다. 경기도 양평의 지평리전투에서 탄환이 떨어져 총검으로 싸우기까지 하면서 파죽지세로 내려오던 중공군을 물리쳐 승리로 이끌었습니다. 만삭의 부인과 아들을 두고 한국에 왔을 때 그의 나이 58세. 프랑스 신사가 죽음을 두려워하지 않고 지키고자 한 것은 무엇이었던가요? 자신의 용맹을 자랑하기 위해서였을까요? 프랑스의 체통을 지키기 위해서였을까요? 아닙니다. 바로 자유라는 가치입니다!

지금도 유엔에서는 아프리카나 중동의 분쟁 지역에 유엔군을 파병합니다. 한국도 보내고 있지요. 그렇지만 그 부대는 자유를 지키거나 쟁취하기 위해서가 아니라 서로 싸우지 못하게 말리고 감시해서 평화를 유지시키는 것이 임무입니다. 해서 그 부대를 '평화유지군'이라 부르지요. 유엔군이 자유를 지키기 위해 싸운 것은 한국전쟁이 유일합니다. 평화는 촛불로도 지키고 벽돌로도 깨어질 수 있지만, 자유와 민주는 피를 바치지 않으면 쟁취할 수도 지킬 수도 없습니다.

가치는 곧 진리입니다. 목숨을 바쳐서라도 지킬 만한 가치가 있는 것을 '가치'라 합니다. 그만큼 숭고한 것입니다. 태도적 가치를 지니지 못한 노예는 가치를 지키기 위해 절대 목숨을 바치지 않습니다. 가치는 국경과 인종을 초월합니다. 인간존엄에 기반한 태도적 가치 없이는 결코 선진시민 대열에 합류할 수가 없습니다.

봉기와 투쟁, 그리하여 체제 전복만이 혁명이 아닙니다. 진정한 혁명이란 민족의 사유와 습관을 바꾸는 것입니다. 누천년의 중국 중심 세계관에서 벗어나려면, 식민 시대의 종복 근성과 트라우마를 털어내려면 환골탈태로 구시대의 봉건적 유습을 버리거나 혁신해야 합니다. 끊임없이 새로움을 추구하는 민족만이 인류문명을 선도해 나갈 수 있습니다. 진정한 리더란 나중을 설계하고 가치를 창조해낼 수 있는 자를 두고 이르는 말입니다. 자기로부터의 혁명! 익숙함을 포기할 수 있어야 합니다. 버릴 때에 마음의 문이 열립니다. 스스로 주인 된 자만이 할 수 있는 일입니다.

27 '내가 네게 명령한 것이 아니냐'

이 백성들의 마음이 완악하여져서 그 귀는 듣기에 둔하고 눈은 감았으니, 이는 눈으로 보고 귀로 듣고 마음으로 깨달아 돌이켜 내게 고침을 받을까 두려워함이라 하였느니라. 그러나 너희 눈은 봄으로, 너희 귀는 들음으로 복이 있도다.

(마태복음, 13:15-16)

한글 성경은 문장이 예스럽고 어눌하지만 단어들도 참 순박합니다. 번역할 당시의 우리말 용어들이지요. 기실 지금 우리가 사용하고 있는 철학이나 과학 등 문화 전반의 개념이나 격물치지 용어들 거의 대부분이 서양 문물과 함께 수입된 현대어입니다. 한데 그 모든 단어를 우리 스스로 번역한 적이 없습니다. '교육' '과학' '국민' '가족' '철학' '수학' '개념' '민주주의' 등등 일본인들이 번역 과정에서 조어한 것을 그대로 사용하고 있습니다. 마침표·쉼표·느낌표·의문표 등 문장부호들도 우리가 만든 것이 아닙니다. 심하게 말하자면 우리 스스로 영어사전 한 권 만들어 본 적이 없다는 겁니다. 해방 후 영일사전을 영한사전으로 바꾼 것이지요. 중국은 중국대로 조어하는 바람에 현대어는 우리(일본)

와 많이 다릅니다.

그러다 보니 처음 일본인들이 번역할 때 하여야 했던 그 본디의 의미에 대한 고민을 우리는 해본 적이 없습니다. 바로 여기에서 한국인의 사유 내지는 행동 양식에 치명적인 문제가 발생됩니다. 해서 멋도 모르고, 뜻도 모르고 대충대충 따라 하기 바쁘고, 좋은 게 좋다며 매사에 과정은 무시하고 결과만을 중시해서 모방·표절·위조에 관대하기까지 한 습성이 몸에 밴 겁니다. 포도에다 소주를 부어 우려낸 것을 와인이라 우기는 것과 같은 꼴이지요. 한국인들은 "철학이 없다" "개념이 없다" "주체성이 없다" "기본이 안 됐다" "사리분별을 못한다" "나중이 없다" "냄비 근성"이라는 자조적인 한탄도 그래서 나오는 것이겠지요. 원래부터 그런 민족이 절대 아닌데도 말입니다.

이러므로 하나님이 그를 지극히 높여 모든 이름 위에 뛰어난 이름을 주사.

(빌립보서, 2:9)

권력은 명명(命名)하는 것으로 시작된다고 합니다. 명명은 그 결정권을 가진 사람에게 권위를 부여해 주지요. 번역 또한 그에 버금가는 권위를 갖게 해주지만 유사 이래로 한민족은 그것마저도 가져 본 적이 없습니다. 누천년 중국의 것을 그대로 가져다 썼으니까요. 하여 언어의 표현 속에 담겨져 있는 권력을 행사해 본

적도 없을뿐더러 그런 인식조차 없이 그저 맥없는 '아름다운 우리 말'만 골라 쓰다듬고 있습니다. 자신들의 과거도 스스로 소화시키지 못하고, 현대문명에 대해 자신감을 가지고 당당하게 앞으로 나서서 제 목소리를 내지 못하는 근본적인 원인이 여기에 있습니다. 대한민국 간판이 모조리 국적 불명의 외래어로 도배되는 것을 통탄하면서도 정작 왜 그럴까 하는 고민은 못합니다.

가령 중국 갑골문에 사람이 무릎을 꿇고 두 손으로 어린 나무를 심는 모양을 그린 상형문자 '🎵'가 바로 '예(藝)'자의 기원입니다. 동서양을 가리지 않고 식목은 고대로부터 신성한 행위로 여겨졌었습니다. 왕이 어느 지역에 나무를 심는다는 건 그 지역을 돌보고 다스리겠다는 의미였지요. 해서 요즘도 국가지도자들이 어디로 행차를 하면 기념식수를 하곤 하지요. 이후로도 이 '藝'자는 최고권력을 위해서만 사용되었고, 민간에서 함부로 사용할 수 없었습니다. 그토록 많은 한자 단어 중에 육예(六藝)와 무예(武藝) 이외에 '藝'자를 사용한 적이 거의 없지요. 우리나라 고전에 나오는 '藝'와 '技'는 무예로 읽어도 거의 틀리지 않습니다. 오늘날의 기술이나 기능을 뜻하는 글자로는 '術'을 사용하였습니다. 예술(藝術)이란 용어는 근대에 일본인들이 서양의 '아트(arts)'를 번역할 때 조어한 것입니다. 중국에서도 그걸 가져다 썼습니다. 예능(藝能)도 일본인들이 만들었습니다. 그렇게 새로운 이름이 부여됨으로써 이전의 것은 무시되고 거부되어 그 역사조차 지워질 운명에 처해지게 됩니다. 덕분에 한국에서 무예는 예

마크롱 프랑스 대통령의 국빈 방문 기념식수인 '우정의 떡갈나무'. 2018년 4월 미국을 국빈 방문한 마크롱 대통령과 함께 옮겨진 떡갈나무는 프랑스 북부 벨로 숲 인근에 있던 것입니다. 벨로 숲은 제1차 세계대전 때 미국 해병대가 독일군을 격퇴한 곳으로 당시 미 해병 1,811명이 전사했습니다. ⓒ백악관–연합뉴스

기념식수의 목적은 조경이 아닙니다. 어린 묘목을 심어 방문을 기념하고, 그 나무가 자라듯 두 나라의 우정을 잘 가꾸어 나가 신뢰가 점점 깊어지고 굳건해지기를 바라는 의미가 담겨 있습니다. ⓒ테레사 메이

세계에서 가장 황당한 기념식수 퍼포먼스! 전 세계인이 보는 데서 기념식수하고 있는 김정은 위원장과 문재인 대통령. 이미 다 큰 나무를 옮겨심어 놓고 흙을 퍼넣고 있습니다. 세계인들이 이 광경을 보고 '저 친구들, 진짜 웃긴다'며 속으로 비웃었을 가능성이 매우 큽니다. 첫술에 배불러야 하는 한국인들! 남북정상회담을 기념하기 위해 심은 나무가 족히 3,40세가 넘어 보이는 반송입니다. 그래 놓고는 첫만남에 바로 '봄이 온다' '평화가 왔다'며 부둥켜안고 오두방정을 떠는 모습을 전 세계에 중계했습니다. 경망스럽고 성급함을 고스란히 드러내 보이는 기념식수 퍼포먼스라 하겠습니다. 어린 묘목을 심어 놓고 그 나무가 추위와 더위, 눈과 비바람을 견뎌 가며 해마다 조금씩조금씩 자라듯 남북 관계도 그렇게 인내로 신뢰를 쌓아 나가야 하는 것임에도 불구하고, 쇠뿔 뽑듯 단김에 평화를 이룰 것처럼 동네방네 떠들다가 국제적으로 망신만 당했습니다.

기념식수는 왜 하는가? 어떤 나무를 심는가? 이왕 튼튼하고 자랄 만큼 자란 멋있는 나무를 옮겨심는 게 더 폼나고 좋지! 아무려나 한국인다운 발상이지요. 철학이 없는 민족은 그런 걸 근본적으로 생각해 본 적이 없습니다. 해서 뜻도 모르고, 멋도 모르고 나무를 심기만 하면 되는 줄로 압니다. 어린 묘목처럼 심어 놓고 긴 인고의 세월을 보내며 돌보고 가꿔야 그 진정한 의미를 알 때가 온다는 걸 언제쯤 깨우칠까요? ⓒ청와대

술도 예능도 체육도 아닌 별난 잡기 취급을 받게 되었습니다. 정조가 명명한 무예 십팔기(十八技)가 조선의 국기로서 세계 유일하게 남아 있는 고대 종합병장무예인데도 말입니다. 나라가 망하면서 그 용어가 지닌 권력까지 다 빼앗긴 거지요. "말이 오르면 나라도 오르고, 말이 내리면 나라도 내리나니라." 주시경 선생의 말씀입니다.

만약 우리나라가 먼저 개화돼 조선 선비들이 '아트(arts)'를 번역했다면 뭐라고 했을까요? 아마도 십중팔구 제술(諸術)이나 잡술(雜術)로 명명했을 겁니다. 중국의 무술(武術), 일본의 무도(武道)란 용어도 우리 왕조실록이나 고전에는 한번도 등장하지 않습니다. 무예(武藝) 혹은 기예(技藝)라고만 했습니다. 붓글씨 역시 마찬가지입니다. 중국은 서법(書法), 일본은 서도(書道)라 하지요. 우리는 예전에 습자(習字)라고 하다가 지금은 서예(書藝)라고 합니다. 그나마 이렇게 자기 정체성을 지닌 우리 용어도 극히 소수입니다.

이처럼 스스로 명명한 용어가 남들과 다를 때, 혹은 남이 명명한 용어를 가져다 쓸 때 그것을 대하는 느낌이나 태도가 의식적이든 무의식적이든 남들과 똑같을 수가 없습니다. 당연히 문자나 언어가 종속적이면 사유의 기본 골격도 종속적일 수밖에 없습니다. 해서 자기 철학이 나오지 못하는 겁니다. 외래어를 사용하는 게 문화적 자존심만의 문제가 아닌 것이지요. 어찌 명명뿐이겠습니까? 모든 관습이 그렇고, 매너 역시도 마찬가지입니다. 비록 외래의 것이라 해도 그 의미나 본질을 제대로 알아야 온전히 제 것으로 소화해내고, 이어서 재창조가 가능해집니다.

땀과 성실은 더없이 훌륭한 덕목입니다. 하여 '새마을운동'으로 우리는 후진국을 벗어나 배고픔을 면했습니다. 그리고 기술로 어엿이 중진국에 들어섰습니다. 이대로 조금만 더 가면 선진국이 되는 줄 알고 진즉에 샴페인부터 터뜨렸습니다. 한데 아뿔싸! 중진국에서 선진국으로 들어가기 위해서는 금선탈각(金蟬脫殼)의 통과의례가 있는 줄을 미처 몰랐습니다. 샴페인을 왜 터뜨리고, 와인을 어떻게 마시는지, 찻잔에 받침접시가 왜 따라오는지, 말을 왜 타는지, 악수를 어떻게 하는 건지, 춤은 왜 둘이서 추는지, 부자는 어떻게 살아야 하는지, 민주(民主)가 뭔지, 가치가 뭔지, 어떻게 사는 것이 사람답게 사는 건지… 아무도 몰랐습니다. 하여 높아지는 소득만큼 욕심은 더 늘어나고 이기적이고 나태하고 타락해 가고 있습니다. 불로소득 부자는 늘어나고, 땀의 대가는 보잘 것없는 것이 되어가고 있습니다. 도덕 의식 없는 이익에 영혼이 파멸되고 있습니다. 결국 고도성장의 후유증인 고산병·잠수병으로 주저앉아 오도가도 못하고 있습니다.

예수께서 대답하여 이르시되 진실로 진실로 네게 이르노니 사람이 거듭나지 아니하면 하나님의 나라를 볼 수 없느니라.

(요한복음, 3:3)

누구든 지금 이 나라가 도덕적 위기를 겪고 있음을 모를 리 없습니다. '자유'와 '관용'이라는 절제 부재의 무질서 속에 "더 이상 누구도 신뢰할 수 없다"는 불안과 공허함이 엄습하고 있습니다. 벌레는 과일 안에 있습니다. 어제까지는 인간성에서 벗어난 미친 자들이 악인의 상징이었지만 오늘은 우리들 가운데서 악을 재발견하게 됩니다. 분명 우리는 도덕을 재무장해야 하는 사회학적인 주기에 들어섰습니다. 우리 사회가 사회적 존엄성의 길로 되돌아가도록 애써야 할 공동의 책무가 있습니다. 우리가 그동안 성취한 민주주의에 새로운 도약을 불어넣을 기회입니다. 우리 문화 전반에 대한 섬세하고도 반성적인 성찰을 통해 글로벌 선도적 수준으로 민격(民格)을 높여야 합니다. 훌륭한 양심과 태도적 가치를 가지고 그것을 보여줘야 합니다. 그리하여 새로운 세대가 우리 민주주의를 믿고, 자신의 시대를 책임지는 적극적인 시민이 되고 싶어하도록 준비시켜야 합니다. 해서 관례를 바꾸는 것이 지금 꼭 필요합니다. 이는 피할 수 없는 도덕적 명령입니다.

각 동네 사람들이 예수께로 나아와 큰 무리를 이루니 예수께서 비유로 말씀하시되, 씨를 뿌리는 자가 그 씨를 뿌리러 나가서 뿌릴새 더러는 길가에 떨어지매 밟히며 공중의 새들이 먹어 버렸고, 더러는 바위 위에 떨어지매 싹이 났다가 습기가 없으므로 말랐고, 더러는 가시떨기 속에 떨어지매 가시가 함께 자라서 기운을 막았고, 더러는 좋은 땅에 떨어지매 나서 백 배의 결실을 하였느니라. 이 말씀을 하시고 외치시되 들을 귀 있는 자는 들을지어다.

(누가복음, 8:4-8)

　사람마다 같지 않은 믿음의 마음밭을 설명하시며 그럼에도 불구하고 가림 없이 씨를 뿌려야 하는 이치를 일깨우는 예수님의 비유 말씀입니다. 크리스천이 가져야 할 태도이지요. 매너는 이 마음밭을 일구고 가꾸는 쟁기나 호미 같은 것입니다.

　현재에 만족하지 않고 더 나은 미래를 만들고 싶은 것은 공동체 누구나가 원하는 바일 것입니다. 어떤 방향으로 얼마만큼 변화시킬 수 있을지는 알 수 없지요. 그렇지만 현상황은 분명 변화를 요구하고 있고, 일단 작은 변화라도 시작되면 뒤이어 다른 어떤 변화가 일어나게 될지는 누구도 모릅니다. 문제는 이전과 다른 방식으로 자신과 타인과의 관계를 이해하고, 누구든 스스로 사회를 변화시킬 수 있다는 자각의 여부입니다. 세상을 변화시키는 건 고매한 지성이 아니라 행동하는 양심입니다. 변화를 기다리는 사람이 아니라 작은 것이라도 변화를 시작하는 사람! 하나님은 그런 자녀를 기다리십니다. 그리고는 인간의 상상을 뛰어넘는 역사를 행하십니다. 밭을 갈면 씨앗은 하나님이 뿌리십니다.

　내가 네게 명령한 것이 아니냐. 강하고 담대하라. 두려워하지 말며, 놀라지 말라. 네가 어디로 가든지 네 하나님 여호와가 너와 함께하느니라 하시니라.

　(여호수아, 1:9)

이 반도 민족이 한번도 이루지 못한 '위대한 시대'가 멀지않습니다. 하지만 많은 이들이 이제 먹고 살 만하니 이쯤에서 그냥 눌러 살자고 떼를 씁니다. 종복 근성이 도지고 있는 겁니다. 가나안 땅을 눈앞에 두고 망설이던 이스라엘 민족처럼 말입니다. 강만 건너면 한달음에 언덕을 올라설 수 있지만 막상 두려운 겁니다. 한번 주저앉으면 다시 일어서는 데 40년이 걸릴 수도, 400년이 걸릴 수도 있습니다. 이대로 엎어지면 다시 4천 년이 지나도 못 일어납니다. 우리에겐 나중이 있습니다. 앞세대가 그랬듯 우리도 뭔가를 해낸 세대로 기억되어야 하지 않겠습니까? 진실로 진실로 용기가 필요한 때입니다.

✦❧✦

제2부

매너가 사람을 만든다

Manners maketh man

여호와 하나님이 아담과 그의 아내를 위하여
가죽옷을 지어 입히시니라

(창세기, 3:21)

1 환대, 언약, 그리고 구원!

그러므로 무엇이든지 남에게 대접을 받고자 하는 대로 너희도
대접하라. 이것이 율법이요, 선지자니라.

(마태복음, 7:12)

성서에는 '환대'에 관한 이야기가 참으로 많습니다. 하나님을
받들고, 예물을 바치고, 하나님과 그 사자를 영접하는 등 신에 대
한 인간의 환대 외에도 인간에 대한 신의 환대, 인간에 대한 인간
의 환대의 예도 많이 나옵니다. 예수께서도 자주 손님 또는 여행
자로서 다른 사람들의 집으로 영접받는가 하면 자신도 그를 따르
는 제자들은 물론 죄인들, 소외된 자들과도 함께 식사를 나누는
등 사랑의 환대를 실천하셨습니다. 특히 외인에 대한 환대는 곧
바로 구원과 복으로 보답받습니다.

아브람이 또 이르되 주께서 내게 씨를 주지 아니하셨으니 내
집에서 길린 자가 내 상속자가 될 것이니이다. 여호와의 말씀이 그
에게 임하여 이르시되 그 사람이 네 상속자가 아니라 네 몸에서 날
자가 네 상속자가 되리라 하시고, 그를 이끌고 밖으로 나가 이르시

되 하늘을 우러러 뭇별을 셀 수 있나 보라. 또 그에게 이르시되 네 자손이 이와 같으리라.

(창세기, 15:3-5)

노아의 자손 아브람이 여호와를 믿어 의심치 않아 여호와의 말씀 따르기를 충실하기가 그지없어 그가 가는 곳마다 제단을 쌓아 여호와 받들기를 소홀히 하는 법이 없었습니다. 이에 여호와께서는 그 보답으로 자식이 없는 아브람에게 자식을 낳게 해주고, 그 자손들이 번성케 하며, 그들에게 광대한 땅을 주겠다고 언약하셨습니다. 그리고 그의 이름을 아브라함이라 하여 여러 민족의 아버지가 되게 하셨습니다.

여호와께서 마므레의 상수리나무들이 있는 곳에서 아브라함에게 나타나시니라. 날이 뜨거울 때에 그가 장막 문에 앉아 있다가 눈을 들어 본즉 사람 셋이 맞은편에 서 있는지라. 그가 그들을 보자 곧 장막 문에서 달려나가 영접하며 몸을 땅에 굽혀 이르되 내 주여 내가 주께 은혜를 입었사오면 원하건대 종을 떠나 지나가지 마시옵고, 물을 조금 가져오게 하사 당신들의 발을 씻으시고 나무 아래에서 쉬소서. 내가 떡을 조금 가져오리니 당신들의 마음을 상쾌하게 하신 후에 지나가소서. 당신들이 종에게 오셨음이니이다. 그들이 이르되 네 말대로 그리하라. 아브라함이 급히 장막으로 가서 사라에게 이르되 속히 고운 가루 세 스아를 가져다가 반죽하여 떡을 만들라 하고, 아브라함이 또 가축떼 있는 곳으로 달려가서 기름지고 좋은 송아지를 잡아 하인에게 주니 그가 급히 요리한지라. 아브라함이 엉긴 젖과 우유와 하인이 요리한 송아지를 가져다가 그들 앞에 차려 놓고 나무 아래에 모셔 서매 그들이 먹으니라.

(창세기, 18:1-8)

외인으로 방문한 여호와의 사자들을 극진하게 환대한 늙은 아브라함에게 아들을 있게 하니 그가 곧 이삭입니다. 그리고 그 사자들을 환대한 소돔의 롯도 구원받습니다. 그후 이삭의 아들 야곱에 이르러 그의 아들 요셉에 의해 모두 애굽으로 들어가 살게 되는데, 이후 그곳에서 4백 년 동안 자손들을 번창시킵니다.

야곱과 함께 각각 자기 가족을 데리고 애굽에 이른 이스라엘 아들들의 이름은 이러하니 르우벤과 시므온과 레위와 유다와 잇사갈과 스불론과 베냐민과 단과 납달리와 갓과 아셀이요, 야곱의 허리에서 나온 사람이 모두 칠십이요, 요셉은 애굽에 있었더라. 요셉과 그의 모든 형제와 그 시대의 사람은 다 죽었고, 이스라엘 자손은 생육하고 불어나 번성하고 매우 강하여 온 땅에 가득하게 되었더라.

(출애굽기, 1:1-7)

그러자 요셉을 알지 못하는 애굽의 새 왕은 이스라엘 자손들이 자기 백성보다 많고 강해지는 것을 두려워하여 감독들로 하여금 그들에게 무거운 짐을 지워 괴롭게 하는가 하면, 그것도 모자라 산파들에게 이르되 히브리 여인의 해산을 도울 때 아들이거든 그 자리에서 모조리 죽이라고 명합니다. 그렇게 끝없이 억압하였으나 학대받을수록 이스라엘 자손은 더욱 번성하여 애굽 사람들의 근심이 커져 가기만 하였습니다.

여러 해 후에 애굽 왕은 죽었고 이스라엘 자손은 고된 노동으로 말미암아 탄식하며 부르짖으니, 그 고된 노동으로 말미암아 부르짖는 소리가 하나님께 상달된지라. 하나님이 그들의 고통 소리를 들으시고 하나님이 아브라함과 이삭과 야곱에게 세운 그의 언약을 기억하사 하나님이 이스라엘 자손을 돌보셨고, 하나님이 그들을 기억하셨더라.

(출애굽기, 2:23-25)

그리하여 여호와께서 일찍이 아브라함과 이삭과 야곱과 세운 언약을 지키기 위해 모세로 하여금 이스라엘 백성을 애굽에서 인도해내어 가나안으로 데려가게 합니다. 훗날 여호수아가 보낸 두 정탐꾼을 환대한 여리고의 라합도 구원으로 보답을 받게 됩니다.

환대(hospitality)는 기독교에서 구원의 핵심이라고도 합니다. 환대는 곧 매너(manners)로 '가치 창조'의 시작입니다.

Manners maketh man! 1387년 옥스퍼드의 뉴칼리지를 위한 예비학교 윈체스터 스쿨을 만든 위컴 윌리엄 주교가 한 말입니다. 이어서 1440년 국왕 헨리 6세가 '세속에 있는 성직자들의 교육 표준을 끌어올리기 위해' 케임브리지 킹스칼리지 예비학교 이튼스쿨을 만듭니다. 이들이 영국 최초의 퍼블릭스쿨입니다. 우리나라는 그보다 훨씬 전인 고려 초기에 이미 전국적으로 관학인 향교가 세워졌던 걸 보면 당시로서는 선도적인 문명 국가였음을 알 수 있습니다. 아무려나 사람을 사람답게 만드는 것보다 더 귀한 가치 창조가 어디 또 있겠습니까.

2 엘리트 국제신사 사도 바울!

예수께서 베다니 나병환자 시몬의 집에서 식사하실 때에 한 여자가 매우 값진 향유, 곧 순전한 나드 한 옥합을 가지고 와서 그 옥합을 깨뜨려 예수의 머리에 부으니.

(마가복음, 14:3)

예수의 환대를 가장 잘 실천했던 인물은 단연 사도 바울입니다. 탈율법적인 신학을 가진 그의 선교 활동은 나사렛 사람들이라는 이름의 유대교 소종파로 남아 있던 기독교를 세계인이 받아들일 수 있는 보편종교로 발전시키는 위대한 업적을 남겼습니다. 예수 생전에 만난 적도 없는 그가 그런 역사를 행할 수 있었던 것도 이 환대의 능력 때문이 아니었을까요?

바울은 유대인으로서 율법에도 밝았고, 정식 로마 시민권자로서 법률에도 밝았으며, 그리스 철학에도 밝았습니다. 여러 언어를 구사할 수 있는데다가 상류층 매너까지 익힌 터라 어떤 계층의 사람들과도 교유하기에 불편함이 없었습니다. 특히나 그는 기독교인이 아닌 사람들에게도 환대를 베풀고, 또한 그들로부터 환대를 받아 우정과 의미 있는 관계를 맺는 데에 적극적이었습니다.

불신자 중 누가 너희를 청할 때에 너희가 가고자 하거든 너희 앞에 차려 놓은 것은 무엇이든지 양심을 위하여 묻지 말고 먹으라.

(고린도전서, 10:27)

사도 바울이 고린도교회 성도들에게 한 말입니다. 그는 의도적으로 좋은 손님 역할을 하고 초대한 주인들의 특정 문화와 의식, 그리고 그들의 종교적 논리와 관습을 이해하고 그 안으로 들어가려고 노력하였지요. 그는 비기독교인인 이웃들과도 거리낌없이 소통하며, 그들의 이야기와 경험에 귀를 기울일 수 있는 포용성을 갖춘 인물이었습니다.

로마 시민권자인 바울은 법에도 밝았습니다. 그는 선교 활동 중에 유대 민족과의 충돌로 로마군에 체포되었을 때 자신은 로마 시민이라고 말하며 부당한 법집행에 당당하게 항의하기도 하였습니다.

천부장이 바울을 영내로 데려가라 명하고, 그들이 무슨 일로 그에 대하여 떠드는지 알고자 하여 채찍질하며 심문하라 한대, 가죽 줄로 바울을 매니 바울이 곁에 서 있는 백부장더러 이르되 너희가 로마 시민 된 자를 죄도 정하지 아니하고 채찍질할 수 있느냐 하니, 백부장이 듣고 가서 천부장에게 전하여 이르되 어찌하려 하느냐 이는 로마 시민이라 하니, 천부장이 와서 바울에게 말하되 네가 로마 시민이냐 내게 말하라 이르되 그러하다. 천부장이 대답하되 나는 돈을 많이 들여 이 시민권을 얻었노라. 바울이 이르되 나는 나면서부터라 하니 심문하려던 사람들이 곧 그에게서 물러가고 천부장도 그가 로마 시민인 줄 알고 또 그 결박한 것 때문에 두려워하니라.

(사도행전, 22:24-29)

바울의 타자에 대한 우정과 환대는 그가 로마로 가는 배의 죄수 호송책임자인 로마 황제 휘하 부대의 백부장 율리오와의 관계에서 잘 드러납니다. 긴 여행중 두 사람은 서로를 존중하며 신뢰를 쌓아 갑니다. 나중에 백부장은 배가 멜리데 섬에 좌초했을 때 모든 죄수를 죽이려던 군인들의 계획을 저지해서 바울의 목숨을 구해 주는 호의까지 베풀게 됩니다.

예수의 제자 중 최고의 엘리트인 사도 바울은 강직하고 불 같은 성격에도 불구하고 당시 VIP들과의 소통과 교제에 어려움이 없는 국제신사였습니다. 몇몇 상류층 사람들이 바울의 편이 되어 예수를 믿게 되었는데, 그 중에는 아레오파고 법정의 판사인 디오니시오를 비롯하여 다마리스라는 여자와 그밖에도 가이사의 집 사람들이 더 있었습니다.

매너는 환대의 가장 유용한 도구입니다. 모든 크리스천 각자가 신적인 환대를 경험하고, 사도 바울처럼 다른 사람에게도 환대를 베풀고 자신도 환대받아 피차 인간존엄성을 확보해 하나님이 보시기에 심히 좋은 세상을 만들어야 합니다.

3 옛것은 소중한 것이나!

나는 참포도나무요, 내 아버지는 농부라. 무릇 내게 붙어 있어 열매를 맺지 아니하는 가지는 아버지께서 그것을 제거해 버리시고, 무릇 열매를 맺는 가지는 더 열매를 맺게 하려 하여 그것을 깨끗하게 (전지 작업을) 하시느니라.

(요한복음, 15:1-2)

사회적 관습이 정당화될 수 있었던 건 다만 오랜 시간을 경과했기 때문입니다. 그만큼 단단하게 굳어져서 변화를 거부합니다. 말로는 온고지신(溫故知新), 법고창신(法古創新)을 추구한다지만 기실 옛것에 비추어 맞지 않는 것은 그 어떤 새로운 것도 허락할 수 없다는 것이지요. 조선이 개화를 못하고 쇠망한 것도 그 때문이라 할 수 있습니다. 그러다 보니 매번 임시방편 공리공론으로 그치고, 문제는 근본적으로 해결되지 않습니다. 그래서야 어찌 급변하는 세계적 조류에 편승하고, 또 이왕이면 주류에 서서 선도적으로 문화 창조, 가치 창조를 해나갈 수 있겠습니까?

감히 인류의 위대한 스승 세 분의 업적을 비교해 보겠습니다.

석가세존은 인간으로서 겪을 수밖에 없는 그 모든 것을 털어

버림으로써 절대자유를 얻는 길을 열어 보였지요. 소위 해탈입니다. 공자께서는 난세의 질서를 잡기 위해 강륜(綱倫)으로 틀을 짰습니다. 그런 점에서는 모세가 이스라엘 백성들에게 했던 것과 비슷합니다. 반대로 예수께선 기존의 틀을 깸으로써 모든 인간을 구제하였습니다. 그러기 위해 자신의 생명을 바쳤지요. 세속적인 기준으로 보면 인류사에서 가장 위대한 혁명가였다고 할 수 있지요. 어쨌든 세 분 모두가 기존 규범의 틀을 깨는 역발상으로 새로운 길을 제시한 것이지요.

하지만 그 새로움도 세월 앞에선 어쩔 수 없이 낡아 갑니다. 문화의 속성이 그렇듯 차츰 계급적이고 교조적이고 형식적이 되어갑니다. 신성에 세속성이 겹겹이 덧씌워져 본래의 모습을 잃어 갑니다. 그러면서 갑각류 껍질처럼 점점 더 딱딱하게 굳어져 가지요. 결국 어느 한계에 이르면 제 풀에 질식해 죽거나 다른 종교에 밀려나기도 합니다. 가끔은 스스로 그 껍질을 깨고 나와 새롭게 비상하는 종교도 있습니다.

불교는 소승에서 탈바꿈한 대승이 나왔고, 유대교에서 탈바꿈해 기독교가 나왔지요. 한데 유교는 단 한번도 그런 적이 없습니다. 오히려 역대 왕조들이 체제 유지를 위해 더욱더 그 틀을 강화해 나갔습니다. 특히 조선왕조가 심했지요. 곁가지 하나 만들어내지 못하고 결국 박제가 되어 버리고 말았습니다. 유대교는 다시 이슬람교란 새로운 변종을 싹틔우고, 기독교는 스스로 껍질을 깨어 버린 적이 있지요. 바로 종교개혁입니다. 말이 개혁이지 실은 원상 회복이지요. 원리주의 운동이라고 하는 것이 더 적당한 표현이지요. 재미있는 것은 기독교는 원래 기존의 틀을 부숨으로써 생겨났기 때문에 원래대로 돌아가는 것 자체가 곧 새롭게 태어나는 것과 다르지 않다는 사실입니다.

물론 어떤 경우에도 인간 구원이라는 그 본질은 바뀌지 않습니다. 다만 그 틀이 낡고 굳어졌을 때 스스로 틀을 깨어 버리고 새로운 가치를 담아낼 수 있는 보다 큰 틀을 짜는 것이지요. 그러기 위해서는 버릴 것은 과감하게 버려야 하지요. 만약 그렇지 못하면 그걸 빌미로 생겨나는 곁가지 이단이나 타종교에 밀리는 수모를 감당할 수밖에 없습니다. 마찬가지로 봉건 시대의 예법으론 인간존엄성을 확보하기 어렵습니다.

현재 한국 사회에 운용되고 있는 대부분의 문화적 · 철학적 논리는 자유와 평등을 추구하는 서구적 사고의 바탕에서 나온 것으로 우리의 전통적 가치관과 상이하거나 상충되는 부분이 많습니다. 굳이 서구의 것과 비교하지 않더라도 우리의 전통적인 예법에는 현대인의 사회심리적 요소와 어긋나는 것들이 적지않습니다. 하여 대부분의 크리스천들이 마음으로는 하나님을 섬기고 주 예수를 따르면서도 관습이나 태도는 여전히 유교적이고 불교적이고 무속적인 행태를 고수하고 있는 것이겠지요. 물론 이런 갈등은 정도의 차이가 있을 뿐이지 동서양을 막론하고 모든 민족이 공통적으로 겪어 온 일일 것입니다.

너희는 이 세대를 본받지 말고, 오직 마음을 새롭게 함으로 변
화를 받아 하나님의 선하시고 기뻐하시고 온전하신 뜻이 무엇인지
분별하도록 하라.

(로마서, 12:2)

많은 이들이 일상에서 우리의 전통예절이 지켜지지 않는 것
을 안타까워하는가 하면, 어떤 이들은 이미 사라진 옛 궁중예절
이나 양반집 법도를 재현한다며 좇아다니기도 합니다. 한데 그런
그들도 정작 지금 당장의 우리 예절에 대해서는 무관심합니다.
나는 전통예절을 존숭하는 사람이니까 서양식 매너는 관심이 없
어! 나는 불교를 믿으니까 성경 같은 건 읽으면 안 되지! 난 한문
학자니까 영어는 안 배워! 라는 것과 같다 하겠습니다. 심지어 전
통복식을 고집하며 인간골동품임을 자랑하기도 합니다.

우리의 전통예절이 더 고상하고 아름다운데 왜 남의 기준을
따라야 하느냐? 억울하다고 생각할 수도 있지만 어쩔 수 없는 일
입니다. 한국이 세계의 슈퍼갑이면 우리것을 고집할 수도 있겠지
요. 우리 한글이 세계 최고이니 세계인들더러 한글을 배우라거
나, 밥을 두고 왜 빵을 먹느냐, 막걸리를 두고 왜 와인을 마시느
냐고 나무랄 순 없지요. 옛 습속도 소중하지만 설마 당장의 것보
다야 중하겠습니까? 우리는 한복을 아름답다며 자랑스레 여기지
만, 실생활에선 거의 입지 않습니다. 개량한복이란 것도 보급해
보았지만 그다지 활성화되지 못했지요. 서구의 각 민족들도 저마

다의 전통의상이 있지만 축제 때가 아니면 입질 않지요. 특별한 날에만 입는다는 건 이미 화석화되었다는 것이지요.

예법 역시도 그 시대 사람들의 생활 패턴과 맞지 않으면 도태되고 맙니다. 관혼상제에 관한 법식도 옛날에 비해 많이 간소화되고 변질되어 옛 모습은 거의 사라져 가고 있습니다. 그럼에도 불구하고 한켠에서는 여전히 옛 법식을 고집스럽게 지키려고 애를 쓰기도 합니다. 왜냐하면 언어 다음으로 그 민족의 정체성을 나타내는 가장 뚜렷한 징표이니까요. 더구나 우리에겐 지난날의 굴욕의 역사로 인해 제국주의의 오만함에 대한 두려움과 피해 의식, 외부 문화에 의한 오염에 대한 강박관념, 전통성에 대한 병적인 집착이 깊게 박혀 있습니다. 그리하여 '우리것은 소중한 것'이라는 애국적 명제에 대해 이의를 다는 것을 허락지 않습니다.

또 천국은 마치 바다에 치고 각종 물고기를 모는 그물과 같으니, 그물에 가득하매 물가로 끌어내고 앉아서 좋은 것은 그릇에 담고 못된 것은 내버리느니라.

(마태복음, 13:47-48)

현대 사회는 문명의 발달로 인해 인류는 일부 미개 지역 사람들을 제외하고 나면 사는 모습이 거의 비슷해져 버렸습니다. 전통적인 습속을 제외한 대부분의 문화 혹은 문명이 공통적으로 향유되고 있습니다. 국적이란 것도 옛날에 비하면 일개 도(道)나 주

(州) 정도의 의미밖에 못 지니는 시대를 맞고 있지요. 말 그대로 지구인이자 세계인이 되어 버린 겁니다. 당연히 예법도 글로벌화되어 가고 있습니다. 글로벌 매너라고 해서 반드시 서양 백인들만의 것이 아닙니다. 현대를 사는 사람이라면, 야만인이 아닌 문명인이라면 마땅히 갖추어야 할 '사람됨의 기본 소양'입니다.

전통은 버린다고 해서 없어지는 것이 아닙니다. 한복을 안 입는다고 해서 우리옷이 아니라고 하지 않는 것처럼. 그러니 한복은 전통의 옷장에 잘 보관해 놓고 양복을 입고 살아가야지요. 예절 역시 옛것은 잘 보관해 놓았다가 전통적인 의례에서만 사용하고, 현실에선 보다 편리하면서도 소통이 잘되는 글로벌 매너를 사용하자는 거지요.

또한 너희가 이 시기를 알거니와 자다가 깰 때가 벌써 되었으니, 이는 이제 우리의 구원이 처음 믿을 때보다 가까웠음이라. 밤이 깊고 낮이 가까웠으니, 그러므로 우리가 어둠의 일을 벗고 빛의 갑옷을 입자.

(로마서, 13:11-12)

화석화된 옛것으로는 나중을 감당할 수 없습니다.

옛것을 고집했다면 기독교는 생겨나지도 않았습니다. 불교도 유교도 이슬람교도 마찬가지이지요. 유구한 역사와 찬란한 문화를 자랑하는 민족은 옛것을 여간해선 못 버립니다. 해서 새것을 만들지도 받아들이지도 못해 더 이상 세계 문화를 선도하지 못합니다. 현대는 융합의 시대입니다. 혹자는 통섭의 시대라고도 하지요. 온고지신하는 정신으로 옛것에 비추어 새것을 만들어내는 것과 지금 당장 글로벌 무대에서 최상위로 통용되고 있는 기술이나 문화를 받아들여 융합하는 것 중 어느것이 더 효율적이고 현실적이겠습니까? 매너도 기술입니다. 부가가치를 높이고 새로운 가치를 창조하는 최고의 기술입니다. 고갈되지 않는 무형의 자원입니다. 당연히 경쟁력이 있어야 하고, 그러기 위해선 끊임없이 새로워져야 합니다. 낡은 껍질을 과감히 벗어던지고 날아올라야 합니다. 매너는 날개입니다. 빛의 갑옷입니다!

4 매너는 누룩이다!

또 이르시되 내가 하나님의 나라를 무엇으로 비교할까. 마치 여자가 가루 서 말 속에 갖다 넣어 전부 부풀게 한 누룩과 같으니라 하셨더라.

(누가복음, 13:20-21)

대한민국은 눈부신 발전만큼이나 기독교도 함께 성장하였습니다. 전국 어딜 가나 그 지역 랜드마크로 교회나 성당을 꼽아도 될 정도로 커지고 높아졌습니다. 그리하여 도회지는 밤이면 끝없이 늘어선 붉은 십자가들로 천지를 밝힙니다. 세계적으로 가장 영성이 충만한 나라입니다. 그럼에도 불구하고 한국인들은 끊임없이 흔들리고 있습니다. 혹여 우리 사회가 이미 속으로는 곪아 썩어가고 있는 건 아닌지, 이러다가 씽크홀처럼 어느 순간 푹 꺼지지는 않을까 불안해합니다.

빙산의 일각이란 말이 있습니다. 우리가 볼 수 있는 빙산은 전체에 비해 작은 일부분에 불과하지요. 수면 위, 겉으로 드러난 빙산의 모양은 그 아랫부분에 의해 달라집니다. 100여 년 동안 우리가 받아들인 서양 문명이 어쩌면 저 빙산의 일각과 같은 것이 아닐까요?

　구한말 우리나라에 온 선교사들은 권세가와 왕가 집안 사람들을 상대로 교제하여 친구로서, 때로는 교사로서 신뢰를 쌓아 선교를 했습니다. 모세 후 1천2백여 년 뒤인 2천 년 전 예수의 제자 시몬 베드로에겐, 로마제국 시민권자인 사도 바울에겐 이미 구비되어 있었으나 현대 한국 크리스천들에게는 미비된, 백여 년 전 서양 선교사들이나 서구 선진문명 도입자들이 생략했던 부분이 바로 수면 아래 빙산이라 할 수 있습니다. 지금까지 이 나라에선 누구도 이 문제를 인식하고 관심을 가진 적이 없었던 것 같습니다. 실은 그 아랫부분이 상부 가시권 교섭 문화의 주춧돌격 플랫폼 영역인데도 말입니다.

　매너란 소통을 통해 상대와 교감하는 창(窓, window)이자 도구입니다. 매너가 몸에 배게 되면 어느 순간 상대들을 조감도처럼 내려다보고 그 속내를 훤히 통찰해 들여다보는 내공이 생기게 됩니다. 거꾸로 된 잠망경으로 빙산의 수면 아랫부분을 들여다보는 것처럼 말입니다. 그제야 선교든 비즈니스든 협상을 유리하게 끌고 나가는 창조적 솔루션이 가능해집니다. 그게 주인장으로서의 글로벌 매너의 하이라이트입니다.

　그러므로 누구든지 나의 이 말을 듣고 행하는 자는 그 집을 반석 위에 지은 지혜로운 사람 같으리니 비가 내리고 창수가 나고 바람이 불어 그 집에 부딪치되 무너지지 아니하나니, 이는 주추를 반석 위에 놓은 까닭이요. 나의 이 말을 듣고 행하지 아니하는 자는 그 집을 모래 위에 지은 어리석은 사람 같으리니 비가 내리고 창수가 나고 바람이 불어 그 집에 부딪치매 무너져 그 무너짐이 심하니라.

(마태복음, 7:24-27)

세계적인 부호나 권력자들의 자녀들이 다니는 유럽의 명문 사립학교는 정식 학비보다 파티 비용이 더 듭니다. 번갈아 가면서 파티에 초대하고 초대받으면서 호스트로서, 그리고 게스트로서 함께 즐기고 노는 법을 배웁니다. 그렇게 일찍부터 리셉션 홀에서, 식탁 테이블에서 남들과 소통하는 데서부터 리더십의 기본기를 익혀 가며 최상급의 인적 네트워크를 쌓아 미래를 준비해 나갑니다.

그에 비해 한국인들은 학교 다닐 때 반장이나 회장 몇 번 해본 걸로 리더십을 지녔다고 자신합니다. 때문에 어쩌다 갑(甲)이 되면 자신에게도 리더십이 있다고 착각하기 일쑤지요. 하여 완장형, 감투형, 쩍벌남 리더들만 나오는 것입니다.

파티의 호스트를 해보지 않은 사람은 진정한 리더십이 뭔지를 모릅니다. 얻어먹기만 하면서 출세하기까지 굽실거리거나, 갑의 자리에서 접대만 받아 본 한국의 엘리트 중 정품격 글로벌 매너를 갖추고 호스트로서의 역할을 제대로 해본 사람이 거의 없습니다. 그러니 그게 얼마나 어렵고 중요한지를 알 턱이 없지요. 이 나라에선 그런 사람들이 대통령, 총리, 대학총장, 장관, CEO, 외

리더의 바른 자세 유지는 계단에서도 흔들림이 없어야 합니다. 파티에 참석하는 윌리엄 왕세손 부부처럼 계단을 내려오면서 자세를 바로세우고 시선을 수평으로 유지하는 것이 정격입니다. 계단 보느라고 고개를 푹 숙인 채 내려오지 않는 것입니다. 한국에선 사회지도층이건 수퍼모델이건 이런 고개 든 바른 자세로 계단을 내려오는 경우가 거의 없습니다. 평상시 훈련해야 합니다. 남녀가 함께일 경우, 여성은 언제나 안전한 난간 쪽에 섭니다. ⓒ 캔싱턴하우스

교관을 하고 있습니다. 미국의 아들 부시 대통령, 북한의 김정일 국방위원장 경우들과 크게 대비되지요. 해외로 나가는 선교사들 역시 마찬가지입니다.

　파티에서 호스트(호스티스)를 잘해야 리더로 떠오를 수 있습니다. 자기가 여는 파티니까 자기가 주인공이 되어야 한다는 생각은 오만입니다. 상대방에 대한 배려심, 초대한 손님 모두에 대한 똑같은 관심으로 모두를 즐겁게 해줘야 할 책임이 호스트(호스

시선을 수평으로 유지한 채 비행기 트랩을 내려오는 트럼프 대통령 부부. 계단이나 트랩 등 위험한 곳을 내려올 적엔 여성 동반자를 오른쪽에 위치시켜 만일의 사태에 자신의 강한 오른팔로 보호할 대비를 하는 것이 신사의 매너입니다. 한국인들은 부인을 항상 자신의 왼쪽에 세우고 왼쪽에 앉히는데, 이는 신사의 매너가 아닙니다. ⓒ연합뉴스

티스)에게 있습니다. 그렇게 해서 오케스트라 지휘자처럼 파티 전체 분위기를 섬세하면서도 리드미컬하게 이끌어 나가는 것이지요.

리더십의 기본은 바른 자세입니다. 바른 자세에서 상대를 통제할 수 있는 힘이 생깁니다. 차츰 시야의 폭이 넓어져 테이블 전체를 조망할 수 있게 됩니다. 남을 바로 본다는 것은 곧 남도 나를 보고 있다는 의식을 놓치지 않게 해주지요. 그래야 호스트(호스티스)로서 파티나 회합을 주재할 때 저멀리 구석구석까지 모두를 한눈에 꿰고 제어할 수 있는 능력이 생깁니다. 그런 게 진짜

리더십이지요.

　매너는 리더십입니다. 매너에는 크리스천 정신은 물론 고대 그리스 시민 정신, 중세의 기사도 정신, 근세의 계몽주의 및 인본주의 정신, 현대의 민주주의 정신 등 서구인들의 생활철학이 녹아들어 있습니다. 믿음과 봉사만으로 완전치 않습니다. 크리스천 리더로서, 영적 재생산자로서, 선한 청지기로서 세상에 선한 영향력을 끼치려면 정품격 매너를 통한 성경적 리더십 배양은 필수입니다.

5 에티켓과 매너의 구별!

그들의 발을 씻으신 후에 옷을 입으시고 다시 앉아 그들에게 이르시되 내가 너희에게 행한 것을 너희가 아느냐. 너희가 나를 선생이라 또는 주라 하니 너희 말이 옳도다, 내가 그러하다. 내가 주와 또는 선생이 되어 너희 발을 씻었으니 너희도 서로 발을 씻어 주는 것이 옳으니라. 내가 너희에게 행한 것같이 너희도 행하게 하려 하여 본을 보였노라.

(요한복음, 13:12-15)

한국인들은 에티켓과 매너를 잘 구별하지 못합니다. 전통적으로 그냥 예절이란 단어로 표현해 왔기 때문일 것입니다. 사전적으로 간략하게 풀이하자면 에티켓은 국지적 상황마다 취해야할 '예의범절 목록'이 되겠고, 매너는 그 사람의 '몸가짐'에 '마음자세'까지 망라하는 전인적 행동 방식이나 태도 및 자세라 할 수 있습니다.

에티켓과 매너의 명확한 경계는 없지만 아무튼 매너가 빙산의 전체 덩어리라면 에티켓은 수면 위로 드러난 빙산의 일각에 비할 수 있습니다. 가령 정류장에서 줄을 서서 차례대로 버스를 타는 건 에티켓이지만, 저멀리 버스를 향해 뛰어오는 사람을 위하여 냉큼 올라타지 않고 기다려 주었다가 눈방긋 인사하며 "먼저 타시죠!" 하고 그 사람을 먼저 태운 후 자신도 버스에 오르는 것은 매너라 할 수 있겠습니다. 인간존엄성을 확보하기 위해 누군가에게 안해도 상관없는 수고를 베푼 것입니다.

사람이 등불을 켜서 말 아래에 두지 아니하고 등경 위에 두나니, 이러므로 집 안 모든 사람에게 비치느니라. 이같이 너희 빛이 사람 앞에 비치게 하여 그들로 너희 착한 행실을 보고 하늘에 계신 너희 아버지께 영광을 돌리게 하라.

(마태복음, 5:15-16)

남을 인정하고 소통하고자 하는 의지를 지닌 세계관과 마음 자세하에서 이를 가능케 하는 기본 몸자세 및 그것을 실현해내는 세부 동작 믹스들이 곧 에티켓 각론이라면, 그 효과를 증폭시키는 인문학적 도구들을 포함한 사회 교섭 문화 내공 전반을 매너의 영역이라 할 수 있습니다. 그러니까 매너란 인간 관계 전반에 대한 도구(tools)이자 방법(methods), 수단(means)이자 기술(techniques)인 것이지요.

가령 비행기 탑승 때 입구에 선 스튜어디스가 건네는 "굿 모닝, 써!"는 에티켓이지만, 승객이 제자리에 앉기 전 먼저 앉은 옆좌석 손님을 향해 눈방긋과 함께 "헬로! 굿 모닝! 하우 아 유 디스

모닝?" 하며 서로 커뮤니케이팅 관계를 트는 건 매너라 할 수 있습니다. 통로에서 짐가방을 받아 선반에 대신 올려주는 스튜어디스에게 "땡큐!" 하는 것은 에티켓이지만, "It's very kind of you. (방긋 미소) Thank you, OOOO(스튜어디스의 가슴에 달린 명찰에 쓰여진 퍼스트 네임을 미리 봐두었다가 이때 노래하듯 불러줌)!" 하고 답례하는 것은 매너입니다. 상대를 의식하고 인격체로 인정하며 서로 긴밀한 소통을 가능하게 하는 것이 바로 매너입니다.

예의바른 척 시늉하는 소셜 에티켓을 매너라 할 순 없습니다. 기실 매너는 누구나 아무 때고 단기간에 쉬이 배울 수 있는 것이 아닙니다. 신분에 따른 성장 과정과 사회 문화를 통해 장기간에 걸쳐 자연스레 습득되는 것입니다. 이러한 배경상 절벽 차이로 인해 글로벌 매너라고 과장된 자기계발서나 에티켓 분야의 책은 많지만 진품 매너 쪽은 사실 책을 찾아보기가 힘듭니다.

서빙 에티켓, 대접만 받던 우물 안 개구리 매너만으로는 이제 더 이상 결코 글로벌 무대에서 살아남지 못합니다. 에티켓 실수로 인한 결례는 일회성 해프닝으로 끝날 수도 있지만, 무매너로 인한 '품격 낮음'은 영원한 낙인으로 남습니다. 그 여파가 본인은 물론 때로는 국가적으로도 치명적입니다.

미련한 자에게 영예를 주는 것은 돌을 물매에 매는 것과 같으니라. 미련한 자의 입의 잠언은 술취한 자가 손에 든 가시나무 같으니라.

(잠언, 26:8-9)

가끔 공인이나 국가기관의 잘못된 매너를 지적하면 많은 이들이 '설마, 국가 최고기관인데?'라며 회의적으로 반발합니다. 대개 의전(儀典)과 매너를 혼동하고 있기 때문이지요. 안타깝게도 한국 국가최고기관의 의전은 구시대적이고 저품격이어서 국격을 떨어뜨리는 데 지대한 공헌을 하고 있지만, 어쨌든 의전은 말 그대로 매뉴얼입니다. 매뉴얼대로 하면 그만입니다. 바보가 아닌 다음에야 아무나 그 자리에 앉혀도 다 해냅니다. 대한항공 '땅콩 봉지' 사건처럼 매뉴얼은 규정대로 지켰느냐 안 지켰느냐만 따질 수 있을 뿐이지요. 하지만 매너는 철저히 개인기입니다. 매뉴얼대로 하고 있어도 어딘지 모르게 품격에서 차이가 나는 것은 그 때문입니다. 글로벌 매너를 알고 나면 그게 훤히 보입니다. 그러니까 우리끼리는 "뭐 어때, 잘하고 있는데"라고 할 수 있지만, 선진국 사람들은 속으로 '한국은 아직…!'이라며 비웃을 수도 있습니다. 그저 일을 마칠 때까지 참아 주는 것뿐이지요.

정리하자면 에티켓이란 사회 생활에서 일어날 수 있는 오해와 충돌을 방지하기 위해 지켜야 할 최소한의 예절이지만, 매너는 서로의 인간존엄성을 지켜 주고 공동체의 존재 의미를 드높이는 적극적 교섭 문화입니다. 에티켓은 자신에 대한 방어책이지만, 매너는 존중과 감동을 통한 상대와의 진정한 소통입니다. 에티켓은 최소한의 규칙이지만, 매너는 '큰바위 얼굴' 같은 주인되기 품격입니다. 규칙이나 규정은 매뉴얼화할 수 있지만, 매너는 한계가 없는 내공입니다. 에티켓은 항공기 스튜어디스나 식당 웨이트리스 등 단순 기능 감정노동자들이 취업 전 외워두어야 할 상식수준인 반면, 매너는 기업 CEO나 책임 있는 정부당국자가 되어 복잡 사회를 이끌어 나갈 인격적 리더들이 오랜 기간 갈고 닦아야할 지혜와 같은 것입니다.

세계가 하나로 묶인 글로벌 시대입니다. 한국에서 한국인으로 태어났지만 세계인으로 살아가야 합니다. 하여 에티켓이든 매너든 개인의 문제만은 아닙니다. 그 옛날 우리 조상들의 세계관은 중국을 넘어간 적이 없었습니다. 중국이 세계의 중심인 줄 알았지요. 하여 중국 예절을 열심히 익혀 동방예의지국이란 소릴 들었습니다. 하지만 지금은 글로벌 시대입니다. 세계인들과 함께 일하며 세계적인 문제 해결과 인류 복지 증진을 위해 고민해야 합니다. 그러려면 먼저 세계인들과 소통이 잘되어야 합니다. 해서 우리 예절도 잘 익혀야 하지만 글로벌 매너도 함께 배워야 합니다. 국어 공부도 잘하면서 영어·중국어 등 외국어와 그들 나라의 문화 소양까지 익히면 더 좋은 것처럼 말입니다.

글로벌 매너라고 해서 반드시 서구인들의 매너만을 특정하는 것은 아닙니다. 글로벌 매너란, 글로벌 비즈니스 생태계에서 상업적 니즈에 가장 최적화된 매너를 말합니다. 대한민국이 선진 주류 사회에 편입하려면 글로벌매너지국이란 말을 들어야 합니다.

6 '빨리빨리'는 하인 문화!

못된 열매 맺는 좋은 나무가 없고, 또 좋은 열매 맺는 못된 나무가 없느니라. 나무는 각각 그 열매로 아나니 가시나무에서 무화과를, 또는 찔레에서 포도를 따지 못하느니라.

(누가복음, 6:43-44)

한국인의 기질을 얘기할 때 우선적으로 '빨리빨리'를 꼽지만, 기실 '빨리빨리'는 하인 문화로 '따라하기' '베끼기' 문화의 속성이라 할 수 있습니다. 주인장은 서두를 이유가 없지만, 부림을 받는 하인은 뒤좇아가면서도 허둥댈 수밖에 없습니다. 해서 매사에 본질도 모른 채 흉내내기에 바쁘지요. 솔직히 한국은 근대화 및 현대화 과정에서 일본과 미국의 뒤를 허둥지둥 영혼 없이 따라가기 바빴다고 해도 과언이 아닐 것입니다.

'라면 상무' '땅콩 리턴' 등등 잊어버릴 만하면 터져 나오는 갑질 사건은 물격 중시 천민자본주의가 만들어낸 천민자본가의 민낯으로 한국 사회의 일상화된 '사소한 일'이 '재수 없게' 사건화된 것뿐입니다. 일등석에 탈 만한 품격을 갖추지 못한 이들이 일등석에 앉아서 생긴 일이지요. 근본이 하인격인 졸부들이 갑자기 일등석에 앉아 스튜어디스들의 시중을 받게 되자 막장 드라마를 보고 배운 왕(王)질을 해보고 싶은 치기가 발동한 것이요. 또 비싼 돈 낸 만큼 본전의 일부라도 뽑아야겠다는 졸부 근성이 갑질을 부추긴 것이지요. 물론 그것도 만만한 국적기나 제 회사 비행기에서입니다. 다른 선진국 비행기였다면 오금도 제대로 펴지 못했겠지요. 서비스를 받는 데도 그만한 매너 내공이 있어야 합니다만 졸부들이 그런 걸 알 리가 없지요.

당연히 서비스에도 품격이 있습니다. 호통 쳐서 만든 매뉴얼 서비스에 무슨 정성이 녹아 있겠습니까? 오너가 자기 회사 직원을 정성으로 대해야 그 정성이 고객에게 전해질 것이 아니겠습니까? 글로벌 신사들은 그런 억지 서비스의 거북함을 금방 알아차립니다. '땅콩 리턴' 사건은 대한민국이 아직도 후진국 시절의 '닥치고 품질 향상' 수준에 맴돌고 있음을 보여주었습니다.

사환들아, 범사에 두려워함으로 주인들에게 순종하되 선하고 관용하는 자들에게만 아니라 또한 까다로운 자들에게도 그리하라.
(베드로전서, 2:18)

사실 누구도 하인에게 품격까지 요구하지는 않습니다. 듣기 괴롭겠지만 불행히도 현재 대다수 국내 매너 강사들은 서비스직종 하위기능직 출신이거나 종사자들입니다. 이들 서빙 업무를 맡은 자들은 우물 안 세계관에 갇혀 있거나, 자기 수준에서는 이해

되지 않는 대목은 그냥 "통과!" 하는 식의 아주 자주적(?)으로 한국화된 소셜 에티켓을 글로벌 비즈니스 매너 혹은 주인장 매너인 양 가르쳐 왔습니다. 그들에게서 배운 한국 상류층들의 품격 없음도 그 때문이지요. 따라서 고객만족(CS: Customer Satisfaction) 강사들의 향단이식 매너는 기실 비즈니스 상대방과의 소통 및 CEO의 리더십과는 전혀 무관합니다.

대한민국 품격이 이렇게 된 가장 큰 원인은 이들 엉터리 매너 강사들 때문이라 할 수 있습니다. 웨이터, 소믈리에, 스튜어디스와 같은 서비스업종 종사자들이 대통령을 비롯한 재벌 오너, 또 CEO들까지 가르친 때문입니다. 그러니까 방자가 이도령을, 즉 주인장 매너에 대해 개념이 전혀 없는 하인이 품격에 기초하여 행동거지를 결정할 대목이 많은 주인님을 가르친 것이지요. 강사를 초빙한 측도 심각한 문제가 있습니다. 비행기에는 오피스 환경이 아예 존재하지 않습니다. 간단한 예로 손님맞이 응접 소파들과 스피치용 연설대가 있지도 않습니다. 식사도 혼밥 일색이어서 비즈니스 상대방(들)과 마주 앉아 식사 접대 및 긴밀 상담시 써먹어야 할 식사 테이블 매너 개념 설명 및 초식 시연은 원천적으로 상상조차 불가능할 텐데도 말입니다. 웨이터나 소믈리에 또한 테이블에 앉아 우아하게 식사를 즐기고 환담을 나누며 비즈니스 협상을 해본 적이 있을 리 없지요.

따라서 정규 글로벌 매너 교육, 특히 비즈니스 소통 및 전인적 개인기 교육은 서비스업종 하위기능직을 위한 손님 응대 요령

TV 토론중 힐러리 클린턴 후보를 손가락으로 가리키는 도널드 트럼프 후보. 이런 행위는 공격적인 것으로 무매너에 속합니다. ⓒ연합뉴스

필리핀-인도네시아 정상회담. 사람을 가리키거나 부를 땐 손바닥을 사용하는 것이 정격입니다. ⓒ연합뉴스

직업훈련 연장선상에서 이뤄져선 절대 안 됩니다. 전인적 소통을 활성화시키기 위한 정통 매너를 가르치려 한다면 반드시 회사의 주인장 CEO와 상대기업 CEO 간의 전인적 비즈니스 소통을 가능케 하는 리더십 프로그램이어야만 합니다.

미련한 자의 어리석은 것을 따라 대답하지 말라. 두렵건대 너도 그와 같을까 하노라. 미련한 자에게는 그의 어리석음을 따라 대답하라. 두렵건대 그가 스스로 지혜롭게 여길까 하노라.

(잠언, 26:4-5)

매너는 주인장의 세계관에 뿌리를 두지만, 에티켓은 하인의 세계관에 뿌리를 둡니다. 전인적 소통을 활성화시키기 위한 정통 매너는 주인장 매너입니다. 서비스 하위기능직 종사자들이 시중들면서 배울 수 있는 것이 결코 아닙니다. 선진문명 사회에서도 중상류층이 아니면 그런 고품격 매너를 배울 수가 없습니다. 상대의 개인적인 약점을 지적하기란 쉽지 않은 일일뿐더러 비즈니스 매너는 무한경쟁 사회에서의 생존 노하우이기 때문에 여간 친한 사이가 아니면 지적해 주지도 가르쳐 주지도 않기 때문입니다.

매너란 갖추면 좋고 안 갖춰도 그만인 겉치레가 아닙니다. 낭만적이고 사적인 한국적 감성 취향으로 포장된, 매뉴얼화된 하위기능직 서비스 에티켓을 비즈니스 매너인 양 착각하고 글로벌 무대에 올랐다간 바로 죽음입니다. 글로벌 비즈니스 무대는 하인들이 노는 곳이 아닙니다. 주인장이 아니면 오를 수 없는 무대입니다. 철저하게 계산되고 다듬어진 고품격 매너로 승부하는 전장(戰場)입니다. 때로는 지나칠 정도로 엄격하다고 불평할 수도 있겠으나, 기실 그만큼 디테일하지 않고는 결코 글로벌 큰물에서 놀 수가 없습니다. 그동안 배운 국내 사교 모임용 에티켓 수준의 매너, CS 강사들에 의한 처세술 수준의 성공 전략은 다 잊고 글로벌 비즈니스 전사로서 갖춰야 할 진품 글로벌 매너 기본기부터 철저하게 익혀 나가야 합니다.

다시 강조하면 품격이 곧 삶의 질입니다. 지금 우리 문화에서 가장 부족한 것이 바로 이 품격입니다. 품격경영! 비즈니스의 궁극적인 목적 또한 상대방을 존중하고 자신도 존중받아(적군측과도 피차 경외심이 수반된 존중 예우를 받아) 인간존엄성을 확보하여 사람답게 사는 것입니다. 그것을 가능케 하는 게 소통이고, 그리고 그걸 양식화한 것이 매너입니다. 따라서 인간존엄성에 대한 깊은 성찰, 인류 보편적 가치의 공유 없이는 진정한 글로벌 매너, 전인적 비즈니스 개인기 초식이 나올 수 없습니다.

너희는 믿지 않는 자와 멍에를 함께 메지 말라. 의와 불법이 어찌 함께하며, 빛과 어둠이 어찌 사귀며.

(고린도후서, 6:14)

서구 선진국을 보면 우리보다 그다지 열심히 일하는 것 같지 않음에도 훨씬 부유하게 잘삽니다. 그들만큼 살려면 우리는 지금보다 얼마나 더 많은 일을 해야 할까요? 부가가치를 제대로 모르고선 제아무리 열심히 일을 해도 그들만큼 잘살 수가 없습니다. 부가가치는 생산해내는 것이 아니라 창조해내는 것입니다. 땅이나 산업기술에 의한 부가가치만으로는 선진 사회로 진입 불가능합니다. 글로벌 본선 무대, 특히 세계경제 주역들의 네트워크 무대에서 증명된 신뢰, 그리고 열린 세계관이 아니고는 금융·보험·명품산업 등 고부가가치 산업으로 넘어갈 수가 없습니다. 그 세계는 글로벌 상류들이 노는 곳입니다. 그들의 테이블에 같이 앉아야 고급 정보를 공유하며 케이크를 나눠먹을 수가 있지요. 품격이 안 되면 그 테이블에 앉을 수가 없습니다.

상식적인 결론입니다만 품격 없이는 명품 없습니다. 부가가치를 챙길 줄 알아야 일류입니다. 쩐(錢)질로 일등은 할 수 있어도 일류는 못 됩니다. 졸부와 신사의 차이지요. '빨리빨리'의 경쟁력은 여기까지입니다. 이제부터는 품질이 아니라 품격을 팔아야 합니다. 매너는 자기 가치, 부가가치를 높이는 기술입니다. 글로벌 무대에서 주인 노릇을 하려면 주인장 마인드로 글로벌 정품 매너를 익혀야 합니다. 일류는 '하는' 것이 아니라 '되는' 것입니다.

7 리셉션에서 우아하게 살아남기!

사람들이 동서남북으로부터 와서 하나님의 나라 잔치에 참여
하리니, 보라 나중 된 자로서 먼저 될 자도 있고 먼저 된 자로서 나
중 될 자도 있느니라 하시더라.

(누가복음, 13:29-30)

지금은 거의 사라졌지만 예전엔 '코리안 타임'이란 말이 유
명했습니다. 약속이든 행사든 도무지 정해진 제 시간에 치러지는
일이 없고 항상 2,30분 늦게 시작되기 때문에 생긴 말입니다. 한
데 글로벌 사회에선 실상 그 '코리안 타임'이 정격인 경우가 있습
니다. 바로 국제회의나 리셉션입니다.

어느 다자간 정상회의에서 홀로 정시에 생뚱맞게 자리를 차
지하고 앉은 대한민국 대통령의 사진을 접하고서 몹시 민망스러
웠던 적이 있습니다. 다른 나라 정상들은 아직 아무도 자리에 앉
아 있지 않았는데 말입니다. 이처럼 국제회의에서 제 시간에 자리
에 앉는 대표는 한국과 일본밖에 없습니다.

무게감 있는 모든 국제회의에서 각국의 대표들은 항상 15분
쯤 지난 후에야 입장합니다. 그럼 정시는? 그건 실무요원들의 입

장 시간입니다. 그렇게 준비를 마치면 15분쯤 지난 후에 입장하라는 안내를 합니다. 각국 대표들은 5분이나 10분쯤 지난 시간에 나타나 로비에서 서로 환담을 나누다가 15분이나 20여 분이 지난 즈음에 입장해서 착석, 회의가 시작됩니다.

로비에서 잡담을? 실은 이 로비에서 그날의 주요 사안들이 결정된다고 보면 틀림없습니다. 이 로비가 바로 식전 리셉션장인 셈이지요. 그곳에서 각국의 대표들과 인사를 나누며 사전 막후교섭 약조를 재확인하거나 미진했던 부분을 마무리짓는 것이지요. "아, 어제저녁 즐거웠어. 그 문제, 꼭 좀 부탁해!" "어이 반가워. 그런데 말이야, 이번에는 우리 좀 밀어 줘! 다음엔 우리가 꼭 갚을게!" 등등. 진짜 글로벌 내공은 로비에서 발휘되는 것입니다. 해서 로비할 일이 많은 대표가 남들보다 일찍 나옵니다.

대표들은 그렇게 로비에서 물밑 사전 담합, 조정, 확인, 교제, 환담하는 겁니다. 로비스트란 말이 왜 로비에서 나왔는지 짐작이 가지요. 그리고 정상들간의 국제회의에선 로비나 이동중에도 영양가 있는 강대국 정상과의 대면(인증샷)을 차지하기 위한 자리다툼 또한 은연중 치열합니다. 내공이 부족한 정상들은 그대로 뒤로 밀려나 들러리 신세가 되고 맙니다. 양자 간 회동에선 서로 배려를 하기 때문에 자연히 돋보일 수밖에 없지만 다자간 회의에선 그런 것 없습니다. 각국 정상들의 진짜 글로벌 내공 수준을 가늠하는 자리이지요. 해서 때로는 독재자의 나라에선 사진 조작으로 자국 정상의 위치를 바꿔 홍보용으로 내보내기도 한답니다.

마찬가지로 보통의 리셉션 시간 역시 초청장에 명시된 대로 정시에 도착했다간 반드시 낭패를 당합니다. 그보다 일찍 도착하면 말 그대로 글로벌 등신 취급받습니다. 처음 리셉션에 초대받은 대다수 한국인들은 정시보다 10분 앞서 행사장에 도착했다가 현장 종업원들에게 쫓겨나는 민망한 경험을 하곤 합니다. 국제회의와 마찬가지로 15분 뒤쯤에 도착해야 합니다. 보다 많은 사람들과 만남을 가지려는 사람은 그때쯤 나오고, 거물들은 대개 30분가량 지난 후에나 나타납니다. 뒤늦게 나타날수록 그들은 더 많은 사람들의 주목을 받을 수 있으니까요.

무엇보다 리셉션 형식은 딱히 정해진 것이 없습니다. 해서 바쁜 사람은 아무 때고 제 편한 시간에 왔다가 중간에 그냥 가버리면 그만입니다. 인적 네트워크를 구축해야 하는 초보자라면 다른 이들보다 일찍 나와 가능한 한 많은 사람들과 인사를 터야겠지만, 이미 그 모임에 익숙한 사람이라면 굳이 일찍 나올 필요도 없고 편한 시간에 나와 꼭 필요한 몇몇 사람들만 만나도 누가 뭐라 하지 않습니다.

해외에서 처음 리셉션에 나갔다가 사람들이 명함을 건네고 인사를 하며 2, 3분쯤 간을 보다가 휙하니 등을 돌리는 것에 당황해했던 경험을 가진 한국인들이 많을 것입니다. 리셉션에서 한 사람과의 대화 시간은 대개 3-5분 내외 정도! 보다 많은 사람들을 만나려면 시간을 더 짧게 나눠야 합니다. 차츰 내공이 쌓이면 쓱하니 한 번 둘러보고서 자신이 오늘 만나야 할 사람을 금방 찍어냅니다. 리셉션은 본격적인 비즈니스 대화를 나누는 곳이 아니라 손님 간의 네트워크가 목적이니까요.

따라서 주최측은 보다 효율적인 만남을 위해 리셉션장을 4-5개 존(구역)으로 나누어서 각 존마다 구역담당자를 정해 주어 적당한 인원 분배가 되도록 합니다. 그리고 각 구역담당자는 손님들의 부류나 목적에 따라 서로 연관이 있거나 필요한 사람들끼리 소개를 주선하지요. 저들끼리 그냥 잘 어울려 놀겠지 하고 방관하는 것은 호스트 자격 미달입니다. 아는 사람들끼리는 새삼 안면을 다지게 하고, 낯선 이들끼리는 서로 사귀게 해서 이왕 영양가 있는 모임이 되도록 적극적으로 주선해야 합니다.

백악관 같은 곳에서는 디너 중심이지만, 가끔 상대국 정상의 위신을 세워 주기 위해 식전 대화 위주의 리셉션을 열어 줄 때도 있고, 곧 퇴임하는 사람의 경우 작별인사를 도탑게 나눌 수 있도록 식후 리셉션을 열어 주기도 한답니다. 그리고 수상 축하나 무엇을 기념하기 위한 일반적인 리셉션이라 해도 굳이 한국처럼 식순에 따라 의식을 치르지 않습니다. 주요한 내용만 간단하게 프린트해서 입구에 붙여두어 보고 싶은 사람만 보게 하면 되지요. 또 수상자나 초대 귀빈을 알아보게 하려면 그들의 가슴에 꽃과 같은 코사지를 꽂으면 됩니다.

회원들 간에 중요하게 의논해야 할 주제가 있으면 리셉션이 끝난 후에 그들만 따로 모여 토의하면 됩니다. 대개의 서양 리셉션은 1시간 정도로 끝내고, 주요 인사들(보통 20명 내외)만 남아 착석 디너를 합니다. 이때는 고급 와인을 즐기지요. 보다 상류층 리셉션이라면 디너에 이어 댄스 파티로 마감하기도 합니다. 식순이 있는 리셉션은 한국밖에 없습니다.

리셉션 초청장은 최소한 1개월 전, 중요한 행사는 2개월 전에 보내야 합니다. 이때에는 순수하게 초청문만 적은 초청장만 보냅니다. 특별한 경우에만 행사 내용을 적은 안내장을 함께 보내기도 하지요. 한국에서처럼 초청문과 식순을 한 장에다 인쇄해서 보냈다가는 영락없는 '상것'이 되고 맙니다. 바로 쓰레기통으로 직행할 수도 있습니다. 그리고 전화 혹은 만난 김에 구두로 초청했다간 역시 '이상한 사람'으로 낙인찍힙니다.

또 서양에선 리셉션이면 부부 동반 초청이 관행화되다시피 했습니다. 해서 군이 초청장에 별도의 표시를 하지 않아도 대개 부부 동반으로 참석합니다. 그에 맞춰 음료와 음식을 준비해야 낭패를 당하지 않습니다.

원칙적으로 모든 리셉션은 스탠딩입니다. 한국에서처럼 단상이 있고, 귀빈석을 따로 마련하고, 별볼일없는(?) 손님을 위한 테이블과 의자들이 놓이고, 식순이 있는 리셉션은 세상에 없습니다. 또 정각에 모든 손님을 입장케 해서 식순에 따라 개회사, 국민의례, 축사, 귀빈 소개, 경과 보고, 동영상까지! 이는 완전 손님 모독입니다. 손님을 불러다 앉혀 놓고 맹물 한 잔으로 박수치게 하고, 단체사진 홍보 들러리역을 강제하는 것이니까요. 말이 리셉션이지 억지 행사를 그럴듯하게 치르기 위해 서로 도우미 품앗

이하는 게지요. 정히 식순대로 행하자면 저들끼리 따로 치렀어야지 손님에게까지 강요하는 것은 난센스입니다.

챙겨 주지 않으면 꿔다 놓은 보릿자루만도 못한 단체장이나 정치인, 유명인사, 동원 관객, 화환의 개수로 위세를 과시하고 회의를 성공적으로 개최했다고 자평하는 촌극! 박수부대에 의한 의례적인 축하에 삶의 의미를 찾는, 손님 개개인의 삶에 아무런 도움이 안 되는 허례허식 상조회인 셈이지요. 그나마 인심 좋으면 제 부하들 대접하듯 저녁 한 끼 먹여보냅니다. 흡사 집단 자위행위에 몰입한 퍼포먼스 같다 하겠습니다. 아무튼 한국의 리셉션 매너 수준은 1945년에 고정되어 있습니다. 그러니까 해방 전 일본식을 지금까지 고스란히 답습하고 있는 것이지요.

한국에선 리셉션다운 리셉션을 찾아보기 어렵습니다. 때문에 주한 외국인들은 이런 이상한 나라의 괴상한 행사에 불려나가 후진 매너를 인내하고 참아야 하니 그 고통이 여간 아닙니다. 문제는 이런 식의 전근대적인 행사에 타성이 붙은 한국인들이 글로벌 무대에 나가서는 하나같이 꿔다 놓은 보릿자루 신세가 될 수밖에 없다는 것이지요. 그러니 비즈니스는 고사하고 정보 수집, 사교, 인맥 형성이 제대로 될 턱이 없지요. 수십 차례의 실수와 굴욕을 당하고서야 겨우 리셉션에서 어깨를 펴게 됩니다. 그렇지만 이미 이미지 다 망가진 터라 회복하기가 거의 불가능합니다. 무엇보다 더 한심한 일은 한국인들은 모두가 이런 일을 똑같이 반복한다는 겁니다. 아무튼 리셉션이든 디너든 풍부한 화젯거리와 유머 없인 내내 지옥입니다.

리셉션장에서 반드시 기억해야 할 행동 요령을 말씀드립니다.

첫째, 넥타이 컬러는 리셉션 주최측 회사 로고색, 또는 그 나라 국기색과 매칭시키는 것이 중요합니다. 그리고 형태는 긴 타이보다 나비타이 시도를 강력히 추천합니다. 여성은 해당 빛깔의 스카프나 머플러를 준비하고, 남녀 모두 가슴에 그 나라를 상징하는 국화(國花) 코사지까지 착용하면 의외의 환대와 주목을 받을 수 있습니다.

둘째, 서 있는 자세는 똑바로 곧게 선 자세로 배 내밀고, 어깨 펴고, 턱 당기고, 눈은 크게 떠야 인격체로 인정받을 수 있을 뿐만 아니라 전체적인 시야를 확보할 수 있습니다.

셋째, 행사장 내 여유 있는 공간에 완전히 들어서면 잠깐 서서 등대처럼 정중앙·좌·우 3방향으로 두 다리 고정, 상체 몸통 전체를 좌우 15도 틀어 행사장 전체를 스캔하여 우선 인사할 대상자들, 중반 이후에 인사할 대상자들을 점찍어 놓습니다.

넷째, 보행 자세는 선 자세를 그대로 유지합니다. 어금니는 다물지 말고 커피 스트로를 문 정도의 간극으로 띄워야 눈방긋 스마일 및 임기응변 멘트 구사가 비로소 가능합니다.

다섯째, 인사는 눈방긋 0.5초 뒤 말인사를 덧붙이면서 시선은 상대방 눈에 계속 고정된 상태에서 손이 나아가야 합니다. 한국식의 절인사나 손 보고 하는 굽신 악수는 금물입니다.

여섯째, 비즈니스 명함과 사교 명함을 준비해야 합니다. 처

정장 모델 폼의 독일 메르켈 총리. 미 백악관 공식 방문 일정중 리셉션 때의 복장. 검은 정장에 검은 나비 넥타이 정장을 한 참가자들. ⓒ백악관

스탠딩 리셉션에서 발언하는 푸틴 대통령. 티데이블은 식탁보다 높고 작습니다. ⓒ크렘린궁

리셉션 형식은 딱히 정해진 것이 없습니다. 바쁜 사람은 아무 때고 제 편한 시간에 왔다가 중간에 그냥 가도 됩니다. [인터넷 캡처]

리셉션에서는 한쪽으로 사람들이 몰리지 않도록 삼삼오오가 기본입니다. ⓒ클레런스하우스

음 인사한 사람과는 비즈니스 명함을 주고받습니다. 중요하게 관리해야 할 타깃인사라면 헤어질 때 다시 한 번 인사를 나누며 재차 자기 존재를 인식시킬 필요가 있습니다. 이때는 별도의 사교 명함을 건네면서 "내일 꼭 전화 주십시오. 휴대전화 번호와 집 전화번호는 여기 있습니다" 하고 아무 때나 피드백해 줄 것을 요청해야 합니다. 이 대목에서 외국인에게는 아주 작은 선물을 같이 건네면 더욱 확실합니다.

마지막으로 떠날 때 감사의 인사말 없이 그냥 가는 것은 말짱 꽝입니다. 그리고 사후 피드백은 결코 빠트려선 안 된다는 점 잊지 않으시기 바랍니다.

해외로 나가는 선교사 부부는 필히 이 리셉션 요령을 숙지하고 나가야 합니다. 아무리 후진국 가난한 동네라 하더라도 그 지역을 관할하는 관료들이 있고, 또 영향력 있는 주류층이 있게 마련입니다. 그들과 친교를 맺고 신뢰를 쌓아 나가야 보다 효율적인 선교가 가능합니다. 낮은 곳에서 온몸을 바쳐 막무가내로 봉사하고 희생하는 것만이 순결하고 거룩한 헌신이라 할 순 없습니다. 난 선교사니까 그런 호화로운 파티에 나가 놀면 안 된다는 생각은 속 좁은 편견일 뿐입니다.

8 명함은 인격이다!

이 보석들은 이스라엘의 아들들의 이름, 곧 그들의 이름대로 열둘이라. 도장을 새김같이 그 열두 지파의 각 이름을 새겼으며.

(출애굽기, 39:14)

글로벌 무대에선 단순히 기술력만으로 경쟁하는 것이 아닙니다. 선진문명권 사회는 거기에 더해서 고품격 매너로 경쟁을 합니다. 왜냐하면 매너야말로 부가가치를 높이는 최강의 수단임을 잘 알기 때문이다. 디자인과 마찬가지로 품격엔 상한선이 없습니다. 품격의 경쟁은 무한경쟁입니다. 지극히 사소해 보이는 명함 한 장이지만 첫 만남에서 자신의 사회인으로서의 기본 인격적 됨됨이 충족 여부를 나타내는 가늠자가 됩니다.

품격 있는 명함은 종이의 질부터가 다릅니다. 빤질빤질한 재질은 곤란하지요. 반드시 연필이나 수성 볼펜으로도 별탈없이 글씨가 써지는, 흡수성 좋은 겸허한 분위기의 재질이어야 합니다. 요즘은 이런 격조 있는 고급한 수입 종이가 많습니다. 돈 좀 벌었답시고 종이가 아닌 황금색 금속판으로 만든 명함은 "저는 졸부입니다!"라고 광고하는 꼴입니다. 여기에 임원들은 물론 일반 직원이라 해도 외국인 VIP 접촉담당 직원의 명함은 손끝 감촉에서 바로 귀티를 느낄 수 있는 요철(엠보싱) 인쇄가 기본입니다.

다음, 한국을 비롯한 동남아 사람들이 앞뒤에 영문/현지어 겸용 인쇄된 명함을 내미는데, 홍콩처럼 한영(漢英) 병기의 특수한 필요성이 있는 지역이 아니라면 "우린 두 개를 따로 만들 돈이 없소!"라는 옹색한 변명의 빈티 명함으로 개인은 물론 회사의 이미지, 나아가 국격까지 떨어뜨립니다. 그 정도면 상대방 국적과 문화권에 따라 대응 태세를 미리 맞춤형으로 준비하는 게 기본인 글로벌 비즈니스 무대에 발디딜 자격조차 없습니다. 간혹 길거리 가게 앞에서 광고판을 앞뒤에 걸고 서성거리는 샌드위치맨을 볼 수 있지요. 요란하게 앞뒤 인쇄된 명함을 받아들 때면 절로 샌드위치맨이 연상됩니다. 절약할 게 따로 있지, 어찌 인격을 절약하겠습니까? 서구 선진국에 출장 갔다가 받은 명함들이 있으면 다시 꺼내어 뒷면을 살펴보시길 바랍니다.

당연히 지위에 따라 명함의 디자인도 달라져야 합니다. 우리나라 명함은 오너 회장이나 말단 사원이나 똑같이 회사명을 맨 위에 올리는데, 여기에도 구분이 있어야 합니다. 임원급 이상은 자신의 이름이 맨 위로 가도록 올리고, 회사명은 아래쪽으로 내리는 게 좋습니다. 임원급 정도면 회사보다는 인격체를 더 중요하게 생각해야 하기 때문이지요. 이는 돈만 주면 언제나 충원 가능한 하위직들, 즉 인적 코스트로 결합시킨 조직체보다 아무나로 대체 불가능한 진짜 필수 인재를 더 중요시하고 그 인재 한 사람으로부터 조직체가 생겨난다는 서구식 조직 개념에서 비롯된 것입니다.

한국식으로 무슨 본부의 장 자리에 누구를 본부장 발령내는 게 아니고 서구에서는 어떤 특출난 인재를 심사숙고해 본부장으로 영입, 전적인 지휘권을 부여하며, 그가 완전 새 출발선에서, 즉 제로베이스로 그 부여받은 바 임무를 수행하기 위해 해당 본부를 '창설'해 꾸려 나간다고 생각하기 때문입니다. 이런 맥락에서 최고위직 그룹은 사람 이름이 회사 이름 앞에 나오게 하는 것입니다. 한편 부장 이하 일반 직원은 회사명을 앞세우고, 직책과 이름을 그 다음에 위치시킵니다.

그리고 회사나 소속기관의 로고 디자인이 다소 번잡한 느낌을 초래할 가능성이 있다면 대기업 오너, 회장, 사장, 부사장, 등재이사, 장차관, 청장급의 경우 명함에 생략합니다. 아무렴 그 정도의 위치에 있는 사람이 굳이 자신이 어느 회사나 어느 기관의 장이라고 강조하거나 회사 로고 홍보하는 것처럼 비치는 건 궁색해 보이기 때문이지요. 그리고 대기업 오너나 대표·장관급이면 직함도 가급적 명기하지 않습니다. 대한민국 사람이면 다 알 만한 유명 가수가 자기 명함에 '가수'라고 쓰는 것과 같은 모양새이니까요. 단순함으로 품격을 유지해야 합니다.

명함의 글씨체도 중요한 부분입니다. MsWord식 맑은고딕체류의 보통 대하는 글씨체는 일반 상업용 인쇄물에나 쓰는 서체입니다. 직종 성격상 개성적이려면 우아한 필기체 스타일, 그외에 대개 고전적이고 점잖은 체여야 합니다. 영문에는 그런 체가 많지만, 한글에는 고상한 꼴을 찾기 힘드니 점잖은 명조체로 대신할 수밖에 없겠습니다.

그리고 명함 하나에 모든 걸 다 걸겠다는 식으로 지나치게 화려하게 디자인하거나 온갖 인적 사항을 빽빽이 적어넣는 것도 피해야 합니다. 자칫 술집 웨이터나 외판영업 사원 취급받을 수도 있습니다. 명함 디자인은 간결한 것이 최상의 디자인입니다. 흔히 동양화에선 여백의 미(美)를 중시한다고들 하지요. 그렇다고 여백을 무조건 많이 둔다고 해서 훌륭한 그림이 되지는 않습니다. 있어야 될 것만 정확한 자리에 위치할 때 명작이 탄생합니다. 명함 역시 마찬가지입니다.

비즈니스 카드와 소셜 카드는 따로 만들어야 합니다.

부장급 이상이거나 그 하위직이라 해도 대 외국인 활동이 많은 사람의 명함은 반드시 네 개 이상이어야 합니다. 한글 영업용 명함, 영문 영업용 명함(모두 비즈니스 카드)과 사교용 명함(소셜 카드. 가급적 영문/한글 따로)입니다. 업무에 따라 필요하면 주요 상대국 언어마다 명함을 따로 제작하는 수고로움을 마다하지 않아야 합니다. 특히 여성 책임자라면 여성성을 강조한 사교 명함은 필수입니다. 리셉션·파티 등에서 폭넓은 네트워크를 쌓아 갈 때 사적 연락처를 추가로 주는 게 강력한 무기로 작용될 가능성이 높기 때문이지요.

비즈니스 명함과는 달리 사교 명함은 가로세로를 각각 3밀리쯤 줄여 슬림하게 만듭니다. 여기에는 사적인 전화번호와 꽃다

발 등 선물을 배달받을 우편 주소, 개인 메일 주소만 인쇄합니다. 이름을 한가운데 앉히되 회사명이나 회사 주소 등은 싣지 않습니다. 당연히 인쇄는 요철로 도드라져 받는 이의 손가락 촉감에서 품위가 느껴지도록 해야 합니다. 특히나 임원(executives)급의 영문 명함이나 사교용 명함은 빈티나는 평면 옵셋 인쇄여서는 곤란합니다.

그리고 비(非)대면(비면전, not in person) 사용시 사교용 명함은 반드시 사교 명함용 봉투에 담아 사용합니다. 메신저나 부하 직원을 통해 보낼 경우 명함 내용이 보이는 것은 누드 차림처럼 품위가 떨어지기 때문입니다. 또 개인적으로 꽃이나 케이크·책 등을 선물로 보낼 때도 소셜 카드를 사용해야 합니다. 만약 이때 비즈니스 카드를 넣으면 선물을 받는 사람이 "엉? 회삿돈으로 사서 보낸 거야?"라고 생각할 수도 있습니다. 여성의 경우 명함을 앙증맞은 사각 사교용 명함 봉투에 넣어 보내면 여성성이 부각되어 더욱 존중을 받게 됩니다.

비즈니스 카드는 불특정 다수에게 줄 수 있지만 소셜 카드는 특별한 대우와 관리가 필요한 인사, 즉 타깃인사에게만 줍니다. 가령 리셉션이나 디너 시작에서는 비즈니스 카드를 주었다가 헤어질 무렵 소셜 카드를 추가적으로 건네며 아무 때고 연락 달라고 하는 겁니다. 긴급한 일이 있을 때 바로 직통하라는 것이지요.

외국인 VIP 담당은 인턴 여대생일 경우라도 반드시 영문 사교 명함과 영문 비즈니스 명함을 만들어 줘야 합니다. 명함 아끼

[인터넷 캡처]

BARACK OBAMA
STATE SENATOR
13TH DISTRICT

105D CAPITOL BUILDING
SPRINGFIELD, ILLINOIS 62706
217/782-5338

2152 E. 71ST STREET
CHICAGO, ILLINOIS 60649
773/363-1996
FAX: 773/363-5099

[인터넷 캡처]

다 혹시 대어를 낚을 수 있는 행운을 미리 박탈할 필요는 없다는 거지요. 그리고 영문 명함에는 이름 석 자를 모두 다 적지 않습니다. 외국인들이 한국 이름 발음을 잘 못해 기억하는 데 오히려 방해가 될 뿐이니까요. 예로 'C. J. Lee' 또는 'James C. Lee'처럼 영문 이니셜이나 애칭을 사용하는 게 좋습니다.

또 영문 주소는 굳이 'Republic of Korea'까지 넣어 소국 근성을 드러낼 필요 없습니다. 비즈니스 세계에선 애국심보다 소통이 먼저입니다. 이는 공공 기관의 장이라 해도 마찬가지입니다. 영국인이나 미국인들은 명함에 국명 안 씁니다. 평소에도 그들은 '시민'이란 용어를 쓰지 '국민'이란 용어를 사용하지 않습니다. 우편번호는 주소 뒤에 넣되 그것도 기관장이나 임원급 이상 비서를 둘 만한 인사는 넣지 않습니다. 그만한 사람이 상대하는 인사들도 그 정도 급은 되기 때문이지요. 전화 T, 팩스 F, 이메일 E 등 지나친 약자로 상대를 피곤하게 하지 말아야 합니다. 외국인들은 무슨 뜻인지 모릅니다.

그리고 명함은 반드시 별도의 명함 지갑에 넣고 다녀야 합니다. 명함 지갑은 금속성이나 플라스틱 · 자개함 등은 금물입니다. 반드시 인간적인 냄새가 나는 가죽이나 천이어야 합니다. 명함역시 인간 친화적인 소통이 최우선 목적이니까요. 그리고 그 속에 명함을 꽉 채워넣고 다니는 것도 미련한 영업 사원처럼 보입니다. 반드시 4,5장 정도의 소량만 넣고 다닙니다. 그 이상이 필요한 경우에는 다른 가방이나 주머니 지갑에 넣어두었다가 조금씩 꺼내어 사용해야 합니다.

그리고 명함을 받았으면 반드시 그 명함에 대해 한두 가지 물어보는 게 매너입니다. 유심히 보는 시늉을 하고는 관심이 있는 양 이름이나 회사명의 발음, 회사명의 유래, 로고의 의미, 사무실 위치 등. 그러다 보면 재미있는 소재가 나와 소통을 촉진시키는 계기가 됩니다. 가령 회사 위치를 물었다가 자신이 과거 그 근처의 유명박물관을 들러 관람했는데 인상적이었다는 등 대화의 물꼬가 쉽게 트일 수도 있습니다.

외국인들과 명함을 교환할 때, 매우 격식 있는 자리가 아니면 "May I call you James?"라고 퍼스트네임으로 불러도 되겠느냐고 반드시 물어야 합니다. 그러면 대부분 "Oh, sure!"라든지, "Of course, please call me James!"라고 답하지요. 그때부터 "Thank you, James!"라고 말하면서 대화를 시작합니다.

그리고 명함에 상대방 이름의 발음이나 숫자 등 간단한 메모를 해야 할 경우 반드시 먼저 허락을 구하여야 합니다. "Don't you mind if I write…?"

거래를 할 때 호감이 가지 않는 사람, 품격이 떨어지는 사람에게 마진 좀 더 얹어 주고픈 기분이 들지 않는 것은 당연한 일일 것입니다. 언젠가 필자가 대기업 오너한테서 신입 사원의 것과 똑같은 명함을 받고서 앞이 캄캄했던 적이 있습니다. 품격에 대한 개념 자체가 없다는 반증이지요. 명함은 자신의 얼굴이자 기업의 이미지입니다. 아무 생각 없이 아랫사람이 해주는 대로 뿌리고 다니는 것은 리더로서 무책임한 행동이자 자격 미달입니다. 자신의 기업 가치는 물론 당장 팔고자 하는 상품의 부가가치를 디스카운트시킬 수 있습니다.

그리고 아무리 명함이 흔한 세상이고 자기 PR 시대라지만 어느 정도 사회적 위치에 이른 사람이라면 품격 관리 차원에서라도 명함 뿌리기에 절제가 있어야 합니다. 한국에서야 아무에게나 뿌려대지만 선진문명권에서는 자기 명함을 함부로 뿌리지 않습니다. 특히 중국의 상류층들은 상대방이 자신과 동등한 계급이나 지위가 아니면 명함 교환을 극히 꺼립니다. 글로벌 상류층에선 명함이 곧 인격이기 때문입니다.

그런가 하면 대개의 한국 가정주부들은 명함이 없습니다. '직장을 다니지 않으니 명함이 없는 게 당연하지 않느냐'는 생각은 어리석거나 무책임한 일입니다. 요즘은 주부라 해도 봉사며 취미·여가 등 시민 사회 활동에 참여하는 일이 잦습니다. 전업주부라 할지라도 소셜 카드는 반드시 있어야 합니다.

더불어 명함에 대한 예의도 지켜야 합니다.

명함을 받자마자 바로 명함 지갑에 넣어 버리거나 호주머니에 넣으면 큰 실례가 됩니다. 책상 위 왼쪽에 놓되 반드시 먼저 자신의 명함 지갑을 깔고 그 위에 상대의 명함을 올려놓습니다. 서류 위나 책상에 그냥 내려놓는 것은 상대를 땅바닥에 그대로 앉히는 것과 같습니다. 명함 지갑이 곧 방석인 셈이지요. 상대가 여러 명일 경우에는 여러 장을 모두 좁다랗게 이어붙이듯 가지런히 펼쳐서 엎어 놓았다가 면담이 끝난 후 자리를 뜰 때에 비로소 명함 지갑에 넣습니다.

이 정도의 설명을 들으신 분이라면 지금 당장 그동안 해외 선진문명권 사람들에게서 받은 명함을 꺼내어 자신의 명함과 비교해 보고 자기가 뿌린 명함이 상대방의 명함꽂이에 있을지, 아니면 진즉 휴지통으로 들어갔을지 한번 생각해 보시길 바랍니다. 그리고 자신의 명함이 품격 미달이다 싶으면 아까워하지 말고 당장 버리고 새로 만들기 바랍니다. 이 정도의 일을 미적거리는 사람이라면 주인 의식·주동 의식이 부족한 사람으로서 글로벌 리더로 성장할 가능성이 희박합니다.

아무튼 명함 한 장만으로도 상대방을 꿰뚫어볼 수 있는 안목을 가질 수 있습니다. 혹 명함 한 장 가지고 지나치게 까다롭게 군다고 생각하실 분이 있겠지만, 글로벌 선진문명 사회에선 그 하나만 보고도 '아, 저 정도로 섬세하게 자신의 품격을 관리할 만한 사람이라면 다른 일에서도, 특히 지금 서로 긴밀히 협의해야 할 현안 프로젝트에 대해서도 명함과 마찬가지로 빈틈이 없을 것이다. 그러니 저 사람과는 거래를 해도 안심할 수 있겠다!'고 생각합니다.

9 '말씀을 들으러 가까이 나아오니'^(누가복음, 15:1)

태초에 말씀이 계시니라. 이 말씀이 하나님과 함께 계셨으니 이 말씀은 곧 하나님이시니라.

(요한복음, 1:1)

성경에서는 나오지 않습니다만 우리는 일상에서 종종 '운(運)'이라는 말을 사용하고 있습니다. 운이 좋다! 운이 나쁘다! 재수가 있다! 재수가 없다! 복을 받았다! 복이 나갔다! 등등. 모두 운으로 돌립니다. 크리스천들이 미신으로 여기는 점(占)이나 명리학 같은 방술들도 실은 그 운을 미리 알아보고자 하는 것이지요. 아무튼 믿거나말거나이지만 글자만으로 보자면 '運'은 방향성을 지니고 있습니다. 자신의 처지가 현재보다 나아지면 운이 좋은 거고, 나빠지면 운이 나쁜 거지요. 그러다 보니 여기에 사람의 의지가 개입될 여지가 살짝 엿보입니다. 본인이 노력하기에 따라 개선될 수도 있다는 거지요.

교회 예배실 의자는 대개 길쭉한 장의자 벤치 형태로서 여러 명이 앉게 됩니다. 이럴 때 어떤 분은 의자 중간으로 쑥 들어가 앉는가 하면, 또 어떤 분은 가운데를 비워 두고서 의자 끝에 앉습니다. 그러다가 점점 사람들이 들어차면 나중에 온 누군가가 의자 끝에 앉은 그분에게 안으로 좀 들어가든지 잠시 일어나 비켜 주든지를 부탁하게 됩니다. 결국 먼저 의자 끝에 앉은 분은 다시 움직여야 하는 불편함을 겪게 되고, 다른 사람으로 하여금 결례를 범하도록 하는 실례를 끼치게 됩니다. 이분들은 어차피 상황이 그렇게 전개될 줄 알면서도 처음부터 끝자리에 앉았던 거지요. 바로 이런 사소한 습관적 행동 하나로 그 사람이 주인장 마인드를 가졌는지, 아니면 하인적인 마인드를 가졌는지는 물론 운(運)의 방향성까지 대충은 짐작할 수 있습니다.

대형 강의실에서 강의를 하다 보면 사람들은 언제나처럼 뒤쪽에 앉으려 하지 맨 앞에서부터 앉는 경우가 드뭅니다. 맨 앞줄에 앉을 VIP가 없어도 비워두었으면 두었지 앉지를 않습니다. 주최측 안내자나 강사가 아무리 앞쪽부터 앉아 달라고 사정을 해도 서로 미루고 안 나옵니다. 뒷줄로 도망하듯 몰리는 건 얼핏 겸양의 의미로도 보이지만 실은 강사와 눈 마주치기가 두려운 겁니다. 특히나 의자만 있는 강당에서 맨 앞줄은 강사에게 전신이 개방되기 때문에 더욱 불편해합니다.

따라서 한국인으로서 리더가 되어 성공하는 법은 아주 쉽습니다. 바로 이럴 때 얼른 맨 앞자리에 앉는 겁니다. 약간의 용기가 운의 방향성을 좋은 쪽으로 잡아 주는 것이지요. 처음엔 조금 어색할 테지만 익숙해져 아무렇지도 않게 될 즈음엔 그는 이미 그 공동체에서 리더 혹은 차기 리더의 유력 후보가 되어 있을 것입니다. 교회에선 항상 맨 앞줄, 의자 중간부터 앉으십시오. 하나님은 당당하고 긍정적이고 적극적인 자녀를 크게 쓰십니다.

"눈 깔어!"

어른을 쳐다보면 불경죄? 한국인들은 대화를 할 적에도 여간해서 상대를 주시하지 못하는 것은 물론 회의를 할 때에도 상대, 즉 화자(話者)를 쳐다보지 않습니다. 청와대에서의 국무회의·수석보좌관회의는 말할 것도 없고 거의 모든 기관이나 기업의 회의 모습이 비슷비슷합니다. 높은 사람이 입을 열면 나머지는 일제히 고개 숙이고 받아 적지요. 감히 왕이나 주인님 앞에서 고개를 못 들고 허리까지 굽혀 고하거나 하명받던 봉건적 계급 문화, 이를 이어받은 일제 강점기 분위기, 미 군정시 사회상 및 톱다운식 군사정권과 천민자본주의 경향성에서 생긴 버릇일 터입니다. 우리에겐 너무나 익숙한 풍경이지만 선진문명 사회에선 참으로 괴기한 일로 여깁니다.

기실 메모를 하는 것도 그렇게 머리 처박고 하는 것이 아닙니다. 바른 자세로 고개를 바로 세우고 발언자에게로 상체를 틀어 상대의 눈을 주시하면서 종이를 보지 않고 한 손으로 요점을 메모하는 것이 정격입니다. 서너 번만 연습하면 메모지를 안 보고도 얼마든지 받아쓸 수 있습니다.

누군가가 말을 하면 상체(가슴, 마음)를 돌리고 그 사람의 눈을 바라보는 것이 기본이지요. 그걸 주목(注目), 영어로 어텐션(Attention)이라 합니다. 초등학생들도 다 아는 일입니다만 오히려 다 큰 한국의 성인들은 여간해서 지키지 못하고 있습니다. 경청이란 눈으로 듣는 것입니다. 공손하게 고개 숙이고 다소곳이 귀로 듣는 경청(敬聽)이 아니라 상대방을 향해 몸을 돌려 온몸으로 듣는 경청(傾聽)이 정격 매너입니다. 귀담아듣지 말고 눈담아들으라는 의미입니다.

각 나라 대선후보들의 TV 토론을 보면 그 나라의 품격 수준을 짐작할 수 있습니다. 미국이나 프랑스의 경우 사회자가 있을 때에만 한 테이블에서 진행할 뿐, 양 후보끼리 토론을 할 때에는 중간에 아무것도 없이 텅 빈 무대에서 무선 마이크 하나씩만 들고 논쟁을 벌입니다. 말 그대로 진검 승부, 맞장뜨는 것이지요. 그리고 서구 명사들의 TV 토론을 보면 대개 중간지대 테이블 없이 소파나 의자에 앉아 직대면, 바로 마주 보고 앉아 열띤 논쟁을 벌입니다. 그에 비해 한국의 대선후보들은 TV 토론을 할 때 반드시 사회자를 가운데 방호벽으로 '끼워'두고 따로 각자의 책상에 멀찍이 떨어져 앉아, 즉 '책상 뒤에 숨어서' 합니다. 게다가 원고는 물론 예상 질문 답변 자료 뭉치에 필기 도구까지 책상에 너절하게 펼쳐 놓습니다. 준비 전혀 안 된 지도자들의 공공연한 오픈북 커닝 시험인지 국가지도자 자격자들 간의 진짜 실력을 검증하는 자리인지 분별이 안 되는 기괴한 모습의 가짜 토론을 하지요.

또 한국의 강의나 토론은 거의 예외 없이 탁자를 놓고 의자에 앉아서 진행합니다. 의자만 놓고 하는 경우는 극히 드뭅니다. 이는 당당하게 자신을 펼쳐 보일 자신이 없기 때문입니다. 해서 무

단상에 앉았어도 발언자를 주목하지 않고 앞만 멍하니 바라보는 것은 발언자를 무시하는 무매너에 속합니다. ⓒ연합뉴스

단상 단하 할 것 없이 모두 발언자를 주목하는 것이 정격입니다. ⓒ연합뉴스

단상의 패널들도 일제히 발언자를 주목하는 것이 정격입니다. ⓒ엘리제궁

중간에 엄폐물 없이 청중들과 토론을 벌이는 블라디미르 푸틴 대통령. 자신 있는 지도자라면 이렇게 자기를 완전히 노출시켜 당당하게 직대면할 수 있어야 합니다. ⓒ크렘린궁

의식중에 탁자를 은폐물로 삼고 자신을 그뒤로 숨기는 것으로 자신없음을 내비치는 것입니다.

소통에 걸림돌이 되는 엄폐물 뒤로 숨는 행위나 리듬을 끊는 불필요한 일체의 자살골 동작은 글로벌 비즈니스 무대에선 절대 금물입니다. 상대로 하여금 오로지 자신의 눈을 주시토록 내 몸의 일체의 방해물을 제거해서 소통과 교감에만 집중하도록 해야 합니다. 설사 을(乙)의 처지에서 협상 테이블에 앉았다 해도 당당하게 고품격 비즈니스 매너로 열세를 극복해낼 수 있어야 합니다.

거의 대부분의 한국 여성들은 상담이나 토론을 할 때 가방이나 핸드백을 자신의 무릎 위에 올려놓습니다. 물론 짧은 스커트 때문에 드러난 부분을 가리기 위해서이기도 하겠지만 실은 그 가방이 책상과 같은 엄폐물 역할을 하기 때문이지요. 따라서 큰 가방이라면 옆 의자나 바닥에 내려놓고, 핸드백이라면 엉덩이 옆이나 뒤쪽에 쿠션삼아 놓고 상대와 당당하게 마주해야 합니다.

소통의 장애물은 과감하게 제거해야 합니다!

상대의 시선을 불필요하게 분산시키는 지나치게 화려한 넥타이나 브로치·블라우스·스카프 등 연예인을 흉내낸 듯한 튀는 복장과 온화한 앙상블을 깨뜨리는 색조의 핸드백이며 구두 등도 비즈니스 무대에선 삼가야 합니다. 대화에서 제3자인 물건(물격)이 아닌 내 눈(인격)에 상대의 시선을 잡아당기고 계속해서 도망치지 못하도록 꽉 붙잡아두는 게 CEO의 리더십이고 카리스마입니다! 새빨간 입술 화장 역시 금물입니다. 상대방의 시선을 자신의 눈이 아닌 입술로 유도하는 것으로 아마추어임을 자처하는 꼴입니다. 나이 많은 여성들이 입술을 빨갛게 칠하는 것은 그럼으로써 상대방이 자신의 눈 주위 주름을 보는 것을 방해하기 위함입니다.

그리고 많은 한국인들은 회의나 상담중 테이블 밑으로 두 팔을 내립니다만 서구인들은 이를 "더 이상 당신과 말하기 싫다!" "할 말 없으니 빨리 끝내자!"는 심리로 받아들입니다. 또 테이블 위에서도 두 손을 모으는 습관이 있는데 이 역시 나쁜 버릇입니다. 두 손을 엄폐물삼아 그 뒤로 숨는 것입니다. 해서 "졌으니 잘 좀 봐 달라!"고 애원하는 모양새가 됩니다. 그렇다고 팔꿈치를 탁자 위로 올리는 것은 호전적인 모드로 무례입니다. 두 팔을 모두 책상 위로 올려 상체를 기대는 듯한 자세를 취하면 체력적으로 지쳐 간다는 표시이기 때문에 협상 상대는 더욱 꼿꼿하게 강압적으로 나옵니다. 따라서 탁자든 식탁이든 어떤 테이블에서건 상대가 있을 적엔 두 손을 위로 올리되 손목 부위가 탁자의 가장자리에 살짝 걸치게 하고, 양 어깨를 11자 모양으로 나란히 벌려 상대에게 가슴(마음) 등 모든 것을 열어 놓고 당당하게 토론이나 협상에 임하여야 합니다.

속이 훤히 들여다보이는 협상 자세도 고쳐야 합니다!

많은 이들이 대담 중간중간에 쓸데없이 손으로 얼굴의 어느 부위를 어루만지는 경우가 더러 있는데, 이 역시 무매너로 쓸데없는 제스처입니다. 상대의 질문이나 요구에 대답할 자신이 없어

신경을 분산시키려는 무의식적인 동작들로 자살골이지요. 그리고 여성들은 고개를 흔들어 머릿결을 젖혀 넘기는 동작을 하는 경우가 많은데, 이 역시 아직 소녀 취향적인 어린 시절의 나쁜 버릇을 못 버린 성장장애나 발달장애, 아니면 모자란 얼치기 성인들의 전형적인 동작으로 오해받기 쉽습니다.

어쨌든 머리를 쓰다듬던 기름기 묻은 손으로 무심코 악수를 한다는 것 자체가 상대방에게 불쾌한 비위생적 혐오감을 유발시키는 것은 물론 '자기 제어가 전혀 안 되는 못 믿을 사람이로구나!' 하고 오해를 살 수 있으니 처음부터 아예 그런 버릇을 들이지 않도록, 즉 테이블 위에 손목을 투명 마스킹 테이프로 꽉 붙여 놓고 연습하는 게 냉혹한 비즈니스 현실에서 살아남는 길입니다.

그리고 협상이 난관에 부닥치거나 곤란한 상황에 처해지면 대부분의 한국 사람들은 입을 꽉 다물거나 입이 비뚤어질 정도로 입술에 힘을 주는데 이 역시 금물입니다. 이는 상대방으로 하여금 오히려 더 잔인하게 짓밟고 싶은 동물적 추격 본능을 유발시키는, 자기 페이스 상실의 어리석은 행동일 뿐입니다. 포커 페이스 기조 유지, 온화한 얼굴 표정 연기연출만 해야 합니다. 책상 밑에서 다리를 떠는 행위 역시 금물입니다.

그리고 한국인 중(특히 교수나 교수 출신 관료들)에는 회의중 둘째손가락이나 필기구를 들고 흔들면서 말을 하는 사람이 많은데, 이는 매우 무례한 매너에 속합니다. 서구인들은 이를 삿대질이나 공격적인 행위로 인식하기 때문에 심히 불쾌해합니다. 현란

한 손 제스처는 소통을 방해하기 때문에 가급적 자제해야 하며, 꼭 필요할 경우 한 손가락이 아닌 전체 손을 사용해야 합니다. 펜은 메모할 때에만 들었다가 마치면 바로 내려놓아야 합니다. 그리고 상대방이 말을 할 때 별로 중요한 내용이 아니어도 때때로 메모하는 시늉을 해서 대화에 성실하게 임하고 있음을 표현해 주는 것도 세련된 매너입니다.

곁눈질은 최악의 매너입니다!

테이블에서 옆사람과 대화를 나눌 때 한국인들은 곁눈질하거나 고개만 돌려 상대를 바라보는데 이는 최악의 무매너입니다. 반드시 상체를 틀어 최대한 정면(가슴)으로 바로 보고 대화해야 합니다.

그런가 하면 국제회의나 세미나에서 연단의 외국인 강연자들은 다른 강연자들이 발언할 때 모두 그를 주목하지만, 한국인 강연자들은 예외 없이 마네킹처럼 멍하니 앞만 바라보거나 고개 숙여 제 원고를 들여다보는 나쁜 버릇이 있습니다. 대개의 한국인들은 그게 왜 문제가 되는 일이냐고 항변합니다만, 이는 발언자를 무시하는 행위로 글로벌 문명권에선 매우 불쾌하게 여깁니다. 자기가 말을 하는데 상대가 딴청 피우는 걸 좋아할 사람 없지요. 그러니 반드시 상체를 틀어서 연사를 바라보고 경청하는 자세를 취해야 합니다. 정상회담 후 기자회견이나 공동선언문 발표 때도 마찬가지입니다. 심지어 걸어가면서 대화를 나눌 때에도 상대방을 향해 몸을 틀고 눈맞춤을 지속적으로 유지해야 합니다.

ⓒ백악관

발언자를 주목하는 것이 회의의 기본이지만 한국에서는 이런 광경을 보기가 쉽지 않습니다. ⓒ엘리제궁

다이애나(위)와 미들턴(아래)의 앞머리 스타일. 왠지 모르게 어두운 우수의 그림자를 드리우게 한 다이애나의 앞머리. 만약 앞머리를 걷어올렸더라면 그녀의 운명은 어찌되었을까요?
ⓒ연합뉴스

아무쪼록 회의나 상담을 할 때 상대방의 표정에 특히 주의를 기울여야 합니다. 상대방의 감정을 잘 이해하고 공감하고 있다는 사실을 때때로 알리는 것도 중요합니다.

마지막으로 회의 자세, 식사 테이블 매너 자세, 서서 연설하는 자세 모두의 공통 내공은 바른 자세와 열린 마음, 넓은 시야입니다. 주인 의식을 보유한 사회적 인격체로서 적극적인 소통을 가능케 하는 기본 코드이지요. 여기에 더하여 주제 발표자가, 토론자가 자기 순서를 마치고 제자리로 돌아올 때 그 동선에 오버랩되어 있는 사회자와 단상에 자리한 순서 참가자들은 일일이 일어나 밝은 얼굴로 악수와 덕담을 나누어야 해요. 상황에 따라 허그와 볼키스도 권장됩니다. 기본 매너이기도 하지만 회의장 전체 분위기를 고조시키는 부수 효과도 있답니다.

바른 강연 및 경청 자세를 위해 CEO 본인은 평소 어디에서든 당당하게 앞으로 나서는 훈련을 애써 해야 합니다. 그런 것이 바로 진정한 주인되기 연습입니다. 글로벌 본선 무대 리더십은 그런 사소한 습관에서부터 하나하나 길러지고 키워져 나가는 것임을 명심하고 있으면 어느 사이에 스스로 리더로서 커가고 있음을 느끼게 될 것입니다. 마치 소설 〈큰바위 얼굴〉의 주인공 어니스트처럼!

참고로 얼굴 성형은 물론 걸음걸이, 말하는 모양, 눈동자의 움직임, 옷매무새 하나에서도 사람의 운명이 바뀔 수 있습니다. 그렇게 가꾸면 그렇게 보이고 그렇게 행동하기 마련, 결국 그렇게 운(運)이 개선됩니다. 귀한 상을 지녔다고 해서 무조건 훌륭한 사람이 되는 것은 아닙니다. 타고난 좋은 인상과 뛰어난 자질을 갖추었음에도 불구하고 대수롭지 않은 고집이나 습관 하나 때문에 운이 제대로 풀리지 않는 경우가 허다합니다. 기업이나 사회나 국가도 마찬가지이지요.

소통의 장애물 중 가장 큰 것이 한국인들의 앞머리입니다.

사람의 얼굴 중 이마는 그 사람이 올라갈 수 있는 최고 운(運)의 높이를 결정합니다. 깻잎머리나 더벅머리로 멋낸다고 이마를 가리는 것은 제 스스로 운을 깎아내리는 어리석은 짓입니다. 모자를 푹 내려쓰고 자신(눈)을 숨기는 것 역시 상대방을 매우 불쾌하게 합니다. 세상을 향해 당당하게 나아갈 자신이 없기 때문이겠습니다. 이런 사람이 만약 앞머리를 걷어올려 이마를 훤히 드러내면 매사가 잘 풀리는가 하면, 예기치 않은 행운을 거머쥐기도 합니다. 거울 효과 때문에 수동적이고 부정적인 성격도 차츰 능동적이고 긍정적으로 변하게 됩니다. 사람들이 대머리를 고민하지만 그로 인해 자신 있어 보이는 것만은 분명합니다. 조선말 개혁은 단발령(斷髮令)으로 시작했고, 새마을운동은 지붕 개량과 장발 단속에서부터 시작되었습니다. 선진 사회로 발돋움하려면 개개인이 앞머리부터 걷어올려야 합니다.

매너는 운(運)의 방향성을 잡아 주는 훌륭한 도구입니다. 매너가 좋으면 당연히 운도 좋아집니다.

10 '겉옷을 두른 후에 바다로 뛰어내리더라'

여자가 그 나무를 본즉 먹음직도 하고 보암직도 하고 지혜롭게 할 만큼 탐스럽기도 한 나무인지라. 여자가 그 열매를 따먹고 자기와 함께 있는 남편에게도 주매 그도 먹은지라. 이에 그들의 눈이 밝아져 자기들이 벗은 줄을 알고 무화과나무 잎을 엮어 치마로 삼았더라.

(창세기, 3:6-7)

만물 가운데 오직 인간만이 옷을 입습니다. 부끄러움을 알기 때문이지요. 하여 태초에 하나님이 아담과 이브를 에덴의 동쪽으로 내치실 때 손수 옷을 지어 입히셨습니다. 옷은 하나님의 마음입니다. 옷을 입는다는 건 하나님의 자녀임을 나타내는 것으로 거룩하고 은혜받는 일입니다. 옷은 매너의 시작입니다.

1960년대, 충북 영동 읍내에 미국인 선교사 부부가 세운 작은 교회가 있었습니다. 한데 딸아이가 학교에 갈 때가 되었는데 달리 보낼 곳이 없어 교회에다 초등학교를 차렸습니다. 어머니가 교장이고, 학생은 단 한 명뿐인 학교였지요. 그러자 동네 어른들과 유지들이 미국 서당은 도대체 어떻게 가르치는지 궁금해서 견학을 하기 위해 교실 뒤쪽에 앉았습니다. 그렇게 처음 일주일 동안은 종일토록 혼자 머리 빗는 법을 가르치고, 다음 일주일은 혼자서 갖가지 옷을 입고 벗고 개키는 법을 가르친 뒤, 셋째 주부터야 비로소 알파벳을 가르치더라는 겁니다. 해서 모두들 "역시!"라면서 고개를 끄덕였다고 합니다.

우리나라에도 세운 지 1백 년이 넘은 교회와 성당들이 꽤 많습니다. 당시 선교사들이 성도들과 함께 찍은 흑백의 기념사진을 보면, 건물은 누추하고 보잘것없지만 어른 아이 할 것 없이 모두다 차림새가 참 정갈하고 자세 또한 점잖기 이를 데 없습니다.

예수의 사랑하시는 그 제자가 베드로에게 이르되 주님이시라 하니, 시몬 베드로가 벗고 있다가 주님이라 하는 말을 듣고 겉옷을 두른 후에 바다로 뛰어내리더라.

(요한복음, 21:7)

베드로가 고기를 잡고 있을 때 부활하신 예수께서 오셨습니다. 그러자 베드로가 벗어두었던 겉옷을 입고 물속으로 뛰어들어 예수에게로 건너갔다는 이야기입니다. 이 부분에 대해 대부분의 사람들은 약간 의아해하면서도 깊이 생각지 않고 그냥 넘겨 버립니다. '아니, 물로 뛰어들려면 입었던 옷도 벗을 일인데, 왜 도로 걸쳐입었을까?'

주일 예배하러 가는 사람들을 보면 복장이 말이 아닌 경우가 많습니다. 반바지·반팔·등산복·추리닝·패딩 바람으로 교회에 가는 민망한 이들도 있습니다. 복장도 제대로 갖추지 않고 하나님을 뵈러 오다니…? 동방예의지국 백성이 맞나? 예배당은 성소이기 전에 공공 공간입니다. 최대한 갖춰입되 단정해야 하고, 아웃도어는 로비에서 벗어드는 것이 예의입니다. 그런가 하면 짙은 화장에 요란하게 치장을 해서 예배하러 가는지 사교장에 가는지 구분이 안 되는 이들도 간혹 있습니다.

그리고 요즘 우리나라 초중고등학교 교사들의 복장이 가관입니다. 특히 남자 교사들은 더 심해서 외관만 보고는 도무지 교사라고는 믿기지 않을 정도로 험악합니다. 당연히 서고 걷고 앉고 말하는 자세도 복장 수준과 다르지 않습니다. 그런 몰골로 과연 학생들의 존경을 받을 수 있을까, 교사로서의 태도적 가치에 대해 한번쯤 진지하게 생각이나 해보았을까 하는 의구심이 듭니다. 그러면서도 학생들에겐 교복을 강요하고 있습니다.

외국에서 정장을 하지 않으면 오페라 극장이나 고급 레스토랑에 못 들어간다는 것쯤은 모르는 사람이 없을 테지만, 실제 그런 일을 겪은 한국인도 적지않을 겁니다. 외국 영화에서 파티에 입고 갈 옷을 두고 야단법석을 피우는 장면도 흔하지요. 하지만 요즘의 한국인들은 정장의 의미도 모를뿐더러 인식조차 없는 것 같습니다. 자유 복장이 마치 자유인임을 나타내는 줄로 착각하고 있는 듯합니다.

정장을 차려입고 에티켓을 지키며 고품격 매너를 갖추는 것을 지레 자신에 대한 구속이나 허세로 여기는 것은 오해입니다. 아무렇게나 차려입고 흐물흐물 행동하며 예술하는 사람이니까, 글 쓰는 사람이니까, 운동하는 사람이니까, 투쟁하는 사람이니까, 노동자이니까, 무직자이니까… 핑계대는 저변엔 나태함과 자유인인 양하는 촌티가 깔려 있다 하겠습니다. 예술이나 문학이 귀하다 한들 아무려면 인격에 비할 수야 있겠습니까?

한국의 정치인들은 시도때도없이 현충원을 찾는데, 그럴 때마다 우르르 따라온 들러리들 중에는 노타이에다 반팔, 유색 양복, 점퍼나 패딩 오버를 걸친 사람들이 꼭 빠지지 않습니다. 준비가 안 됐으면 추모 대열에서 빠지는 게 예의이거늘 부끄러운 줄도 모르고 뻔뻔하게 끼어들어 사진 못 쓰게 만들어 놓습니다. 그런 무개념 부하들을 데리고 다니는 인사도 한심하기는 마찬가지입니다.

신사복은 검정색이 기본입니다. 해서 공적인 행사에 참여하거나 공공의 공간에서 일을 하는 이들은 하나같이 검은 정장을 입습니다. 품격 있는 파티나 시상식에 참석하는 여성들 역시 검정색 드레스를 입습니다. 아직도 자국 고유의 전통적 복장을 고수하는 국가나 민족들이 있지만, 선진국을 비롯한 지구상 대부분의 나라가 이런 현대화된 신사 숙녀 복장을 정장의 기준으로 삼고 있습니다.

고전적인 해석을 하자면 검은색은 결코 긍정적이고 호의적인 색이 아닙니다. 오히려 그 반대로 불길, 불행한 색이지요. 죽음의 색이기도 해서 심지어 한국과 같은 일부 민족은 전통적으로 검은

색으로 옷을 해입은 적이 없습니다. 검은색은 가장 천하고 낮은 색입니다. 해서 가장 낮은 계층이 입던 옷색이었지요. 그럼에도 불구하고 현대의 신사복, 정장은 왜 검은색일까요? 그야 신사복이 서양에서 시작되었으니 당연히 성경에서 그 실마리를 찾는 게 가장 빠르겠습니다.

성경의 가르침에 따라 '자신을 낮추는' 의미로 검은색 옷을 입었습니다. 하여 스스로 낮은 데로 임한 수도사들이 검은색 옷을 입었었지요. 이는 계몽주의·민주주의 시대를 맞아 공공의 개념이 생기면서 공직자·집사·변호사 등등 시민이나 주인, 고객을 받드는 일을 하는 사람들부터 검은색 정장을 하게 되면서 지금은 오히려 권위를 나타내는 색이 되었습니다. 레스토랑 웨이터나 공직자는 물론 국가수반까지 똑같이 검은색 정장을 하는 것이 실용성도 고려했겠지만 그보다 봉사의 의미가 먼저일 것입니다.

우리나라 여성 관료나 여성 정치인들은 하나같이 공인으로서의 정장 개념이 전무한 어글리 패션입니다. 모두들 제멋에 겨워 국적 불명, 의미 불명, 소통 불가, 연예인 흉내내기 등의 튀는 패션입니다. 이런 변화무쌍한 빛깔의 옷을 입는 건 자칫 '신뢰' 내지는 '일관성'의 이미지를 해칠 수도 있습니다. 한국의 패션 산업은 한국을 대표하는 여성들이 다 망치고 있다 해도 과언이 아닐 정도입니다. 특히 여성 대통령이나 영부인들이 외교 무대에서 어글리 패션으로 본인은 물론 국가 망신까지 자초할 때가 많습니다.

2018년 11월초, 영부인 김정숙 여사가 도종환 문화체육관광부장관을 대동하고 인도를 방문하였습니다. 가야국의 전설인 아유타국의 공주 허황후 기념공원 착공식에 참석하기 위해서였습니다. 나렌드라 모디 총리가 역사적 사실과는 거리가 한참 먼 소재를 가지고 자기 지역구 내의 아요디아라는 한 마을을 허황후의 고향이라고 만드는 공원입니다. 아요디아가 곧 아유타였다고 허무맹랑하게 우긴 것이지요. 부지를 제공하고 건설비를 한국에서 뜯어내고, 한국인 관광객을 유치하려는 장삿속이지요. 아무튼 성대한 잔치를 하고 왔는데 아차, 김정숙 여사가 초대형 사고를 치고 말았습니다.

람 나트 코빈드 대통령의 부인 초청 오찬에 참석한 자리에서 김정숙 여사가 자신이 입고 있는 블라우스 자랑을 했습니다. "지난번에 주신 사리로 블라우스를 만들어서 잘 입고 있다"라고. 김 여사는 그해 7월 문재인 대통령과 함께 국빈 방문했을 때 인도 대통령 부인으로부터 인도의 전통 복식인 사리를 선물받았는데, 바로 그 사리를 잘라 블라우스로 만들어 입은 겁니다. 선물로 받은 한국의 전통 장옷이나 조각보를 잘라 쇼핑백 만든 것과 같은 꼴이라 하겠습니다. 그게 선물을 준 영부인에게나 인도 문화에 대한 엄청난 모욕인 줄도 모르고 당사자 앞에서 자랑을 했으니 기가 막힐 일이지요.

인도의 전통 여성 겉옷인 '사리'는 힌두교의 전통성이 강한 의상으로 순결을 상징하며 신성하게 여깁니다. 한국의 옛 아기 기저귀처럼 무명베를 토막토막 잘라 만든 게 아니고, 처음부터 직사

각형으로 만들어진 옷으로 온전성의 의미도 가지고 있지요. 해서 사리를 자르는 걸 터부시합니다. 그 사리를 잘라서 블라우스로 만들어 입다니? 그것도 일국의 대통령 부인이? 너무 어이가 없는지 인도측에서는 아무 말도 하지 않았습니다. 어차피 돈 뜯어내려고 초청한 것이니 참고 넘어가지만 속으로 한국을 어찌 여길지는 불을 보듯 빤한 일입니다. 청와대에서는 이런 사실을 언론에 홍보 자료로 내보냈습니다. 그리고 언론에서는 아무 비판 없이 그대로 실었습니다. 그들도 그걸 국위 선양 외교 내조 에피소드로 여긴 것이지요.

람 나트 코빈드 인도 대통령 부인과 대담하는 김정숙 여사. 상대방과 눈맞춤도 못하고, 혼자서 허공에다 설파하고 있습니다. 감히 상대방 쪽으로 다가앉지 못하고 엉덩이를 뒤로 물려앉았습니다. 상류층 귀부인답지 못한 블라우스 차림도 한심하지만, 인도에서는 여성이 맨살 다리를 드러내는 것을 매우 천박하게 여깁니다. ⓒ청와대

자기 품격은 자기가 갖추는 것이지 누가 챙겨 주는 것이 아닙니다. 스스로가 자신을 존중하지 않으면서 남으로부터 존중받으려는 건 난센스입니다. 한국에선 그런 걸 갑질이라 하지요. 그런 사람이 남을 제대로 존중할 줄은 알겠습니까? 배려가 뭔지 알기는 할까요? 남을 함부로 대하는 사람을 무례하다고 욕하지만, 자기를 함부로 다루는 사람을 우리는 천박하다며 비웃습니다. 정장을 포기하는 건 스스로의 존엄을 포기하는 것과 같습니다. 정장은 가장 기초적인 자기 존중이자 상대에 대한 배려입니다. 정장이 제2의 피부처럼 익숙하게 되면 비로소 옷에 의한 몸 전체 포스

백악관을 방문한 어린이의 넥타이를 고쳐매어 주고 있는 버락 오바마 미국 대통령. 쑥대풀도 대나무숲에서는 곧게 자란다고 했습니다. 이렇게 온전한 인격체로서 대우받음은 아이를 훌륭한 성인으로 자라게 하는 더없이 소중한 경험이 됩니다. 어른스러운 경험이 그 아이로 하여금 어른스런 자부심으로 성장하게 만듭니다. ⓒ백악관

가 가능해지고, 소통의 리더십이 날개를 달게 됩니다.

그리스도 예수 안에 있는 성도에게 각각 문안하라. 나와 함께 있는 형제들이 너희에게 문안하고, 모든 성도들이 너희에게 문안하되 특히 가이사의 집 사람들 중 몇이니라.

(빌립보서, 4:21-22)

단순히 찾아보는 것을 두고 문안이라 하지 않았을 겁니다. 특히 가이사의 집 사람들이라면 더욱 그렇지요. 제대로 차려입고 예를 갖추어 교제하며 소통했겠지요.

고품격 가풍을 가진 집안들을 보면 대부분 잘삽니다. 설사 가세가 기울어 어려움에 처해도 쉽게 포기하거나 타락하지 않고, 빠르게 회복하는 힘을 지니고 있지요. 그러니 비록 사소한 것이라 할지라도 남다른, 남보다 우월할 수 있는, 자기 존엄성을 확보할 수 있는 매너를 배워 가정의 품격을 갖추는 것, 그런 게 지혜입니다.

외국 영화에서 주일에 교회에 가기 위해 온 가족, 심지어 어린아이들까지 깨끗한 정장을 하는 것을 볼 수 있습니다. 예전엔 우리가 헐벗고 못살았습니다. 하지만 지금은 선진국 문턱에 올라서고 있습니다. 성전만 크고 멋있게 지을 일이 아니지요. 하나님이 보우하사 지금 이렇게 잘살게 되었음을 감사하고 자랑하기 위해서라도 이왕 제대로 차려입고 찬양하고 기도하면 하나님이 더 기뻐하시지 않겠습니까?

"지불할 수 있는 한도에서 값비싼 의복을 차려입되 유별난 디자인을 피하고, 고급스럽게 보이되 번지르하게 꾸미지 마라. 의복은 보통 그 사람의 품격을 말해 주기 때문이다." 셰익스피어의 〈햄릿〉에 나오는 말입니다.

정장은 온전한 인격체임의 명시적 표현입니다. 게다가 복장은 말버릇과 함께 운(運)의 방향성에 가장 큰 영향을 끼칩니다. 천하게 입으면 진짜 천해지고, 가난한 척하면 진짜 가난해집니다. 귀하게 입으면 결국 귀하게 됩니다. 옷은 무조건 제대로 갖추고 잘 입어야 합니다

11 반바지는 쉽게 식별되도록 한 미성년자 표시!

내가 어렸을 때에는 말하는 것이 어린아이와 같고, 깨닫는 것이 어린아이와 같고, 생각하는 것이 어린아이와 같다가 장성한 사람이 되어서는 어린아이의 일을 버렸노라.

(고린도전서, 13:11)

요즈음 우리나라 대기업은 물론 관공서까지 나서서 여름이면 직원들이 반바지 차림으로 근무하도록 권장하고 있습니다. 그런 걸 마치 인권 존중인 줄 알고 있습니다. 하지만 부서나 직무에 관계 없이 무작정 반팔 · 반바지 자유복 차림은 난센스입니다.

한국인들은 이 반바지에 대한 개념이 명확치 않습니다. 하여 여름이면 아파트 엘리베이터나 지하철 같은 곳에서 반바지를 입은 어른들을 쉽게 볼 수 있습니다. 시커먼 다리털을 그대로 드러낸 남성이 여승객 사이에 앉아 있는 모습은 영 민망스럽기 짝이 없습니다. 설마 그런 차림으로 예배당에 가지는 않겠지요?

2014년에 작고한 남아공의 넬슨 만델라는, 그가 감옥에 있는 동안 가장 모멸스러웠던 건 반바지를 입도록 강요당한 일이었노라고 회고한 적이 있습니다. 서구 사회에서 반바지는 미성년, 즉

ⓒ클레런스하우스

반바지, 반치마는 성인의 보호가 필요한 미성년자임의 표시입니다. ⓒ연합뉴스

성인의 보호와 통제가 필요한 어린이임을 명시적으로 나타내기 위한 것이라는 분명한 인식을 가지고 있기 때문이지요. 하여 서구의 어린이들은 언제 긴바지를 입는 날이 오나 하고 기다립니다.

물론 성인이라 해도 피서지나 자신의 집 안에서 반바지를 입는 것에 대해서는 누가 뭐라 하지 않습니다. 허나 그외의 공공 장소에서는 절대 삼가야 합니다. 굳이 반바지를 입겠다면 반드시 긴스타킹으로 종아리의 맨살과 털을 가리는 것이 예의입니다. 영화에 나오는 중동이나 아프리카에 근무하는 영국군처럼 말입니다. 어린이라 해도 그게 정격입니다.

따라서 아무리 날씨가 덥더라도 공적인 행사나 비즈니스 자리에선 반팔 티셔츠, 반팔 와이셔츠, 반바지 차림은 금물입니다. 또 미성년이라 해도 공식적인 행사에 참석할 땐 반드시 성인에 준하는 정장을 갖춰입는 것이 바른 매너입니다. 공식적인 자리, 즉 공공 영역이란 성숙된 사회적 인격체들만의 자리이기 때문이지요. 해서 열대 지방에서도 공식적인 행사에는 항상 정장 차림입니다.

굳이 반바지가 아니어도 요즘 기업들에선 자유복을 많이 입고 다닙니다. 허나 자유복에도 최소한 갖출 것은 갖춰야 합니다. 후줄근한 바지에 티셔츠만 입고 출퇴근하는 건 정말 꼴불견이지요. 자신만의 사무실이나 연구실·창고·공장에선 그렇게 편한 복장으로 일한다손 치더라도 일단 그곳을 벗어나 외부로 나갈 때에는 반드시 겉옷을 걸쳐야 합니다. 출퇴근 때에도 마찬가지입니

다. 직각식사와 마찬가지로 반바지 역시 인권의 문제가 아니라
인격의 문제입니다.

12 추리닝은 인격이 아니라 동물격!

제사장의 의복은 거룩하므로 제사장이 성소에 들어갔다가 나올 때에 바로 바깥뜰로 가지 못하고, 수종드는 그 의복을 그 방에 두고 다른 옷을 입고 백성의 뜰로 나갈 것이니라 하더라.

(에스겔, 42:14)

그런가 하면 요즘도 한국의 동네 골목에선 추리닝 바람에 슬리퍼 끌고 다니는 사람들을 이따금 볼 수가 있습니다. 한국인 대부분이 그렇듯 스포츠 선수들도 정장에 대한 개념이 없습니다. 그 정장 한 벌 없어서 국격은 고사하고 선수 자신들의 값어치가 얼마나 디스카운트당하는지, 연봉 외에 마땅히 따라와야 할 알파(부가가치)를 다 놓치고 있음을 알지 못합니다.

제2차 세계대전 때 연합군 승리를 견인했던 미국의 조지 패턴 장군은 자신의 부대 모든 장교들에게 넥타이를 매고 각반을 차도록 했습니다. 축구감독 거스 히딩크는 영국의 호화군단 첼시팀을 맡았을 때, 전 선수들에게 정통 아르마니 정장을 입을 것을 강요하고 넥타이를 느슨하게 매면 100파운드 벌금을 물렸습니다. 정장을 해야 정신이 무장되어 그 소임과 각오, 역량 발휘 등의 리더십이 생긴다는 소신이 있었기 때문입니다.

스포츠 선수니까 추리닝 차림이 당연한 것 아닌가요? 운동이 직업인데 굳이 정장을 입어야 할 필요가 있을까요?

기실 운동 그 자체는 동물격입니다. 인간이 문명화하면서 차츰 망각 내지는 퇴화하고 있는 인간의 동물적 야성을 되살리는 행위에 다름 아닙니다. 해서 여기에 이왕 절제미 · 규율미 · 우아미 등 미학적 · 도덕적 · 오락적 요소를 가미시켜 상품화한 것이 오늘날의 스포츠입니다. 난 운동선수니까 매너니 품격이니 하는 거추장스런 것은 배운 적도 없고, 또 필요도 없다? 해서 그냥 막입고 다녀도 된다는 발상은 말 그대로 스스로 인격체임을 포기하는 소치입니다. 선수이기 이전에 한 인격체입니다. 올림픽 금메달 목에 건다고 인격(人格)이 금격(金格)이 되는 것 아니지요. 아무 데나 추리닝이나 러닝셔츠 바람으로 돌아다니는 게 운동선수의 특권이 아닙니다. 그건 우리 밖을 어슬렁거리는 짐승의 격입니다. 그러니 운동장을 벗어나면 즉각 인격으로 되돌아와야 하는데 그걸 복장으로 표현해내는 겁니다.

노예에겐 노동에 필요한 최소한의 옷만 입힙니다. 노예는 격(格)이 필요 없기 때문에 그들의 옷에는 장식이란 것이 없습니다. 신사는 지닐 것이 많아 주머니가 여러 개 달린 옷을 입지만, 노예는 제 것이 없고 지녀서도 안 되기에 옷에 주머니가 없습니다. 서구 상류층들이 온몸으로 겨루는 운동을 생리적으로 싫어하는 이유도 그 운동복이 노예복과 다를 바 없기 때문입니다.

예로부터 스포츠는 신사들의 오락이었지요. 신사가 되기 위해선 반드시 수영·댄스·승마·사격·사냥·스키 등의 스포츠를 익혀야 했습니다. 이는 지금도 마찬가지로 스포츠맨십은 신사의 태도와 품격, 즉 신사도에 다름 아닙니다. 정장, 그러니까 신사복은 자신이 신사임을 밖으로 표현해내는 가장 현실적인 도구입니다. 따라서 비즈니스 자리나 공식적인 자리에선 반드시 정장차림이어야 합니다. 연습이나 시합이 끝나고 각종 회식이나 리셉션과 같은 모임에선 더더욱 멋진 정장으로 자신의 태도를 분명하게 드러내어 부가가치를 높여 나가야 합니다. 그래야 현역 이후의 삶의 길이 열립니다.

아무렴 금메달은 상류 사회로 들어설 수 있는 훌륭한 도구 중의 하나입니다. 한데 기껏 챔피언이 되고도 매너가 안 되면? 정상은 날아오르는 곳이지 지키는 곳이 아닙니다. 날아오르지 못하고 머뭇거리다간 바로 추락입니다. 결국 신사가 되지 못하고 운동장 주변 허드렛일로 남은 생을 사는 수밖에 없습니다. 정장의 기피는 자신의 미래를 스스로 포기하는 것입니다. 옷이 날개라고 하지요. 옷이 사람을 만든다는 말은 지극히 맞는 말입니다. 매너는 스포츠맨십의 발현입니다.

오래전에 이 땅에 복음을 전하러 왔던 서양 선교사들은 하나같이 정장을 입었습니다. 요즘은 한국 교회에서도 해외선교 참 많이 합니다. 그럴 때 선교사는 물론 잠시 봉사하러 가는 청년들도 제대로 된 정장 한 벌은 가지고 가야겠습니다. 공식적인 행사에 참여할 수도 있고, 현지 가정에 초대받거나 혹 귀인과 함께 식사할 기회라도 주어질지 모르니까요. 백 번 들고 다니다 한 번 오는 그런 기회에 자신의 품격을 증명할 수 있다면 인생이 완전히 바뀌는 행운을 잡을 수도 있습니다. 정품격 글로벌 매너까지 갖췄다면 그 나라 상류층과도 교제해서 친구가 되는 건 그리 어렵지 않습니다. 정장은 매너입니다.

13 글로벌 비즈니스 무대에서 식사 테이블은 전쟁터!

잔치는 희락을 위하여 베푸는 것이요, 포도주는 생명을 기쁘게 하는 것이나, 돈은 범사에 이용되느니라.

(전도서, 10:19)

글로벌 매너 기본기 부재는 물론 '요리들로 전하는 마음 중심 메시지 전달 소통 대화법'에 대한 개념 자체가 없는 한국인들이 너무 많습니다. 글로벌 무대에선 상대방을 서류상으로, 또 오피스 회의실 대담에서뿐 아니라 반드시 비즈니스 식사 자리라는 창(윈도우)을 통해 상대방의 비즈니스 기량과 규모 큰 사안의 감당 능력을 더블 체크, 트리플 체크합니다. 그것도 철저히 상업적으로! 이는 글로벌 비즈니스계에선 기본적인 일입니다.

디너 파티에서 호스트를 해보지 않은 사람은 진정한 리더십이 뭔지 모릅니다. 외국 생활 좀 경험했다 해도 스탠딩 리셉션, 즉 스탠딩 뷔페만이 식사접대 경험의 대부분이지요. 우아한 조명의 정규 레스토랑에서 손님 초대해 웨이터들을 부려 가며(?) 장시간 흥겨운 와인 디너를 꾸려 나가 본 적이 없는 사람은 테이블 소통이 사실 원천적으로 불가능합니다. 당연히 그게 얼마나 어렵고 중요한지를 알 턱이 없지요. 글로벌 무대에선 정품격 주인장 매너만이 살아남습니다.

고작 식사가 뭐 그리 까다로울 필요 있냐? 그냥 편하게 우리 식으로 배부르게 잘 먹었으면 됐지? 남의 나라 매너를 모르는 게 당연하지! 그게 왜 부끄러운 일이냐고 항변할 수도 있지만 그건 막살아 온 사람들의 생각이자 변명일 뿐입니다. 우리가 응대해야 할 만한 사람들의 수준이 그리 만만하지 않습니다. 서양인들은 식탁과 회의탁자, 즉 테이블에서 남들과 소통하는 데서부터 리더십을 길러 왔습니다. 상대방의 품격을 가늠하고 그에 따른 기분을 맞춰 줄 줄 알아야 기본적으로 협상 파트너의 장단점을 분석하여 환대하고, 대처하는 능력을 지녔다고 보기 때문입니다. 게다가 같은 목표를 두고 글로벌 매너로 무장을 한 다른 나라, 다른 경쟁업체들이 우글거립니다. 글로벌 비즈니스 무대에서 테이블 매너는 가장 치열한 경쟁 도구입니다. 사소한 것과 시시한 것은 다릅니다. 매너는 디테일입니다.

글로벌 정격 매너로 접대할 능력, 상대에 따른 맞춤형 접대를 치밀하게 코디할 능력을 갖춘 한국인이 과연 몇이나 될까요? 대통령, 장관, 공관장, 기업 오너, CEO 등 대부분의 한국 고위인사들은 접대란 그저 아랫사람들의 일로 치부하고 있습니다. 본인도 뭐가 뭔지도 모르는데 아랫사람이 알아서 한다는 건 어불성설이지요. 식탁 하나 장악 못하는 사람이 기업이나 국가를 경영한다는 건 선진문명 사회에선 상상도 못할 일입니다. 다시 강조하지만 식탁에서 자신의 글로벌 소통 능력과 리더십을 증명해내지 못하면 글로벌 비즈니스 무대에서 바로 탈락입니다.

한국 기업들도 관공서 관리 접대에는 온 힘을 기울여 치밀한 계획을 짭니다. 한데 허구한 날 대접만 받아 본, 얻어먹기 습관이 몸에 밴 그 관료들은 정작 남을 대접하는 데에는 무지하기 짝이 없습니다. 해서 실컷 대접해 주고도 무시당하는 일이 다반사입니다. 아무렴 그렇다고 그 손님들이 그 자리에서 언짢거나 멸시하는 표정을 지을 리는 만무하지요. 그러니 불쌍하게도 자신이 정작 뭘 실수했는지도 모르고 그저 조건이 안 맞아서 일이 성사되지 못한 걸로 지레짐작할 뿐입니다. 그리고 해외에서 근무하는 공관이나 지사 직원들의 한결같은 고충은 한국에서 온 높은 사람들이 한국 식당과 한국식 의전, 매너를 고집한다는 겁니다. 그들은 글로벌 매너를 대범하지 못하거나 또는 까탈스런 성격 소유자의 위선, 심지어 애국심 부족으로 치부하려는 경향까지 있습니다.

불과 얼마 전까지만 해도 한국의 해외 공관들은 자체적으로 수시 파티를 열 만한 여유가 없었습니다. 그러니 부유한 나라 공관에서 열리는 파티에 초대되어 대개 얻어만 먹었다고 해도 과언이 아니지요. 지나친 비하라고 나무라겠지만 엄연한 사실입니다. 지금도 상당수 중진국 이하의 나라에선 자체적으로 규모 있는 파티를 열지 못합니다.

한국은 이제 일본·중국과 함께 자체적으로 자유롭게 파티를 열 만큼 여유로운 나라가 되었습니다. 그럼에도 지난 수십 년 동안 얻어먹던 버릇이 남아 공관장 및 중간간부들조차 오찬이나 만찬 메뉴 하나 제대로 코디할 줄 모릅니다. 그러니 정품격 '호스트 서브드 디너'는 꿈도 꾸지 못할 일이지요. 게다가 대부분 글로벌 비즈니스 실전 무대에서 호스트로서의 경험이 전무한 서비스업 종사자 출신 강사들로부터 배운 탓에 기껏 호스트가 되고서도 망신을 자초하는 경우가 대부분입니다. 일본만 하더라도 주요국 대사관엔 본국에서 훈련받은 뛰어난 요리사를 파견하고 있습니다.

참고로 거의 대부분의 한국인들은 해외 비즈니스 파트너를 대접한답시고 자신도 가보지 못한 유명 식당으로 데려가는데 이는 손님에 대한 큰 무례입니다. 따라서 그 음식점에 대해 잘 모르면 사전에 답사해서 메뉴 전체, 접시 분량(몇 인분)을 반드시 체크해야 합니다. 직접 못 가면 팩스로 견적을 보내 달래서 협의를 해야 합니다. "자기도 잘 모르는 식당에 날 데려오다니!" 그런 사전 노력 없이 현장에서 우왕좌왕하는 것은 손님에 대한 모독입니다. 밥값만 내면 된다는 나이브한 생각으로는 기껏 돈 쓰고 욕먹는 어리석은 짓입니다. 그러니 이왕이면 자신이 평소 잘 아는 레스토랑으로 정하는 것이 좋습니다. 호스트가 그 식당 종업원들을 얼마나 잘 매니지먼트하고 있고, 또 존경받고 있는지는 비즈니스 카운터파트에겐 매우 중요한 체크 사항이기 때문입니다.

2014년 동계올림픽 개최지로 러시아의 소치와 한국의 평창이 치열하게 유치 경쟁을 벌일 때, 노무현 대통령이 자크 로케 IOC

냅킨 하나로 예견할 수 있었던 평창의 미래! 테이블 매너를 아는 이들은 이 사진을 보고 '어이쿠, 저런!' 하고 혀를 찼겠습니다만, 한국인이나 한국 언론에선 아무도 이 기막힌 초대형 사고를 눈치채지 못하였습니다. ⓒ청와대

위원장을 청와대로 초청해서 식사하며 한국을 지원해 줄 것을 부탁하였습니다. 평창의 두번째 도전이었지요. 그런데 그 식사 장면이 언론에 공개되었던 바, 사진을 보면 자크 로케 위원장의 인상이 매우 떨떠름해 보입니다. 노무현 대통령이 이야기하고 있는 모습을 지켜보며 한심해하는 듯한 표정이지요.

　첫요리가 나오기도 전에 냅킨을 뭉개어 접어 버린 노무현 대통령! 그에 비해 자크 로케 위원장의 냅킨은 아직 그대로 세워져 있습니다. 바로 이 장면 하나가 완전히 식사(비즈니스)를 망쳐 놓은 것이지요. 서양의 어떤 신사도 이런 상황에서 모욕감을 느끼지 않을 수 없기 때문입니다. 서양인들은 음식이 나오기 전에 냅킨을 이처럼 구기는 것은 '당신과는 식사하고 싶지 않다'는 의미로 받아들입니다. 신사 중의 신사, 글로벌 최상급 신사 중의 한 사람인 IOC 위원장이 이런 모욕적인 식사를 평생 잊을 수 있을까요? 하나를 보면 열을 안다고 했습니다. 뒤이어 진행될 건배 등 테이블 매너도 어땠을지는 충분히 짐작하고도 남습니다.

그 결과 2007년 7월 4일 과테말라 수도 과테말라시티에서 열린 IOC 총회에 노무현 대통령을 비롯해 이건희 삼성그룹 회장 등 많은 대기업 오너들까지 대거 나서 총력전을 펼쳤지만 근소한 차이로 러시아 소치에 빼앗겨 다시 4년 뒤를 기약하여야 했습니다.

어찌 이뿐이겠습니까? 노무현 대통령은 악수, 건배, 정상회담 자세 등 국가수반으로 전 세계를 다니며 이런 엉터리 매너로 어이없는 실수와 저품격 사진을 수없이 남겼습니다. 다른 대통령들도 정도의 차이는 있을망정 하나같이 글로벌 매너 내공이 완전 낙제점이었습니다. 특히 문민정권 이후부터는 모든 대통령의 글로벌 매너가 갈수록 형편없어져 무참할 정도입니다. 대통령의 무매너는 곧장 메이드인코리아 디스카운트로 이어집니다. 나아가 대한민국 국민 한 명 한 명이 도매금으로 어글리 코리안 이미지를 뒤집어쓰게 되어 국제 무대에서 온전한 대접을 받지 못하고 있습니다.

식당은 공공 영역입니다. 따라서 철저히 공인으로 행세해야 합니다. 공공 영역에서의 무례나 실수는 쿠데타, 즉 사회적 반역 행위로 찍히고 맙니다. 그리고 그곳은 아군과 적이 우글대는 전쟁터로 누군가가 자신의 식사 매너를 관찰하고 있다는 생각을 잊어서는 안 됩니다.

14 글로벌 출세의 시작과 끝,
모든 것은 식탁에서!

좁은 문으로 들어가기를 힘쓰라. 내가 너희에게 이르노니 들어
가기를 구하여도 못하는 자가 많으리라.

(누가복음, 13:24)

세계적으로 아주 유명한 M투자은행의 어느 해 연차보고서에
직원을 '대거' 열두어 명 뽑았다고 자랑하는 내용이 책자 맨 앞부
분에 대형 연수 장면 사진과 함께 실려 있어 의아해했던 적이 있
습니다. 아니? 수백 명을 채용한 걸로 알고 있는데 고작 열두어
명이라니? 나중에 안 일이지만 그들이 말하는 직원이란 회사의
브레인 계층, 즉 오피서 그룹을 말하는 것이었습니다.

글로벌 우량 기업에선 평사원이나 하위직 종사자와 같이 기
계 부속품처럼 수시 교체 가능한 사람들은 인적 코스트(human
costs, 물격체)라고 부르고, 의사결정권을 지닌 브레인 계층으로
낙점된 이른바 패밀리급을 원래 의미의 직원(employees, 인격체)
이라고 부릅니다(1만여 명 중 3백여 명만!). 이 직원들을 채용할 때
3차 시험은 반드시 파트너급 임원과의 오찬 면접으로 치릅니다.

매너는 인격 중심! 서빙될 때마다 매번 빠짐없이 '눈맞춤—댕큐!'를 잊지 말아야 합니다. ⓒ KLM

배식 봉사하는 해리 왕자. 눈 보고 '댕큐!' 하는 할머니. 한국인들은 이럴 때 습관적으로 접시의 음식(물격)을 바라보지만, 성숙한 인격 중심의 소통 매너가 몸에 밴 사람들은 이렇게 눈을 맞추고 감사말을 합니다. ⓒ켄싱턴하우스

대략 한 시간 반에 걸친 런천(luncheon) 동안에 구사되는 입사 희망자의 테이블 매너를 보고, 먼저 1차 때 제출 서류에 기재된 사실의 진실성과 2차 때 필기시험 내지 에세이에 주장된 내용의 역량 수준을 재검증하고, 이어서 전문가로서 사회적 인격체 성숙 정도 및 회사를 대표하는 이로서의 사교성 수준을 테스트합니다.

　　이를테면 인성과 사회성, 공공 의식과 공사(公私) 구분 능력, 배운 지식을 현실화시킬 전문가적 역량, 지속 가능성 등. 이어서 식사 습관에 부정적인 요소가 없는지, 파티에서 누구나가 친숙하게 가까이하고 싶은 매너를 지녔는지, 어떤 상대 기업의 식사 초대에 나가도 문제가 없을지 등등. 회사의 대표로서 각종 행사에 참석하여 회사 이미지와 품격을 높여 줄 수 있을지를 체크합니다.

　　세부적으로는 식사를 하면서 몸자세가 올바른지, 시선을 어디에 두고 있는지. 시야가 얼마나 넓은지 등도 빠뜨리지 않고 살핍니다. 냅킨을 펴고 접는 것에서 식사 내지 비즈니스의 흐름 구조가 제대로 체화되어 있는지 확인합니다. 가령 떨어뜨린 음식이나 도구를 처리하는 것을 보고 위기 관리 능력을 체크하고, 식당 종업원을 어떻게 부르고 주문을 하고 감사 표시를 적절하게 하는지를 보고 나중에 사원이나 고객들을 다룰 수 있는 내공을 짐작하고 채점합니다. 이렇게 테이블 매너라는 프레임으로 통상 42개 항목을 체크한답니다. 식사 면접에서 '먼 훗날'의 운명이, 결과보고서의 맨 밑줄 특기 사항(Special Remarks)란에 '임원 승진

(executive candidates pool) 불가' 등 관찰 총평 메모로 벌써 결정되는 겁니다.

아무렴 일반직에겐 그런 면접시험이 없습니다.

비즈니스 런천(luncheon)이란 정규 레스토랑의 비교적 격식 있는 오찬을 말합니다. 유럽이나 미국에서 간이식당이나 길거리에서 샌드위치·햄버거 등 패스트푸드로 점심을 때우는 사람들은 대다수가 인적 코스트(human costs), 즉 일반직들이라고 보면 됩니다. 그들에겐 괜찮은 오피서들과의 런천을 할 기회가 퇴직할 때까지 전무합니다. 법인카드나 회삿돈으로 점심 먹을 일 없다는 말이지요.

한국식의 학력에 따라 일괄 단체 에스컬레이터에 올라타는 간부급 사원 채용과는 질적으로 다릅니다. 한국은 아직 똑같은 학력으로 똑같이 입사하여 같은 출발선에서 경쟁해 근무 연한에 따라 직급이 반자동 올라가는 것으로 인식하고 있고, 실제로도 대부분 그런 식으로 기업이 운영되고 있지만 유럽과 미국에선 그렇지 않습니다. 이미 면접에서 집행부급 직원으로 결정되면 이후 줄곧 테스트하고 가르치고 훈련시켜 도제식으로 길러 나갑니다. 중상류층으로서의 전문가적 가치관과 오블리주(책임과 의무)를 제대로 지키고 있고 지켜 나갈 수 있을지 그 가능성을 보고 처음부터 낙점해 키워 나가는 방식입니다.

브레인급 관리직원인 이들은 바로 임원후보(executive candidates)로서 일반직과는 철저히 구분됩니다. 그들은 채용되자마자 목재 마루에 노(No) 형광등, 갓 달린 백열등 간접조명으로 키 큰 스탠드, 책상 위의 작은 스탠드가 있는 사무실에서 일하게 됩니다.

한국에서 나름 공부 좀 한다는 과학고·민사고·외국어고 나와 서울대·카이스트·하버드대학을 나온 많은 한국 젊은이들에게 이 오찬 면접 낙점은 언감생심! 혹 채용된다 하더라도 이미 단순 일반직으로 분류되어 버립니다. 일반직에서 임원급으로 올라가는 것이 얼마나 힘들고 드문 일인지는 간혹 국내에 소개되는 '성공한 한국인'들의 눈물겨운 경험담에서 엿볼 수 있습니다. 그나마도 비유럽권에서나 있는 일이지만 말입니다. 매너와 품격 대신 관상이나 스펙으로 인재를 뽑아서는 한국 기업들이 진정한 글로벌 기업으로 성장하기란 불가능에 가깝습니다.

공들인 만큼 글로벌 일등 기업이 되지 못해 애가 타는 한국의 모 대기업은 해마다 미국에서 글로벌 인재 영입 행사를 가진 다음 그 사진들을 국내 언론에 배포하는데 한마디로 탄식이 절로 나옵니다. 직접 행사를 주관하는 회장은 물론 해당 CEO의 글로벌 매너는 수준이랄 것도 없을 정도인데다 채용 면접에 임한 젊은 인재들 역시 매너가 하나같이 낙제점들입니다. 저급한 테이블 매너는 물론 제대로 악수조차 못하고, 개중에는 정장도 못 차려입은 사람도 있습니다. 그들이 그 사회에서 어떻게 살아 왔고, 어느 그룹에서 어떤 대접을 받아 왔는지, 또 앞으로 어떻게 살아 갈지가 사진 한 장에 다 드러나 보입니다.

흡사 그 사회의 주류가 못 되는, 주류에 들 가능성이 전혀 없어 보이는 삼류들만 골라뽑은 듯합니다. 그저 어벙한 한국 대기업에 얹혀 편안한 삶을 보장받은 행운아(?)들이지요. 글로벌 중상류층 오피니언 리딩 그룹에 절대 들 수 없는 그들을 데리고 글로벌 경영을 외치는 것 자체가 희극, 아니 비극입니다. 그러니 그들의 인적 네트워크를 통해 글로벌 주류 사회의 고급한 지식과 정보를 공유하며 선도적 기업으로서 함께 성장할 가능성은 거의 제로에 가깝다 하겠습니다. 아무튼 인재를 구별하는 오너의 안목이 생기지 않는 한 글로벌 일류 기업으로의 발돋움은 요원합니다.

15 왜 정격 레스토랑에서의 코스 요리인가?

예수께서 말씀하실 때에 한 바리새인이 자기와 함께 점심 잡수시기를 청하므로 들어가 앉으셨더니.

(누가복음, 11:37)

단품 요리나 한국식 한상 가득 요리로는 비즈니스 식담(食談)이 참 어렵습니다. 달랑 한 가지 요리로 자신의 내공을 보여줄 수도 없을뿐더러 자신의 의사를 표현해내기가 어렵다는 말이지요. 그렇다고 한꺼번에 모든 요리를 쫙 펼쳐 놓고는 복잡하고 산만해서 음식 각각의 맛을 음미하기도 힘들뿐더러 메시지를 체계적으로 전달하기도 힘듭니다.

비즈니스 런천이나 디너에선 정규 코스 요리를 먹으면서 차례차례, 즉 기승전결로 암시적인 메시지를 전달할 수 있어야 합니다. 간략하게 정리하자면 애피타이저로 탐색전, 엉트레(前食)로 얘기 꺼내기, 쁠라(本食)에서는 마음 굳혀 주기, 데쎄르(後食)로 행동 마무리시켜 주기, 그리고 끝으로 반드시 피드백, 즉 구체적인 감사 표시와 함께 다음을 위한 답례 등 후속 사후 관리입니다. 코스별로 나오는 각각의 요리를 하나의 단어로 보고 그것에다 각각의 맛과 숨은 의미, 혹은 의도를 부여하며 대화를 이끌어 가야 합니다. 그리하여 하나의 문장을 완성시키는 것이지요. 그러니까 식사를 통해 음식들로 작문을 한다고 이해하면 됩니다. 프랑스인 들과 중국인들의 작문 능력이 세계 제일인 것은 바로 그러한 음식 문화에서 기인한다고 봐도 무방합니다.

그러니까 비즈니스 런천 디너가 음식으로 하는 작문, 즉 1차 적인 프리젠테이션을 하는 것이라 생각하면 됩니다. 말로나 서류 로 잘할 수 있다고 백번 이야기한들, 그리고 프리젠테이션을 아 무리 잘 꾸민들 그것만 믿고 사업을 맡기거나 거래를 틀 수 없다 는 말입니다. 해서 그 진정성과 그만한 내공을 더블체크로 보여줘 야 하는데, 글로벌 비즈니스 세계에선 사전 식사 메뉴 기획 및 현 장 구사 식탁 매너를 통해 간접적으로 증명해 보이는 것입니다.

가령 창의력을 중시한 사업 관계라면 특별한 재료나 특별한 요리, 즉 창의적인 메뉴로 대접하고, 치밀성을 요하는 사업이라 면 사전에 아주 치밀하게 준비해서 상대방에게 명백히 전달될 재 료 선택과 상대방 기호, 취향, 건강을 배려한 그만을 위해 맞춤형 으로 고안된 레시피로 섬세한 맛과 멋을 내야 하며, 장기간 끈질 기게 헤쳐 나가야 하는 사업이라면 몇 시간 이상 조리 시간이 소 요되어 수일 전 사전 예약이 필수인 요리 종류 탐색, 선택, 주문 과 이에 걸맞을 양념 레시피 및 곁들일 와인과 차 종류까지 철저 히 사전 준비해서 접대합니다. 그외 각각의 사업 특성, 손님 전체 와 각각의 기호와 주선된 자리의 성격에 맞춘 치밀한 준비로 그 사업에 최적임 파트너임을 간접적으로 표현해내어 상대를 감동시켜야 합니다.

급하게 식사를 하거나, 절제 없이 배불리 먹거나, 이것저것 한꺼번에 비벼먹는 사람은 기승전결식으로 생각을 잘 정리하지 못합니다. 분명 작문 실력도 남들에 비해 현저히 떨어집니다. 무계획적이어서 예측 불가능한 사람으로 취급받아 신뢰가 떨어집니다. 식사를 통해 신뢰성·치밀함·창의성·품격 등 자신이 보유한 상업적 신용의 넓이와 깊이를 비유적으로 증명해 보임으로써 '아, 저 정도라면 일을 맡겨도 잘 해낼 것 같다거나, 저런 친구하고 같이 일하면 재미있겠다!'라는 믿음이 생겨야 합니다. 그게 없는 사무실에서의 프리젠테이션은 이미 김 다 빠졌다고 보면 됩니다. 당연히 진행중인 비즈니스에 대해서도 불안해할 수밖에 없지요. 속으로 '이 정도밖에 안 되는 사람과 일을 같이해도 괜찮을까?' 하는 생각에 점점 꼬치고치 캐묻고 따지며 확신이 들 때까지 이중삼중으로 체크하게 됩니다.

참고로 대개의 한국 유학생·관료·공관장·교수들은 이런 정규 런천 디너 경험이 전무한 실정입니다. 대사관이나 학회 등에서 주최하는 파티에서 공짜 음식 주워먹은 경험이 대부분이지요. 이런 스탠딩 리셉션에서는 '포크앤나이프'가 아닌 '핑거푸드', 즉 오드블만 주워먹으며 명함 교환이 고작입니다. 설사 그렇다 한들 한국인들은 이런 기회마저 비즈니스 런천이나 디너로 발전시키지 못합니다. 왜냐하면 자기 돈 지출하기가 아까운데다가 그런 런천 디너를 주재해 본 경험이 없기 때문입니다. 어느 나라 사람이나 자기 돈 아끼는 쫀쫀이를 좋아할 리 없지요.

주재원들 역시 본국에서 오는 높은 양반들 골프 접대나 여행 가이드하는 게 고작입니다. 또 틈날 때마다 가족들 관광시켜 주고 높은 양반들 선물 사다 바치는 일에 경비 다 써버리고 정작 자기를 업그레이드시켜 선진 오피니언 리더들과 친구 되는 일, 즉 글로벌 인적 네트워크 구축에는 나몰라라해 왔습니다. 해외 파견 근무가 인사결정권자의 관심에서 멀어져 승진에 불리해질까봐 하루빨리 돌아갈 궁리만 하니 그런 것들이 눈에 들어올 리 없지요.

그러다 보니 반대로 비즈니스 상대방으로부터 런천이나 디너 대접을 받고서도 거기에 담긴 메시지를 읽지 못한 채 그저 배만 채우고 나서는 정떨어지는 소리를 해대거나 엉뚱한 결정을 내리고 맙니다.

테이블 매너는 철학입니다.

차분하게 코스 요리를 즐기는 민족은 주관적이며 단계적이고 계획적인 협상 능력을 지닙니다. 한꺼번에 모든 걸 다 내놓고 담판을 좋아하는 한상 요리(단품 요리 연장선상) 민족과는 성향이 많이 다릅니다. 항상 다음을 생각하고, 서너 수를 앞서 생각하는 버릇이 있습니다. 해서 한상 요리(단품 요리) 민족은 이를 두고 제 수준 세계관에서 음흉하다고만 여깁니다.

가령 한국인들은 일단 도박이나 게임에 빠지면 좀처럼 헤어나지 못하는 바람에 패가망신하는 경우가 허다합니다. 한국인의 이런 올인 기질은 식사 문화에서 기인한다고 볼 수 있습니다. 또 기업인들까지 떼를 지어 몰려가 한꺼번에 모든 현안들을 일괄타결하려 드는 한국 대통령의 해외 순방 역시 그런 전시적인 식탁 문화의 연장선에 있다고 볼 수도 있지요. 아무튼 한국인의 식탁 문화에는 절제가 없습니다. 철학이 없습니다. 철학은 책상머리에서만 나오는 것이 아닙니다.

그렇다고 왜 반드시 식사 접대냐? 골프 접대 같은 것도 있는데! 대답은 그게 시간과 경비가 가장 적게 먹히기 때문입니다.

16 테이블 매너 절대 내공 3꼭지!

그들이 먹을 때에 예수께서 떡을 가지사 축복하시고 떼어 제
자들에게 주시며 이르시되 받아서 먹으라 이것은 내 몸이니라 하시
고, 또 잔을 가지사 감사 기도하시고 그들에게 주시며 이르시되 너
희가 다 이것을 마시라. 이것은 죄 사함을 얻게 하려고 많은 사람을
위하여 흘리는 바 나의 피 곧 언약의 피니라.

(마태복음, 26:26-28)

글로벌 무대에서 테이블 매너는 여러분의 글로벌 비즈니스
처리 가능 역량을 보여주어야 하는 자리입니다. 외양이 아닌 내
적인 모습으로, 즉 내공을 펼쳐 보여야 한다는 말이지요. 따라서
중요한 것은 넓은 시야와 여유로우면서도 전략적인 마음가짐, 그
리고 이를 자연스레 구사해내는 고품격 매너입니다.

테이블 매너의 기본 역시 정확한 몸자세!
흔히 테이블 매너라 하면 우선 좌빵우물, 포크와 나이프·스
푼·와인잔의 위치 등에 대하여 말합니다. 하지만 이런 것들에 대
해 여러분들은 하등의 신경 쓸 필요도 없고, 굳이 따로 배울 일도

아닙니다. 그런 건 웨이터·웨이트리스 등 서비스업종에 종사하는 사람들이 어련히 알아서 할 일입니다. 손님들 중 누구도 그런 일에 관심 없습니다. 진짜 중요한 건 본인의 매너, 그 중에서도 첫째가 몸자세입니다.

정확한 몸자세는 넓은 시야를 확보하기 위해, 다른 말로 상대방들을 한눈에 파악하여 적시 케어할 수 있게 하고, 또 소통에 만전을 기하기 위하여 반드시 필요합니다. 그러면 어떻게 앉아야 하는지, 품위 있는 몸자세에 대해 알아봅시다.

먼저 엉치등뼈의 끝까지 의자를 당기고 앉아 식사 내내 반드시 허리를 세우고, 어깨를 펴며, 고개 숙이지 말고, 굳어 있지 않은 온화한 얼굴을 유지해야 합니다. 허리선과 목선의 직립자세 요령은 1)엉덩이 끝을 의자의 맨 뒤 기역자 부분에 닿게 하고, 2)등받이에 허리선을 대어 배 내밀고, 3)어깨 펴며, 4)두 팔을 식탁 위에 올립니다. 수프나 음식을 입으로 가져갈 때도 사관학교 생도들처럼 이 직립 상태가 기본적으로 유지되어야 합니다.

식사중에 대화할 때에는 포크·나이프를 내려놓되 두 손은 식탁 위에 그대로 올려두어야 합니다. 두 손을 식탁에서 내리는 건 식사 공동체를 내심 무시하는, 사회적으로 성숙된 인격체임을 스스로 포기하는 의미로 해석됩니다. 특히 옆사람과 대화를 할 적엔 곁눈질 혹은 고개만 돌려 바라보면 안 됩니다. 반드시 상체를 틀어서 바라보아야 합니다. 이때 두 손바닥을 지렛대로 활용합니다. 이런 이유로도 두 손은 항상 식탁 위에 놓여 있어야 합니다.

만약 한국식으로 구부정하게 웅크린 채 음식이라도 흘릴까 싶어서 입을 접시 가까이에 갖다대고 먹으면 하인 내지는 짐승격으로 여겨져 합석한 사람들 모두의 밥맛이 싹 달아나 버릴 위험성이 높습니다. 고급한 레스토랑에서 다른 점잖은 사람들이 보는 가운데 품격 낮은 사람과 식사를 같이하고 있다는 것만으로도 상대방은 심히 불쾌해합니다. 당연히 진행중인 비즈니스에 대해서도 불안해하겠지요.

냅킨은 식사의 시작과 끝을 알리는 도구!

헬렌 켈러에 대해 모르는 이는 별로 없을 겁니다. 하지만 설리반 선생이 헬렌에게 가르친 수업 내용 중에 냅킨 사용법이 들어가 있다는 사실을 기억하는 사람은 많지 않습니다. 테이블 매너에서 두번째로 중요한 것은 냅킨 처리입니다. 한국인이 가장 많이 저지르는 실수 가운데 하나이기도 하지요. 냅킨 사용에도 지켜야 할 매너가 있습니다.

앉자마자 냅킨을 펴는 행동은 '배고프니 빨리 밥을 달라'는 뜻으로 인식될 수 있기 때문에 금물입니다. 팔꿈치로 냅킨을 깔아뭉개서도 안 됩니다. 자칫 상대방에게 '너하고는 같이 밥먹기 싫어!'로 비칠 수 있습니다. 요리가 나오기도 전에 냅킨으로 얼굴과 손의 땀을 닦는 것은 절대 금물입니다. 그 모습을 본 신사들은 속으로 토할 것 같은 느낌을 가집니다.

냅킨은 첫요리가 서빙될 때 비로소 펴야 합니다. 요리접시를

든 웨이터가 오른쪽에서 자신에게 가까이 다가오고 있구나 하는 인기척이 느껴질 때, 상대방과 대화 시선을 유지한 상태에서 냅킨을 보지 않고 자연스럽게 당겨 폅니다. 그러다가 앞에 요리가 놓이면 상체를 살짝 틀어 웨이터의 눈을 보며 방긋 웃으면서 "땡큐!" 혹은 "메르씨, 무슈!"라고 해야 합니다. 그리고 이 인사는 접시가 서빙될 때마다 매번 빠짐없이 해야 합니다.

그리고 마지막으로 디저트 접시가 치워지면 "메르씨, 무슈!"라고 한 후, 그 비워진 공간에 냅킨을 대충 접어서 올려놓으면 됩니다. 너무 반듯하게 접지 않아도 됩니다. 이는 사회적으로 식사의 종료, 즉 폐회 선언을 뜻합니다. 뒤에 나올 커피나 차는 식사가 아니고 식사 밖의 영역입니다.

냅킨을 제때 펴고 제때 접을 수 있는 것, 식사의 시작과 끝을 아는 것, 이 작은 차이가 여러분의 매너 수준을 한 단계 격상시킬 것입니다.

와인잔 안 보고 와인 따르기!

테이블 매너에서 중요한 세번째는 병 처리입니다. 와인잔을 보지 않고도 와인을 따를 수 있도록 훈련해야 할 이유가 있는데, 이는 여러분에게 웨이터 취업을 위한 곡예를 가르치기 위해서가 아닙니다.

긴밀한 소통은 눈 대 눈, 즉 눈맞춤입니다. 해서 글로벌 비즈니스 본선 무대 신사들은 누구나 예외없이 상대방에게 시선을 계

2014년 스웨덴 노벨상 수상 만찬연회. 1,200여 명이 시청홀에서 함께 식사를 하며 교제를 나눕니다. 노벨상위원회는 세계를 움직이는 지성들의 사교 클럽입니다. 한국인은 아직 단 한 명도 이 만찬에 초청받은 적이 없습니다. ⓒ연합뉴스

속 유지하기 위해 와인잔을 보지 않고서도 와인을 따릅니다. 와인 주문 후 첫잔은 웨이터가 따르겠지만, 그후는 대개 호스트의 몫입니다. 이후 끝까지 호스트가 병권을 장악하고 행사해야 합니다.

요령은 악수를 할 때 상대방 손을 보지 않고 눈을 보고 하듯이, 와인을 따를 때에도 병을 와인잔 가까이에 대고 따르기 시작하는 첫 대목과 다 따라졌나 확인하고 와인을 끊어내는 마무리 대목을 제외하고는 병 처리의 대부분 과정에서 상대방의 눈을 보면서 입으로는 대화를 지속시켜야 합니다. 짧은 순간이지만 이게 안 되면 호스트가 아니라 웨이터 수준으로 취급받아 여러분의 이미지가 상대방의 뇌리에 낙인 찍혀 버린다는 비극을 꼭 인식하셔야 합니다. 웨이터가 고객과 눈맞춤으로 대화하면서 와인을 따를 리 없으니까요.

자, 그럼 순서대로 연습해 보시지요.

1) 상대방에게 물어봅니다. 와인 더하시겠습니까(Would you like more)?

2) 와인병을 잡습니다. 이때 약간 비틀어 잡습니다.

3) 와인병을 상대방의 잔 바로 위에 위치합니다.

4) 따르기 시작하며 시선은 상대방 눈으로 향하고, 입으로는 대화를 이어 나갑니다.

5) 다되었다 싶으면, 시선을 다시 와인잔으로 돌려 확인한 다음, 손을 반대로 비틀어 와인 액체의 흐름을 끊어냅니다.

6) 와인병을 원위치시킵니다.

이 전 과정에서 긴장하여 입에 힘을 주면 곤란합니다.

그리고 경우에 따라 호스트로서 직접 샴페인이나 와인을 딸 경우 마개 등 부스러기는 자신의 상의 주머니에 넣으면 더욱 존중받습니다. 그것들은 원래 식탁 위에 놓일 수 없는 것들이니까요.

참고로, 대개의 한국의 글로벌 매너 강의는 그 안에 어떤 의미가 담겨 있으며, 그걸 모르면 어떤 취급을 받고, 어떤 손해를 보게 되는지 얘기해 주는 강사가 없기 때문에 무작정 서양인들을 따라 하다 보니 매너 강의를 지루해하거나 굳이 지키지 않아도 무방한 줄로 인식합니다.

아무렴 글로벌 무대에서 통할 수 있는 게 진짜 테이블 매너입니다. 이 정도의 내공만 갖춰도 다음 식사 약속은 물론 머잖아 친구가 되어 그들의 사교 클럽에 들 수도 있습니다. 반드시 숙지하셔서 비즈니스를 성공적으로 이끄시길 바랍니다.

17 프랑스 식당에서 주인장 매너로
   테이블 꾸려 나가기!

때가 이르매 예수께서 사도들과 함께 앉으사 이르시되, 내가 고
난을 받기 전에 너희와 함께 이 유월절 먹기를 원하고 원하였노라.
(누가복음, 22:14-15)

식탁을 모르면 세계를 모른다고 단정해도 틀리지 않습니다.
글로벌 비즈니스 무대에서 한국인들이 가장 어려워하고 실수를
많이 하는 것이 바로 테이블 매너입니다. 심지어 한국을 대표하
는 일급 외교관들조차도 테이블 매너가 엉망인 경우가 많습니다.
평생 얻어먹는 게스트 역할만 주로 해온 탓에 정규 레스토랑에서
의 주인장 테이블 매너를 자신 있게 펼치지 못합니다.

기실 호스트의 역할과 와인 디테일 등에 관하여 국내에서 제
대로 참고할 만한 책도 거의 없는 실정입니다. 그만한 식견을 가
진 인물이 드물다는 방증이지요. 시중의 대다수 와인책들은 대개
의 테이블 매너 책들이 그렇듯이 한결같이 서비스업 하위직 종사
자 내지 방관자의 시각·시야로 기술되어 있어 비즈니스 디너 호
스트역을 개비해야 할 한국의 각계각층 지도자들에게는 사실 백

해무익합니다. 오히려 글로벌 와인 속물로 전락할 가능성마저 큽니다.

유럽이나 프랑스에서 손님으로 레스토랑에 식사 초대를 받았을 때에는 자신이 택할 메뉴를 대강 새겨두고 가는 것이 좋습니다. 게다가 귀빈으로 초대받았을 때에는 또 돌발 팝 퀴즈 소재를 경품과 함께 준비해서 활발하게 분위기를 이끌어야 합니다. 더하여 여흥이나 재미있는 이야깃거리까지 준비해서, 이를테면 한국 토산품·열쇠고리 등 서프라이즈 선물도 하나쯤 주머니 속에 넣어 가, 적절한 타이밍에 활발하게 분위기를 이끌어야 합니다. 반대로 자신이 호스트가 되어 초대할 적엔 최소한 10분 단위 시나리오를 종이에 한 번 그려 보면서 식사의 전 과정을 반드시 숙지하고 주도해야 합니다.

한국에서와는 달리 서구에선 와인은 권하고 취하는 도구가 아니고, 광범위하게 펼쳐지는 인간 관계의 미디어이자 촉매제입니다. 식사 초대가 단순히 비싼 요리를 먹여 주려는 목적이 아니고, 즐거운 시간을 함께하자는 것이지요. 그래서 초대 의사 표시 영어는 "I like to buy you dinner"가 아니고 "Will you have the evening with me?"입니다. 느긋하게 시간을 보내기 위해 정규 식당은 통상 저녁 손님을 7시 이전에 받지 않고 있으며, 그보다 한참 뒤 시간으로 예약하는 것이 오히려 정상입니다. 비즈니스 런천은 아주 바쁘지 않는 한 대개 2시간을 넘기기 십상이고, 현지 사람들은 때로는 4시간 걸리는 오찬 후 나중에 자발적 야근을 하게 되더라도 여유 있게 즐기려는 경향임을, 삶에 대한 가치관이 다름을 인식하고 있어야 무탈합니다. 가장 중요한 것은 세세한 지식이 아니고 넓은 시야, 여유로우면서도 전략적인 마음가짐입니다. 특히 주최측(호스트)은 손님들이 전인적으로 즐거운 시간을 보내도록 책임져야 한다는 사명감으로 임해야 합니다.

그러니 시종일관 화기애애하게 대화를 나누며 천천히 식사를 즐겨야 합니다. 이야기 주제는 오락·취미·스포츠·음악·미술 등 가벼운 것으로 하되, 정치나 현실 문제 등 무거운 것은 가급적이면 피하는 것이 좋습니다. 그리고 항상 참석자들 간의 대화 밸런스를 유지하되, 자기가 주최했을 경우에는 계속해서 대화 분위기를 북돋워 줘야 합니다.

식사는 식당에서 미리 정한 코스 순서대로 나오는 '세트 메뉴'가 있고, 코스마다 각자가 하나씩 따로 시키는 '아 라 꺄르뜨(a la carte)'가 있습니다. 무조건 옆사람과 같은 것으로 주문하지 말고 자신의 취향대로 고릅니다. 그러니 사전 공부는 필수입니다.

그럼 전체적인 식사의 순서와 흐름부터 숙지해 보겠습니다.

프랑스식 디너의 구조 방정식, 도입부–전식–본식–후식… 피드백을 반드시 외워야 합니다. 0-1-2-3… F 숫자로 대체해 외우거나, 아뻬리띠프–화이트 와인–레드 와인–디저트 와인… 후속 사후관리 피드백을 와인 종류로 외우는 게 아주 유용합니다.

0. 도입부(아뻬리띠프, 한 잔의 물). 대개 화이트 와인 또는 스파클링 와인 한 잔입니다. 경우에 따라서는 레드 와인으로 대신

해도 되지만, 중급 이상의 식당에선 제대로 주문해야 합니다. 남성은 마티니, 진토닉 · 위스키 뻬리에 · 뽀르또 · 리꿔 · 끼르 등을 주문하고(디너 때 맥주는 곤란), 여성의 경우 캄파리 · 무알코올인 오렌지 주스 · 토마토 주스 · 뻬리에 · 미네랄 워터 중에서 고를 수도 있습니다. 집이나 사무실에서의 식사가 따르지 않는 기념 파티에서는 스파클링 와인을 사용하되, 맥주는 곤란합니다. 아동이 있을 경우 반드시 주스나 콜라 같은 음료를 시켜 완전한 인격체로 대우해야 합니다.

1. 전식(前食. 엉트레 또는 애피타이저. 화이트 와인도 주문해야). 최소한 1인 1접시. 연어 토막 또는 푸아그라(거위간 다진 것)나 샐러드류가 무난합니다. 새우나 가재처럼 껍질이 같이 나오는 통생선은 서브된 형태를 부수지 않고 속살만 발라먹어야 하고, 가시 문제까지 있으므로 아주 노련하지 않으면 시키지 않는 것이 좋습니다. 한국식으로 조각조각 지저분하게 찢어발겼다가는 다시는 식사에 초대받지 못합니다.

수프는 바다가재 등 아주 귀한 재료거나 조리 시간이 아주 긴 경우에만 시킵니다. 원래 정통식에서는 수프가 나오지 않습니다. 미국인들이 요구해서 들어간 것으로 자칫 가난한 인상을 줄 수 있기 때문이지요. 그리고 그 포만감으로 인해 음식 맛을 제대로 못느낄 염려가 있어 가능하면 주문하지 않습니다. 주문했다 하더라도 한두 스푼 살짝 맛만 봐야 합니다.

2. 본식(本食. 쁠라. 레드 와인도 주문해야). 1인 1접시. 생선류

를 시키면 화이트 와인을 또 시켜야 하므로 육류가 무난합니다. 중간에 레드 와인으로 바꾸어 마시려면 잔을 교체해야 하는 등 번거로움이 있습니다. 숙달되기 이전에는 절대로 화이트 와인을 병으로 시키지 않는 것이 좋습니다. 가격은 중간선대가 무난하며, 11월 보름 이후라면 격의 없는 사이의 경우 당해연도산 속성 발효주인 보졸레누보도 괜찮습니다. 와인에 대해 잘 모르면 손님이나 웨이터에게 위임하는 것이 현명합니다. 편한 상대와 가벼운 점심이라면 각자 기호대로 맥주도 괜찮습니다. 주문 와인의 고급 정도에 따라 상대방에 대한 예우 정도가 결정됨을 유의해야 합니다. 이왕 occasion과 vintage year를 맞출 수 있으면 더욱 좋습니다. 물은 Volvic, Evian, Vittel 이상 무발포성, 기타 발포성 약수 등 주요 브랜드를 외우고 있어야 합니다. 수돗물인 맹물 서빙을 시키는 것은 금물입니다.

프로마쥬(fromage, 입가심용 치즈). 치즈는 물 대신 입·혀를 닦아내는 지우개 용도로 살짝 먹는 것입니다. 입속에 음식이나 양념이 남아 있으면 디저트의 맛을 제대로 음미할 수가 없기 때문이지요.

3. 후식(後食, 데쎄르). 중요한 자리에선 반드시 주문토록 합니다. 디저트 와인도 주문하면 돋보입니다. 급한 오찬의 경우에는 생략하고 바로 카페로 넘어가기도 합니다.

카페(cafe)는 에스프레쏘 등의 프띠 카페(작은 컵)나 그랑 카페(미국식 큰 컵) 중 택일합니다. 카페오레(미국식 밀크커피)는 아침에 가정에서 마심이 일반적입니다. 그걸 고급 식당에서 시키면 우선 커피잔이 크기 때문에 보기에 좋지 않습니다. 아메리카노는 가급적 시키지 않는 것이 좋습니다. 특히 여성의 경우 그 양과 잔의 크기 때문에 품위가 떨어집니다.

뿌스 카페(pousse-cafe)는 일명 디제스띠프(digestif, 소화제)라고도 합니다. 브랜디 · 꼬냑 · 그랑마르니에(레몬 술) · 꼬앙뚜로 등이 적당합니다. 배를 줄이고자 마시는 것이므로 이때 맥주는 절대 주문하면 안 됩니다. 고급 연회에서는 시가가 서브되기도 합니다. 집으로 초대받았을 때는 커피를 마신 다음 거실 안락의자로 옮겨 브랜디를 들면서 담소를 계속합니다. 이 경우 브랜디 잔을 손바닥으로 감싸듯 쥐어서 입술에 살짝 묻히듯이 아주 조금씩 천천히 마십니다.

주문 매너!

주문은 서두르지 말고 기다려야 합니다. 웨이터를 입으로 부르지 말아야 합니다. 손가락질로 부르는 것은 절대 금물입니다. 욕으로 오인할 우려가 있으니까요. 와서 물어볼 때까지 기다리되 급할 경우에만 손을 들고 "무슈, 씰부쁠레!" 하고 점잖게 부릅니다. 대개 웨이터 수가 많지 않습니다. 중급 이하 식당의 경우 식탁이 아주 작고, 따라서 자기 공간도 작아 포크와 나이프는 대개 하나씩만 놓고 중간에 갈아 주지 않습니다.

아뻬리띠프를 우선 주문하여 이를 들면서 메뉴를 검토하는 것이 가장 바람직합니다. 후식 주문까지 한꺼번에 하지 말고 그

때 가서야 주문해도 됩니다. 와인에 더하여 물까지 시키면 크게 환대하는 것이니 메뉴판에 적힌 물 이름을 확인하고 "에비앙을 드시는 게 어떻겠습니까(How about Evian)?" 하고 강권하기를 잊지 말아야 합니다. 물론 공짜 맹물, 즉 수돗물을 정수한 게 아니고, 작은 병에 든 판매용 생수를 말합니다.

전 세계 프랑스 식당에서 웨이터에게 이야기할 때의 인사말로는 "봉주, 무슈!" "봉쑤아, 무슈!"를, 주문 과정의 처음 몇 마디, 요리 서브시의 고맙다는 "메르씨, 무슈!" 등 간단한 말은 가벼운 미소와 함께 반드시 프랑스어로 하는 것이 바람직합니다.

식사 시작!

식사 행위가 시작됨과 동시에, 즉 첫요리 접시가 서빙되어 냅킨을 무릎 위에 놓을 때, 또는 화이트 와인잔을 들면서 호스트가 자연스럽게 상대방에게 "본아뻬띠(Bon appetit! 많이 드십시오!)"라고 하여 식사의 시작을 알립니다.

잔이 두 개 놓이는데 큰 잔은 물잔, 작은 잔이 와인잔입니다. 병으로 와인 주문시 구떼(와인 시음)를 권유받으면, 우선 눈으로 빛깔을 보고, 코로 냄새를 맡고, 입 안에서 씹어 보고, 목젖을 넘어간 후 여운을 살핀 뒤 '좋다'는 의사 표시를, 상한 듯싶으면 주저하지 말고 바꾸어 달라고 합니다. 좋다고 말하면 (웨이터가 없으면 호스트가) 다른 사람들에게 차례대로 따른 뒤, 구떼한 사람에게는 마지막으로 따릅니다. 자기가 초대했을 때는 과하더라도 자기 책임하에 주재하는 의미에서 대개 자신이 구떼합니다. 와인잔의 수위는 빠르게 낮아질수록 분위기가 고조 격상됨을 의미하지요.

이하 와인이나 물은 손님 것이 잔의 반 이하로 내려가면 계속해서 따라 부어 줍니다. 자기 잔이 비면 남의 잔에 먼저 조금 부은 뒤 자기 잔을 채웁니다. 따를 때 와인이 병 입구에서 주르르 흐르는 것을 피하기 위해 와인이 다 따라지면 병은 살짝 돌리면서 들어올립니다.

보통 엉트레가 나오기 전에 미리 빵바구니를(그리고 간혹 버터·잼을) 가져다 놓는데, 대개 빵접시가 따로 없으므로 빵바구니에서 빵을 꺼내 탁자 위에 그냥 놓습니다. 빵은 먹는다기보다는 행주로 사용합니다. 가령 접시가 달라져도 포크와 나이프를 바꿔주는 일이 대개 없으므로 자기 것을 그대로 사용해야 하는데, 그것들이 지저분하면 이때 빵을 조금 뜯어서 행주처럼 닦아낸 후 입속에 넣어 삼킵니다. 카페테리아같이 겨자를 공동 사용하는 데서는 나이프로 겨자를 뜰 때 꼭 미리 빵조각으로 나이프를 닦아내는 것을 잊지 말아야 합니다. 그리고 접시에 남은 국물, 즉 소스는 역시 빵으로 행주처럼 닦아낸 후 삼킵니다. 프랑스 사람들은 접시에 남은 소스를 빵으로 청소하여 끝까지 먹어치우는 경우도 있습니다. 귀한 소스인 경우 맛있는 재료가 많이 들어갔기 때문이지요. 그렇다고 접시 바닥이 말갛게 되도록, 또는 남은 다른 음식 국물까지 모조리 빵으로 발라먹으면 출신이 가난한 사람으로 취급받을 우려가 있으니 조심합니다.

식사가 시작되면 계속해서 대화를 이어 나갑니다. 말을 할 적엔 입속의 음식물을 다 삼킨 다음, 반드시 나이프와 포크를 내려놓고 해야 합니다. 손은 언제나 두 손목을 가볍게 탁자 모서리에 얹어 놓습니다. 음식물이 묻은 입술로 와인이나 물을 마시지 않습니다(냅킨을 적시적소에 두드리듯 사용). 큰 소리로 얘기하거나 웃음을 자주 터트리지 말고 가급적 항상 조용조용하게 얘기합니다.

식사하며 허리를 굽히고 머리를 숙여 접시에 입을 갖다대는 정도는 그 사람의 상스러운 정도에 비례하니 절대 조심해야 합니다. 다른 점잖은 사람들이 보는 가운데에서 품격 낮은 사람과 식사하는 건 신사의 체면이 깎이는 일이니까요.

식사 내내 전체적인 애트모스피어(atmosphere, 분위기)를 우아하고 격조 있게, 화기애애하게 끌어가는 것이 가장 중요합니다.

후식까지 식사를 마치면 냅킨은 자연스레 대충 네모 형태로 접은 다음 테이블에 올려놓습니다. 단 손님의 경우 너무 반듯이 접으면 차후 재초대해 주십사 하는 강요로 인식될 수 있습니다. 카페는 음식이 아니기 때문에 냅킨을 사용하지 않습니다.

참고로 대부분의 한국 레스토랑에서는 요리를 코스별로 주문하면 막무가내 밀어내기로 서빙되는 경우가 많은데, 이는 무례입니다. 호스트가 특별한 사정상 그리 요청하지 않는 한, 한 요리가 끝나면 반드시 식기를 치운 후에 다음 요리가 나와야 합니다. 특히 디저트나 커피는 메인 요리 식기를 말끔히 치운 다음 내놓는 것이 정격입니다. 다 먹은 식기를 너절하게 펼쳐 놓은 상태에서 과일 접시나 커피를 내놓는 건 마무리를 망치는 저품격 어글리 매너입니다.

새로운 요리가 나올 때마다 연극의 한 막이 새로이 시작되는 것이니, 호스트는 그때마다 의식을 치르듯 마치 처음처럼 분위기를 즐겁게 환기시켜 활기찬 대화를 이끌어야 합니다.

기타 테이블 매너!

현지 주재원의 경우, 집에서 차릴 때에는 접시 수를 너무 많이 하지 않는 것이 좋습니다. 요리를 모두 한꺼번에 올려놓지 말고, 차례차례 최대 두 접시 정도씩만 올려놓습니다. 양념이 약한 것에서 강한 순으로 서브하되 연어회로 스타트하면 무난합니다. 평소 집에 아뻬리띠프용 주류와 음료, 종류별 와인, 샴페인 등 스파클링 와인, 꼬냑 등 브랜디의 재고를 유지하고 있어야 합니다. 와인과 스파클링 와인은 보관시 반드시 뉘어 놓습니다. 잘못 세워 놓을 경우 코르크가 말라 내용물이 변질되기 때문이지요.

그리고 남의 집에 초대받았을 때, 초대 감사의 표시로 가벼운 답례품을 반드시 가져가야 합니다. 데쎄르용 과자(생과자나 초콜릿)나 꽃, 또는 샴페인이나 의미 있는 레드 와인이면 좋습니다.

스페인, 이태리 식당 등 제3국의 오리진 식당에서는 가급적이면 식당 국적과 같은 원산지의 와인을 주문해 줍니다. 이태리 식당에서는 스파게티 등 파스타와 피자를 가급적 시키지 않는 것이 좋습니다. 아주 극소량의 맛보기가 아닌 이상 먹지 않습니다. 이것들은 우리나라로 치면 시장판 빈대떡같이 못사는 사람들의 음식이니까요.

영국인들은 일반적으로 저녁에는 일찍이 가정으로 돌아가기 때문에 대개의 비즈니스 식사 접대는 2시간가량의 풀코스 오찬으로 합니다. 이때 디저트 와인으로는 브랜디 대신 포르투갈산 주정강화 와인(14° 이상) 뽀르뜨(port)를 마시는데, 아뻬리띠프와 식사중의 와인들까지 합친다면 일인당 총 와인 기준 한 병 반쯤 마십니다. 한국인들은 이 정도에서 그만 나가떨어지기 일쑤이니 각별히 조심해야 합니다.

정규 레스토랑에서의 와인 주문은 식사비의 절반 정도로 책정하면 무난합니다. 그리고 남은 고급 와인은 식당 종업원의 당연한 몫입니다. 한국에서처럼 술병을 다 비우지 말고, 웨이터들의 와인 공부를 돕기 위한 배려로 고급 와인일수록 병의 1/3 또는 1/4 정도 남겨두는 것도 고품격 매너에 속합니다. 따라서 남는 게 없는 상황이 예견되면 새 병을 추가 주문하는 게 고급 손님으로서의 예의입니다. 와인 주문을 하지 않으면 '이 친구 밥을 물하고만 먹으러 왔나?' 하여 웨이터로부터 홀대받습니다.

사족으로 치즈와 빵에 대해 설명하겠습니다. 근자에 유행하고 있는 한국의 와인 모임에 가보면 간단한 치즈 몇 조각을 안주 삼아 와인을 마시는 경우가 종종 있는데, 원래 가난한 사람들이 포도주를 마실 때 치즈를 안주로 먹습니다. 그런 빈티나는 주당들의 모임은 차라리 안하는 게 낫습니다. 식사용으로서 빵은 조찬에서만 먹습니다. 오찬이나 디너 때에 미리 빵을 먹어 배를 불려 버리면 메인 요리를 맛있게 먹을 수가 없기 때문이지요. 아무튼 치즈와 빵의 용도는 안주나 식사용이 아닙니다.

식사중 식기들의 위치를 임의로 바꾸는 건 종업원들을 무시하는 처사로 오인받을 수 있습니다. 최대한 놓여진 그대로 식사를 마치는 것이 매너입니다. 그리고 휴지나 메모지, 껌이나 약, 과자 봉지 등 자기 쓰레기를 테이블에 놓고 나오는 건 식당을 모욕하는 것과 같습니다. 제 것은 주머니에 넣고 나와야 합니다.

계산은 반드시 테이블에 앉아서 하되 식사의 전 코스가 거의 끝나갈 무렵 적당한 때 '라디씨용(계산서)'을 테이블로 가져다 달라고 합니다. 이때도 웨이터를 입이나 손짓으로 부르지 않습니다. 손님일지라도 다음 답례를 위해서 금액을 반드시 확인합니다.

F. 피드백(후속 사후관리). 손님의 경우, 다음날 반드시 전화나 우편으로 감사 인사를 하여 즉각적인 피드백(immediate feedback) 조치해야 합니다. 그리고 일정 기간 후 답례 식사 제의로 정례적인 피드백(regular feedback, post follow-up) 조치는 필수입니다. 절대 빠트리면 안 됩니다. 한국인들이 가장 많이 저지르는 실수가 바로 이 피드백 부재입니다. 패자부활, 기사회생도 이 피드백 하나에 달려 있습니다.

대략적이지만 글로벌 무대에서 통하는 정품격 테이블 매너입니다. 온갖 식사 도구들이 놓인 B4 용지 한 장 혹은 두 장 면적의 좁은 공간에서, 그것도 바르게 앉아서 능수능란하게 호스팅을 해내야 합니다. 이 정도의 내공이면 다음 식사 약속은 물론 머잖아 친구가 되어 그들의 사교 클럽에 초대받을 수도 있습니다. 그렇지만 밥맛 없는 하인격으로 인식되어 버리면 나중에 답례로 식사 초대를 해도 이런저런 이유를 대며 피해 버립니다. 그러니 테이블 매너에 자신이 없을 경우에는 파트너를 정규 레스토랑에서의 디너로 초대하는 것을 피하고, 사무실 인근의 약식 식당에서 간략한 오찬으로 대신하는 것이 좋습니다.

그럼에도 불구하고 많은 한국인들은 "그깟 형식적인 행위가 뭐 그리 대수람! 내용이 중요하지!"라며 대충 얼렁뚱땅 생략하려 드는가 하면, 제 기분대로 거창한 곳에서 거나하게 한턱 쏘았으니 됐지 않느냐고 으스대기만 합니다. 한국에선 그런 게 통하지만, 글로벌 무대에서는 바로 상것으로 오해받습니다. 그러다가

대화와 소통을 최우선 목표로 공간 구성된, 콩나물 시루 속 같은 미 백악관 테이블 세팅. ⓒ백악관

성공하고 나면 그런 못된 DNA가 발동하여 반드시 사고를 쳐 망하기 일쑤지요.

아무튼 위의 식사 전 과정을 물 흐르듯 부드럽게 이어가되 전체적으로 모든 말과 행동은 최대한 느려야 합니다. 느릴수록 오히려 상대는 더 집중하게 마련! 이는 리더십의 기본입니다.

레스토랑 사전 점검, 메뉴와 레시피 짜는 법, 와인 세련되게 따르는 법, 포크와 나이프 등 도구 다루는 미세한 요령, 사소한 걸로 상대의 호감을 유도하는 법, 메시지의 은유적인 전달법, 식

소아암을 앓고 있는 소녀에게 능숙하게 차를 따르고 있는 블라디미르 푸틴 러시아 대통령. 아동병원 방문 때의 환대와 찻잔 선물에 대한 피드백을 실천하고 있습니다. 어린이라 할지라도 성인과 동등한 대우를 하고 있는 러시아 국가지도자와 어린 시민의 사회 교섭 문화 내공을 보여주는 정품격 모델 폼. 아이의 두 손이 테이블 위에 바르게 올려져 있고, 자세 또한 바르고, 의자 높이도 불편함이 없도록 조정되었습니다. 단 한번만이라도 이런 '인격적인' 대우를 받은 적 있는 어린이라면 그만큼 훌륭한 인격을 갖춘 리더로 성장할 수밖에 없을 것입니다. ⓒ로이터

사 중간중간 입에 발린 감탄과 칭찬 날리는 법, 빵을 찢는 법, 와인과 고기를 입 안에서 섞는 법, 아이스크림을 먹는 데 왜 스푼과 포크가 다 필요한지, 냅킨의 구체적인 사용법, 커피를 우아하게 마시는 법, 실수나 사고에 대한 대처법 등등 구체적이고 세련된 미세 매너, 나아가 보다 창조적인 고품격 매너는 실제로 정규 레스토랑에서의 실습을 통해 머리가 아닌 몸에 기억시켜 나가야 합니다.

무엇보다 중요한 것은 식사의 전 과정을 주인격으로서 이끌어 가는 것입니다. 호스트임에도 불구하고 잘못 배운 하급 매너로 응대했다간 하인격으로 취급받을 수밖에 없음을 명심해야 합니다. 미세한 서비스라고 해서 귀찮다고 생략하거나 주저하면 안 됩니다. 비즈니스는 전쟁입니다. 망설이면 죽습니다. 무조건 방아쇠를 당겨야 합니다.

거칠게 말하자면 식사는 연극입니다! 그것도 자신이 직접 감독 겸 배우가 되어 무대에 서는 것입니다. 그 연극에서 주연이 되려면 철저한 프로 정신으로 정품격 테이블 매너를 익혀야 합니다. 그리하면 세계를 자신의 무대로 만들 수 있습니다.

18 디저트는 소통의 꽃이다!

이스라엘 족속이 그 이름을 만나라 하였으며, 깟씨같이 희고 맛은 꿀 섞은 과자 같았더라.

(출애굽기, 16:31)

출장, 관광, 배낭 여행 등으로 수많은 한국인들이 줄지어 해외로 나갑니다. 그런데 그만큼 가는 곳마다에서 크게 또는 작게 사고 내지는 분탕질을 쳐놓아 다음으로 여행 가는 한국인들을 당황스럽게 만들고 있습니다. 아예 한국인들을 받지 않겠다고 입구에 써붙인 호텔이며 식당이 있는가 하면, 어떤 도시엔 한글로 음주 운전을 경고하는 팻말까지 달아 놓은 거리도 있고, 한국인 출입을 금하는 박물관도 생겨났습니다. 그러니 해외 관광을 나서기 전에 자신의 에티켓과 식사 매너 등을 점검해 보는 것이 좋을 듯합니다. 이왕 돈 쓰고 제대로 사람 대접받으려면 말입니다.

'2015 베니스비엔날레, 밀라노엑스포'에 예상되는 많은 관광객들을 위해 2013년 베니스 문과대학에서 밀라노·베로나·트렌토·베니스·트리에스테 등 5개 도시의 서비스 관광업 종사자들을 대상으로 설문조사를 한 결과가 현지 언론에 보도된 적이 있습니다. 한데 부끄럽게도 '가장 꺼려지는 관광객들' 1, 2위는 중국인과 한국인이었습니다. '공공 기물 파손'과 '식사 후의 자리가 가장 더럽다'는 식사 예절 지적이 부연설명으로 따랐습니다. 반면에 '가장 호감가는 관광객들' 1위는 일본인이 차지했으며, '관광업 종사자들인 당신들이 가장 가보고 싶은 나라' 역시 일본이 1위를 차지했습니다.

식사 매너가 원시미개형인 어글리 코리언들!

그러잖아도 한국인들의 테이블 매너는 제 돈 내고 당당하게 대접받는 주인의 모습이 아니라 제 돈 내면서 공연히 인종차별받기 딱 알맞은, 영어로 서번트(servant), 하인격임은 이미 정평이 나 있습니다. 식사 자세나 대화 에티켓은 말할 것도 없고, 옆 테이블의 서양 사람들이 와인 주문해 즐기는 걸 뻔히 보면서도 정규 레스토랑에서 와인은 주문도 않고 맹물만 연거푸 더 달라고 보채는 바람에 웨이터로부터 인격체가 아닌 금붕어 취급받는 일은 아예 일상화되다시피 하고 있습니다.

결정적으로 식사 끝에 나오는 디저트(후식)를 주문하지 않거나, 디저트가 자동적으로 따라 나오는 세트 메뉴 식사자리에서도 디저트가 나오기 전에 자리를 떠버리는 일이 허다합니다. 하여 식사의 시작과 끝도 모르는 무례함으로 '한국인 출입 금지'를 써붙여 놓는 일이 일어나는 것입니다.

한국의 식당에서는 식사를 마친 상을 그대로 둔 채 디저트를 내오지만, 서양에선 메인 요리를 마치면 그 식기들을 다 치운 다음

차마시기 모델 폼! 외국 영화나 드라마에 차 마시는 장면이 많이 나옵니다만 그 모습이 우리와 조금 다릅니다. 찻잔은 언제나 세트입니다. 받침접시는 차를 흘리지 말라는 용도도 있지만, 방석과 같이 존중의 표현이기도 합니다. 영화 속 한 장면. [인터넷 캡처]

대부분의 한국인들은 커피를 마실 적에 받침접시는 두고서 찻잔만 들어 마십니다. 커피만 수입했지 커피 매너, 커피 문화는 수입하지 못했기 때문입니다. 돈 받고 파는 것이 아니므로 거추장스런 포장지 정도로 여긴 것이지요. 영화 속 한 장면. [인터넷 캡처]

에야 나옵니다. 연극으로 치면 3막을 마치자 커튼을 내려 무대를 재정리하고, 마지막 피날레 4막을 여는 것과 같은 거지요.

한데 바쁠 때에는 이 디저트가 5분 내지는 10분이 더 걸릴 경우도 있습니다. "밥 먹을 땐 잡담 안한다"는 우리식 오도된 식불언 악습관에다가 성질까지 급한 한국인들은 그걸 못 기다리지요. "에잇, 까짓 디저트 안 먹고 말지!" 하고 일어서 나가 버리기 일쑤인데, 그게 얼마나 무례한 일인지 알지 못합니다. 식사의 끝을 채 맺지 않고 나간 것이기에 식당 주인을 개무시한 꼴이 됩니다.

아무렴 디저트의 사회학적인 의미도 모른 채 디저트를 단것을 좋아하는 아이들이나 먹는 불량식품쯤으로 여겨 아예 주문도 않거나, 디저트가 나오기도 전에 일어나거나, 정성들여 만들어 내놓은 디저트를 외면하고 커피를 달라는 한국인들이 자신이 제대로 인격체로서 대접을 받았는지 못 받았는지조차도 모른 채 세계를 돌아다니고 있는 겁니다. 설사 지병 때문에 단것을 먹지 않는다 하더라도 일단 주문해 놓고 보는 것이 매너입니다.

디저트는 소통의 꽃입니다!

디저트 혹은 디저트 와인의 달콤함은 사람을 기분 좋게 하는 호르몬 샘을 자극하여 마음의 문을 활짝 열어주는 기능을 합니다. 하여 점잖은 오찬이나 디너일수록 이 디저트를 더욱 중요하게 여깁니다. 대표적으로 미국 백악관의 패스트리담당 수석 셰프로서 25년간 일했던 롤랜드 메스니어 씨의 이야기가 유명하지요. 외교학 박사 학위까지 가진 그는 지미 카터에서부터 부시까지 5

명의 대통령의 빵과 과자·케이크·아이스크림 등 디저트 요리를 훌륭하게 만들어냈었습니다.

　클린턴 대통령은 디저트광이라 할 만큼, 그리고 레이건 대통령의 부인 낸시 여사는 디저트를 먹기 위해 가끔 메인 요리를 먹지 않을 만큼 그가 만든 디저트를 좋아했었다고 합니다. 또 한국의 김대중 대통령에게는 설악산을 배경으로 한 복숭아 디저트를 만들어 내놓아 한국의 아름다움과 대통령의 건강을 챙기는 배려심을 표현해 양국 정상 간의 껄끄러운 관계를 잘 풀어 나가도록 유도하기도 했었지요. 그동안의 심각한 이야기는 이제 그만 접어두고 긴장 풀고 웃으면서 마무리지으라는 뜻입니다. 그러니 점잖은 오찬이나 디너일수록 이 디저트를 더욱 중요하게 여깁니다. 메인 요리가 영양 보급 측면이 강하다면, 디저트는 영양 섭취와는 애시당초 관계 없고 "인생을 즐기는" 영어로 셀리브레이트 라이프(celebrate life)하는, 즉 친교, 참소통의 자리이기 때문입니다.

　전문 용어로 디저트를 비롯한 패스트리 전문 셰프를 '파티시에(patissier)'라고 일컫는데, 그들은 단순히 요리 실력만으로 평가받지 않습니다. 각 나라의 문화와 관습 등 다양한 인문학적 지식을 활용해 손님의 건강과 취향을 배려함에 더하여 인생의 아름다움을 구가함은 물론 때로는 국가 간의 심각한 외교 현안 마무리 터치까지 챙겨야 한답니다. 때문에 대부분 선진국에선 영부인이 요리와 디저트·와인 등 귀빈들의 접대를 직접 지휘하거나 참여합니다. 그래야만 정상 간의 주요 현안에 대해 어떤 메시지를 은유적으로 담아낼지 긴밀하게 상의할 수 있기 때문이지요. 이런 일에는 특히 레이건 대통령의 영부인 낸시 여사가 깊은 관심을 가져 상대국 정상에게 디저트에 담긴 의미를 자세하게 설명하며 분위기를 화기애애하게 이끌었다고 합니다.

이에 비해 한국 청와대의 외빈 접대 및 국제 행사의 파티는 어떤 수준일까요? 예쁜 모양의 떡이면 된다는 향단이 머리 수준의 디저트. 생과일 몇 쪽은 서양인들에게는 아닌 밤중에 미완성 샐러드일 뿐, 글로벌 식재료 무개념 현실입니다. 검식관에게만 맡긴 요리. 검소함이 자랑(?)인 칼국수 연장선상의 빈티나게 허술한 내공의 식단. 화려한 경력을 내세우지만 사실은 뭐하나 장인다운 전문성이 없거나 겉멋만 든 글로벌 기본기 절대 부재, 하위 서비스직업 계층 출신, 하급 마인드의 전문가연하는 인사들에게 머리를 맡긴 유치한 수준의 메뉴 기획과 전개. 도무지 소통 개념이란 찾아볼 수조차 없을뿐더러 오히려 소통의 흐름을 방해하는 경우가 더 많은 실정입니다.

게다가 주방 사람들이 정성들여 만들어 내놓은 디저트를 애써 외면하고 무슨 건강관리에 대단한 사람인 모양 '으쓱' 개폼까지 잡으며 자기에게는 "그냥 커피만 달라"고 해서 동석한 외국 VIP 손님들을 아연실색 무안하게 만드는 최악의 무례도 서슴지 않는 한국인들이 너무 많습니다. 앙상블 개념 부재에서 빚어진 대형 사고입니다.

자기 생각에는 까짓 디저트 같은 것은 거들떠보지도 않는 대범한 인간이란 것을 내보이고 싶었을 수도 있겠으나, 그랬다간 디저트를 못 먹을 만큼 심한 당뇨와 같은 병을 앓고 있는 사람으로 의심받을 수도 있습니다. 그런 사람과 오래 함께 일하고 싶은 마음이 나겠습니까? 그게 아니면 '나 바쁜 사람이니까 마무리 피날레 의식 생략하고 그만 빨리 끝내자!'는 원시미개 무뢰한으로 받아들입니다.

따라서 디저트를 먹든 안 먹든, 다이어트 필요상 불가피하게 숟가락만 떠먹더라도 디저트를 꼭 주문해서 동석한 다른 손님들과 조화를 이뤄야 합니다. 왜냐하면 진짜 비즈니스에 관한 이야기는 메인 요리가 끝난 다음 이 디저트에서부터 시작하는 게 관례이기 때문입니다. 디저트에 손도 대지 않는다는 건 지금까지 했던 이야기를 없었던 일로 하자는 간접적인 의사 표시로 비칠 수도 있습니다.

만약 극진히 대접해야 할 VIP 손님이라면 이왕 비용을 조금 더 들여, 그동안 테이블을 지키고 있던 떨떠름한 레드 와인잔들은 그만 다 치워 가게 하고, 새로 섹시한 모양의 예쁜 병에 담긴 스위트한 디저트 와인을 별도 주문합니다(여성 손님이 있다면 더더욱). 그리하여 참신해진 분위기에서 새 와인을 곁들여 디저트를 더 멋지게 즐기도록 마지막 대목까지 방심하지 않고 세심하게 신경 써 접대하면 반드시 존중받게 될 것입니다.

아무튼 디저트 생략은 많은 한국인들이 무심코 저질러 온 무매너 가운데 하나로 돈은 제법 많은데 제대로 쓸 줄은 한참 모르는, 센스 없고 옹색한 티에서 좀체 벗어나지 못하는 원시미개인 졸부 취급받는 엄청난 실수입니다. 한데 문제는 당사자는 그게 실수인 줄 꿈에도 생각 못한다는 것입니다. 덕분에 비즈니스를 망친 건 고사하고 자신이 제대로 성숙된 인격체로서 대접을 받았는지 못 받았는지조차도 모른 채 자신의 우물 안 세계관, 속 좁은 소견으로 동양의 유색인이라 인종차별받는다고만 제풀에 오해하는 경우가 글로벌 본선 무대에서는 너무도 비일비재합니다. 디저트를 모르면 짝퉁 신사 숙녀입니다. 꼭 유념하시길 바랍니다.

19 식탐(食貪)이 아니라 식담(食談)!

예수께서 이르시되 지금 잡은 생선을 좀 가져오라 하시니, 시몬 베드로가 올라가서 그물을 육지에 끌어올리니 가득히 찬 큰 물고기가 백쉰세 마리라. 이같이 많으나 그물이 찢어지지 아니하였더라. 예수께서 이르시되 와서 조반을 먹으라 하시니, 제자들이 주님이신 줄 아는고로 당신이 누구냐 감히 묻는 자가 없더라.

(요한복음, 21:10-12)

성경에서 예수께서는 종종 음식이 모자랄 때에 기적을 행하여 수많은 사람들을 배불리셨습니다. 그리고 식사중에 제자들, 혹은 당신을 따르는 사람들과의 대화를 통해 많은 가르침을 남겼습니다.

품격에선 동서양이 본질적으로 다르지 않습니다. 테이블 매너 역시 마찬가지! 저 사람과 함께 식사하면 즐겁겠다, 함께 식사하고 싶은 사람, 어떤 분야 누구와도 저녁 먹으면서 서너 시간 즐겁게 담소를 나눌 만한 교양과 매너를 갖춘 사람이라면 글로벌 주류 사회의 일원으로 당당하게 살아갈 수 있습니다.

베트남 독립의 아버지 호찌민(胡志明, 1890-1969)은, 1911년

6월 프랑스 기선 아미랄 라투셰-트레빌호의 주방보조로 고용되어 유럽으로 건너갔습니다. 조국의 독립을 위해 지배국 프랑스로 유학을 가던 청년은 배 안에서 수시로 펼쳐지는 프랑스 식탁 문화를 접하면서 후일 세계 최강대국 프랑스·미국과 대항해 이길 상승무공의 알고리즘을 만들어 나갔을 것입니다.

그리스의 선박왕 오나시스(1906-1975)는 젊은 시절 꽤나 가난했다고 합니다. 그는 하루하루 끼니를 굶어 가며 돈을 모았는데, 어느 정도 돈이 모이자 부자들만 다니는 고급 식당으로 갔습니다. 당연히 행색과 신분이 너무 초라해서 출입을 거부당했습니다만, 그는 포기하지 않고 계속해서 찾아가 졸랐습니다. 그러던 어느 날, 한 부자가 오나시스에게 "자네는 왜 힘들게 번 돈을 한 끼 식사에 다 바치려 하는가?"고 물었습니다. 그러자 오나시스는 "저는 당신들의 생활이 부럽습니다. 그래서 당신들의 생활 방식과 문화를 배우고 싶습니다"라고 답하였고, 예의 부자는 "그래, 그렇다면 어디 한번 우리들의 방식을 배워 보게" 하며 허락했습니다. 그리하여 테이블 매너에서부터 상류층 문화를 배워 나가 그들과 친구가 된 오나시스는 그들로부터 투자와 일감을 받아내어 결국에는 세계적인 대부호가 되었습니다.

식불언에 담긴 아주 불편한 진실도 있습니다.

장시간의 디너가 끝나고 배웅을 하면서 주인 부부 왈 "그렇게들 배가 고팠었나요? 그래서 남은 음식 몇 가지를 좀 담아 봤으니 가져가세요!" 하더랍니다. 어느 미식 문화 전문가의 프랑스 유학 시절 회고담입니다.

옆집 프랑스인 부부가 그들의 친구들과 함께 자기까지 집으로 초대해 벌어진 일이라 합니다. 아닌 밤중에 '배고픈 동양 유학생'으로 전락하고 만 이 해프닝의 발단은, 자기 생각에는 한국식 식사 예절의 기본인 '식사중에는 말하지 말라(食不言)'는 오도된 공자님의 가르침을 너무 잘 지켰다는 데 있었습니다. 그러나 프랑스인 부부의 생각에는 저 친구가 그동안 얼마나 허기가 졌으면 그토록 긴 식사 시간 내내 대화도 없이 음식만 조용히 먹느냐는 것이었습니다.

한국인의 식불언이란 조선 시대, 즉 할아버지, 아버지, 아들, 손자 그룹, 하인 하녀, 행랑채 손님, 노비 등 최소한 7단계의 신분으로 구성된 대가족제도에서 총인원수에 비해 식기와 밥상 및 반찬이 절대적으로 부족한 상황하에서 불가피하게 같은 반찬의 밥상을(일인당 밥과 국, 수저만 바뀌는) 최소한 5회 이상 돌림상하는 과정에서 회전율을 높이기 위한 궁여지책의 편법이었습니다.

정부 관공서도 실정은 마찬가지! 점심 때 각자가 15분 남짓 재빨리 번갈아 먹었는데, 수저와 밥그릇·국그릇을 씻고 퍼담는 시간 또한 만만치 않아 경복궁 근정전의 경우 당상관, 당하관, 주사 서기급, 하위직, 여직원, 일용잡급, 민원실 손님, 노비 그룹, 미결수 등 대략 15단계의 신분 그룹별 식사에 따라, 전체적으로는 3-4시간이 걸려 오후 업무가 자주 마비되는 등 폐해가 적지 않았다고 합니다. 이 문제로 선조 시절 이율곡 선생이 시정할 것을 상소하였으나 재정 현실을 감당할 수 없어 유야무야되었다는 기록도 전해 오고 있습니다. 여기에다 배고픈 역사의 굴곡을 지나온 어른들은 하나같이 "농부의 정성을 생각해, 밥 한 톨 남기지 말고 깨끗이 먹어라!"고 자식들을 가르쳤습니다.

문제는 정작 21세기 현대에 와서입니다. 수많은 한국 젊은이들이 해외로 공부하러 나가지만 이들이 목적하는 바는 영어 혹은 현지어 습득과 학위 취득입니다. 하지만 모두 거기까지입니다. 그 목적한 바를 이루게 되면 도망치듯 한국으로 돌아오지요. 유학한 현지에서 자리를 잡고 그들과 함께 사는 이는 불과 몇 되지 않습니다. 한국인을 넘어 세계인으로 살아갈 용기도 능력도 없는 거지요. 세계를 제패하러 나간 게 아니라 한국에서 행세하기 위한 영문 증(證)이 필요했던 겁니다.

쫓겨 돌아오는 한국의 젊은이들!

대부분의 한국 유학생들이 현지의 주류 사회에 동참하지 못하고 외톨이가 되거나, 한국 유학생들끼리만 어울려 놀다가 겨우 공부를 마칩니다. 설사 그곳에서 실력을 인정받아 학교나 연구소 등에 취직을 했다 하더라도 그다지 오래 버티지 못하고 스펙쌓기만 끝나면 국내에 들어옵니다. 반대로 국내에서 공부하고 어렵게 국제기구나 외국 회사에 취직한 이들도 대부분 얼마 못 견디고 돌아옵니다.

외국 생활이 적성에 안 맞는다고들 하지만 실은 본인도 그 원인을 잘 모르는 경우가 대부분이지요. 원인을 알면 고쳤을 테지만 그걸 모르니 고치지도 못하고 맥없이 쫓겨 들어오는 겁니다.
스펙으로 보면 현지인들에게 결코 뒤지지 않을뿐더러 오히려 우
수한데도 불구하고! 자신에 대한 박대가 동양인에 대한 차별이라
고 지레짐작하는 겁니다. 과연 그럴까요?

아닙니다. 모두 무지거나 핑계, 혹은 변명일 뿐입니다. 진짜
이유는 현지인들과 융화되지 못한 겁니다. 유학중에 겨우 학교
공부만 했지 적극적으로 그들의 문화를 이해하고 적응, 융합하려
는 노력을 하지 않았기 때문입니다. 그 중에서도 특히 식사 문화,
즉 테이블 매너에 대한 무지가 가장 큰 원인입니다. 고작 '좌빵
우물, 좌포크 우나이프' 정도의 상식도 아닌 상식을 식탁 매너인
줄 알고 물 건너갔으니 밥 한 끼 못 얻어먹고 쫓겨오는 건 당연한
업보지요. 식불언은 그 한 예에 불과합니다.

한국 학생들이 가장 많이 가는 미국만 하더라도 유학 온 학
생일 때에는 싸가지가 있건없건 무조건 환영입니다. 어차피 공부
마치면 돌아갈 장기 관광객이나 마찬가지이니 그 정도는 모른 척
하는 겁니다. 그렇지만 사회인으로 올 때에는 철저하게 따집니
다. 이런저런 조건이나 자격을 요구하지만 근본적으로는 모두 소
통 능력에 대한 검증입니다.

술을 즐겨 하는 자들과 고기를 탐하는 자들과도 더불어 사귀
지 말라. 술 취하고 음식을 탐하는 자는 가난하여질 것이요, 잠자기
를 즐겨 하는 자는 해어진 옷을 입을 것임이니라.

(잠언, 23:20-21)

'빨리빨리' 문화에는 소통이 없습니다!

한국인들은 앞서 언급한 '식불언'이란 최단시간내 식사를 마쳐야 할 압박감 아래서, 또한 불만 제기를 원초적으로 봉쇄하던 군사 및 병영 문화에서 더욱 고착화되었습니다. 민주화 시대에조차도 가정 내 언로 확대 요구를 눌러 놓기 위해 식사중에 말을 많이 하면 복이 빠져 나간다고 둘러대며 말없이 밥을 먹는 훈련을 해왔습니다. 해서 조용히 고개 처박고(?) 먹기에만 열중하는 버릇이 생겼지요. 한데 이게 서양인들의 시각에선 도무지 인격체로 볼 수가 없다는 겁니다.

한국인처럼 말을 가능하면 절제하고 집중해서 음식을 먹으면 남보다 빨리 후다닥 배불리 먹어치울 수 있습니다. 가난했던 시절에 체화된 습성이지요. 게다가 입속의 음식이 밖으로 튀어나올 염려도 없습니다. 당연히 밥 먹으면서는 대화에 집중할 수가 없습니다. 해서 가능한 한 빨리 밥을 먹고 찻집이나 술집으로 자리를 옮겨 진지한 대화를 해야 한다고 생각합니다. 그러니 점심 한 끼 해결하는 데 한 시간, 혹은 그 이상을 보낸다는 건 가당치 않은 것이지요.

반대로 서양인에게서 식사는 단순히 배고픔을 해결하는 것만이 목적이 아닙니다. 헨리 키신저 전 미국 국무장관이 처음 죽(竹)의 장막 중국을 찾았을 때, 자신의 오찬 상대로 앉은 허름한 양복을 입은 두 중국인을 보자 절로 얕보게 되었다고 합니다. 한데 막상 식사를 하면서 대화를 나누자, 그 테이블 매너며 교양, 그리고 동서양을 자유자재로 넘나드는 해박한 지식에 놀라 감탄을 금치 못했었다고 그의 자서전에 기록하고 있습니다.

글로벌 사회에선 식사를 서로 소통하는 기회로 삼습니다. 따라서 식사 시간 동안 끊임없이 대화를 나눕니다. 배를 불리는 것만이 목적이 아니라 대화를 즐기는 것이 목적이지요. 때문에 비즈니스 런천에선 직설적인 표현 대신 가벼운 식담(食談) 속에 협상과 거래의 메시지를 은근히 깔아 주고받습니다.

식불언으로 음식에만 집중하면 짐승 취급받습니다. 음식 남긴다고 욕하지 않습니다. 중국의 저우언라이(周恩來) 총리는 주요 외빈과의 만찬이 있을 때에는 미리 주방에 들러 국수 한 그릇을 먹고 나갔다고 합니다. 자칫 배가 고파 허겁지겁 먹는 데에만 열중하게 될까봐 미리 배를 반쯤 채우고 나간 것이지요. 프랑스 유학에서 다진 내공이겠습니다. 그러니 중요한 식사 자리라면 먼저 컵라면 한 개 정도로 배를 채우고 가야겠다고 거듭 다짐하는 게 중요합니다.

한국인의 글로벌 중증장애 식불언(食不言)!

식사중에는 가능하면 부담 없는 이야기로 화기애애한 분위기를 연출해내어 '모처럼 소통 가능한 한국인'이었다고 최종 이미지 조성되도록, 재미있게 긍정적인 인상을 심어줄 수 있어야 합니다.

참고로 접시 들고 우르르 떼지어 몰리는 뷔페식은 영양 보충

미중 수교의 역사적인 식사 장면. 저우언라이(周恩來) 총리가 리처드 닉슨 미국 대통령에게 직접 젓가락으로 음식을 집는 법을 시범 보이고 있습니다. 저우언라이는 자칫 먹는 데 열중할까봐 중요한 식사에는 미리 국수 한 그릇으로 배를 반쯤 채우고 나갔다고 합니다. [인터넷 캡처]

파리 시내 레스토랑에서 격의 없는 식사 모임을 갖는 오바마 대통령과 올랑드 대통령. 식사의 목적이 음식으로 배를 채우는 데에만 있지 않습니다. 언제나 '즐거운 대화'를 염두에 둬야 합니다. 미국인들은 두 손을 아래로 내리는 것에 관대하지만, 유럽 신사들은 두 손을 항상 테이블 위에 올립니다. ⓒ엘리제궁

백악관 국빈 만찬 풍경. 중요한 건 먹는 게 아니라 즐김과 대화! ⓒ백악관

2014년 노벨상 수상 축하 만찬 광경. 테이블 가운데 꽃장식이 있을 경우 좌우 사람들과 소곤소곤 식담(食談)을 나눕니다. 신사는 자신의 여성 동반자를 오른편에 앉히고 항상 케어를 하면서 즐겁게 해주어야 합니다. ⓒ연합뉴스

식입니다. 자칫 인격을 짐승격으로 떨어뜨리는 식사법으로서, 결코 점잖은 손님 접대법이 못 됩니다. 수많은 손님들이 접시 들고 일어섰다 앉았다 하는 소란스러운 분위기여서 진지한 대화를 나누기에도 적절치 못하지요. 그러니 아주 친한 사람끼리나 가족내 행사에 한해야 합니다. 비즈니스 런천 혹은 디너라면 당연히 정격 레스토랑에서 웨이터로부터 인간존엄성을 확인받는 테이블 식사여야 합니다.

그리고 노벨상 수상 축하 만찬과 같은 규모가 큰 행사처럼 식탁 중앙에 촛대와 꽃장식이 있으면 건너편 사람과는 대화가 불편합니다. 그럴 때에는 옆사람과 이야기를 나눠야 합니다. 상체를 똑바로 세우되 대화를 할 적엔 상대를 향해 상체를 돌려야 합니다. 구부정하게 허리 굽히고 머리 처박은 자세로 고개만 돌렸다간 바로 짐승〔犬〕 취급당해 좌우 외면으로 혼자서 밥이나 먹어야 합니다. 또한 대화는 가능하면 조용하게 해서 이쪽 테이블의 이야기가 옆 테이블을 침범하지 않도록 해야 합니다.

마음에 새겨야 될 것은 먹는 게 아니라, 같이 놀아 주고 사교의 기본 점수 확보에 목숨을 걸어 '좋은 이웃' '재미난 친구'가 되는 겁니다. 이렇게 메인 요리와 함께 즐거운 이야기꽃을 피우며 만남의 의미나 목적을 은유적으로 전달한 다음, 드디어 디저트 식담(食談)으로 재각인시키고 마무리합니다.

소통 매너의 핵심, 식필언(食必言)!

요즘 한국의 텔레비전은 소위 '먹방'으로 도배를 하고 있습니다. 음식 문화를 소개한다지만 기실 대부분 어떻게 하면 맛있게, 싸게, 배불리 먹을 수 있을까 하는 데에만 집중하고 있습니다. '테이블 매너'는 단어조차 들을 수 없습니다. 비록 식불언(食不言)이지만 지난날 엄격하고 기품 있던 우리의 전통 식사 예절은 찾아볼 수 없고, 대신 도무지 격조라곤 찾을 수 없는 막무가내 먹고 보자는 식의 상스러운 식탁 문화를 퍼뜨리고 있어 도무지 민망해서 볼 수가 없습니다.

기실 선진시민들의 인성과 교양, 사회성, 공공 의식도 '유대인의 공부법' 그대로 모두 이 식탁에서 길러집니다. 해서 함께 식사를 해보면 상대방의 됨됨이를 고스란히 파악할 수 있게 되는 겁니다. 그렇지만 식담(食談)이 안 되는 한국인들은 고작 식사 한 끼로는 상대의 내공을 어림짐작도 못합니다. 해서 따로 술자리를, 그것도 2차 3차 폭탄주를 돌리는 것입니다. 하여 부지불식간에 조폭따라하기 음주 문화가 한국적인 것으로 자리잡았습니다. '화끈한' 문화에선 품격이 피어날 수가 없습니다. 절제 없인 품격도 없기 때문입니다.

글로벌 무대에서 한국인이 유색인이라 차별받는 게 아니라 무매너 때문에 차별받는다는 사실을 언제쯤 깨닫게 될까요? 글로벌 매너를 배우기 전에 우선 '글로벌 눈치'라도 좀 가졌으면 합니다. 물론 글로벌에 관심도 없고 그냥 우리식대로 살겠다고 하면 어쩔 수 없지만, 우리식이라고 해서 모두가 똑같으리라는 생각은 오산입니다. 품격의 차이는 세계 어느 민족, 어느 문화권, 어느 시대나 반드시 있어 왔습니다. 한국 역시 반상의 구별이 없어진 지 오래지만 품격에서는 구별이 없지 않았고, 상류층이 안정을 대물림하면서 그들만의 매너가 차츰 형성되어 가고 있는 중입니다.

마지막으로 필자의 경험담을 소개합니다. 개혁개방 초기 중국 남부의 주요 거점도시에 중국기업 친구와 약속이 있어 갔다가 그 회사의 중요 VIP 접대 일정과 오버랩되어 부득이 겸상을 하며 대화꾼으로 찬조 출연까지 떠맡게 되었습니다. 문제는 그 VIP와 필자가 통할 수 있는 영어는 댕큐, 쏘리, 예쓰, 노우 네 단어뿐이었지요. 저녁 6시부터 새벽 1시까지 무려 7시간이나 걸린 비즈니스 접대였는데 홍콩에 돌아온 뒤 친구를 통해 전해 온 그분의 메시지가 글로벌시대 한국 비즈니스맨, 외교관, 해외 파견 공작원들에게 의미 깊은 도전이 될 것입니다. "안선생은 정말 재미있는 한국인입니다. 다음 기회에 우리 동네 옆지역에 출장 오실 때 그냥 지나치지 마시고 꼭 미리 연락 달라는 전언 부탁합디다." 예의 VIP는 그 도시 개발총공사의 대표였습니다!

다시 강조하지만 동서양을 불문하고 문명 국가에서는 식사를 단순히 배고픔을 해결하기 위한 자리로만 인식하지 않습니다. 그러니 우선 가정에서 식탐(食貪) 대신 식담(食談)으로 글로벌적 세계관을 길러 나가야 합니다. 물론 가벼운 이야기라 하여 잡담을 말하는 건 아닙니다. 가정에서건 식당에서건 혼자 하는 식사가 아니면 항상 재미있는 이야깃거리를 준비해 가는 습관을 들이길 바랍니다. 그게 쌓이면 어느 순간 모든 테이블에서 환영받는 주요 인물로 떠오르게 될 것입니다.

20 "당신의 눈동자에 건배를!"

불후의 명작 영화 〈카사블랑카〉(1942)에 나오는 명대사입니다. 원어로는 "Here's looking at you, kid!"로 미국 영화 100년사의 명대사 가운데 하나로 꼽히지만, 정말이지 외화번역사에 이만큼 멋진 번역도 다시없을 것입니다. 그리고 이 대사는 상대방의 눈을 보지 않으면 나올 수 없는 것으로 건배의 정석을 가장 정확하게 표현한 말이기도 합니다.

설마하니 그토록 많은 외화나 외국 드라마, 심지어 뉴스 등에서 주인공들이 건배하는 장면을 헤아릴 수 없을 만큼 자주 보고도 한국 사람들 중 그 장면 그대로 건배할 줄 아는 이가 거의 없습니다. 심지어 주류회사에서 홍보하는 건배 장면 사진에서도 외국인들이 보기에는 완전 어글리 코리언입니다. 그러니까 한국인들은 건배의 요령도 모를뿐더러 건배하는 이유조차 모르고 술을 마신다는 말이 됩니다.

외국 영화에 나오는 상류층들의 식사나 리셉션에서의 건배 장면을 잘 보면 우리와 같은 듯하면서도 다름을 찾아낼 수 있습니다. 대부분 한국인의 건배 자세는 글로벌 시각에서 보면 완전 어글리 매너에 해당합니다. 상대방과 눈맞춤을 못하고 잔을 보

영화 〈카사블랑카〉의 한 장면. 눈을 보고 마셔요! [인터넷 캡처]

며 '챙!' 하는 것은 물론 악수할 때처럼 어깨와 목까지 움츠려 보기에 민망스럽기 짝이 없습니다. 아직도 전근대적인 봉건적 문화가 살아 있어 그런지 건배하는 데도 갑(甲)과 을(乙)이 확연히 구별됩니다. 심지어 대통령이나 외교관들까지 굽신 건배를 하고 있어 '코리아디스카운트'에 크게 일조를 하고 있습니다.

여호와께서 그를 황무지에서, 짐승이 부르짖는 광야에서 만나시고 호위하시며 보호하시며 자기의 눈동자같이 지키셨도다.

(신명기, 32:10)

서부극에서 총잡이들이 결투를 할 때 상대를 주시하지 아무도 자기 총을 내려다보지 않습니다. 눈도 깜짝 않은 상태에서 재빨리 허리춤의 총을 꺼내어 쏘지요.

와인잔 역시 마찬가지입니다. 악수할 때와 마찬가지로 건배를 할 때에도 잔을 보지 말고 상대의 눈을 봐야 합니다. 이미 굽신 건배가 몸에 밴 한국인들은 어지간히 노력해도 이게 안 됩니다. 그러니 우선 건배할 때 잔을 무조건 눈높이까지 높여 '챙!' 하는 훈련부터 합니다. 사관생도들의 직각식사처럼 그렇게 익숙해지면 차츰 눈맞춤도 가능해집니다.

식사 도중에 와인을 마실 때에도 와인잔을 내려다보고 집으면 아직 한참 하수(下手)입니다. 글로벌 신사라면 이때에도 잔을 보지 말고 오른손으로(약간 더듬거려도 괜찮습니다) 가운데 길쭉한

건배는 눈을 보고 '챙!' ⓒ엘리제궁

사상 최악의 굴욕 건배. 백악관 만찬에서 잔을 들고 굽신 건배하는 이명박 대통령. ⓒ청와대

기둥 스템(stem)을 잡아 들어올릴 수 있어야 합니다. 다섯 손가락으로 꽉 잡으려 애쓰지 말고 엄지와 검지로 걸어 가볍게 들어올려 입으로 가져오면 소통 매너에 상당한 내공을 지닌 인물로 존중받을 수 있습니다. 잔을 놓을 때도 마찬가지입니다.

당장 당신의 눈앞에 워런 버핏 회장과 같은 거물급 타깃인사가 앉았다고 해봅시다. 상대방의 순간적인 안색 변화조차 놓치지 말아야 할 절대적인 찬스에 와인잔을 잡기 위해 시선을 돌린다면 그의 시선과 관심을 동석한 다른 사람에게 빼앗겨 버릴 수도 있기 때문입니다. 상대방이 말을 할 때조차도 마찬가지입니다. 그만큼 상대방의 이야기에 관심을 가지고 재미있어한다는 표시이기 때문입니다. 와인은 사회적 커뮤니케이션 음료입니다. 건배는 잔으로 하지만, 소통은 눈으로 한다는 사실을 명심하십시오.

와인 마실 때 저지르기 쉬운 실수들을 체크해 보겠습니다.

점잖은 자리에서의 정격 건배는 첫잔(스파클링 와인 혹은 화이트 와인) 한 번만 합니다. 한국식으로 시도때도없이 건배를 해대며 술을 강제로 권해서 취하게 하거나 대화의 흐름을 끊는 짓은 금물입니다. 물론 중간에 새로운 요리가 나와 분위기를 환기시킬 필요가 있을 때나 대화중 축하해 줄 만한 일이 있으면 가볍게 잔을 부딪치는 건 괜찮습니다.

그렇지만 간만에 술 퍼마시고 취해 스트레스 푼다는 한국적 발상으로 글로벌 비즈니스 무대에 올랐다간 바로 아웃입니다. 글로벌 상류층 사교 모임이거나 비즈니스 오찬 혹은 디너에서 술로

스트레스 푸는 일은 있을 수 없는 일입니다. 술취한 추태를 보였다간 그 사교 모임에서 영영 퇴출입니다.

그리고 상대방이 잔을 만지작거릴 때마다 그 대목을 놓치지 말고 자신의 잔을 살짝 들어올린 후 눈방긋 미소와 함께 잔을 까닥거려 원격 리모콘 건배를 해주면 됩니다. 반대로 자신이 마실 때에도 그냥 훌쩍 마시지 말고 잔을 들어올리기 전 손목에 스냅을 걸어 일시 정지(pause)시킨 후 상대방이 건배 팔로우해 오기를 기다렸다가 같이 리모콘 건배하고 나서 마십니다. 경우에 따라 자기 회사의 생사여탈권을 쥔 상대방으로 하여금 '도움 주었다가는 자칫 같이 망할지도 모른다'는 느낌을 가지게 하는 '외로운 술꾼(lonely drinker)'으로 비쳐지느냐, 아니면 상대방과 팔로우 잘하는, 어느 고급한 자리에 데려가도 손색이 없을 비즈니스 스폰서 투자 잠재력이 큰 '우아한 와인 애호가(wine lover)'의 이미지를 가지게 하느냐가 여기에 달려 있습니다.

건배는 오른손으로 하는 것이 정격입니다.

취하기 위한 술자리는 없습니다!

잔의 수위가 낮아지면 호스트가 수시로 채워 줍니다. 호스트가 자신의 잔에 와인을 따를 때에는 먼저 상대방 잔에 조금이나마 따른 후에 자기 잔을 채워야 합니다. (이같은 상대방을 우선 존중하는 배려 방식은 프랑스와 같이 선진문명권에 속하는 중국에서 차를 따를 때에도 마찬가지로 적용됩니다.)

흔히 한국인들이 하듯 호스트도 아니면서 와인병을 잡고 호스트나 다른 손님에게 와인을 따르는 행위는 큰 실례가 됩니다. 그랬다간 필시 '남이 차린 상에서 자기가 왜 생색을 내지?' 하고 이상한 사람 취급합니다. 와인을 따르는 것은 웨이터나 식사자리의 돈을 내는 주최측 호스트의 몫이고, 손님들은 편안히 대접만 받으면 됩니다.

그리고 한국에서 외국인 비즈니스 파트너를 데리고 한식당을 찾아 전통술을 대접하는 경우에도 한국에 왔으니 무조건 우리식을 따르라고 강요하지 말고, 가능하면 불투명 사기잔 대신 유리 와인잔을 사용하는 것이 좋습니다. 우선 술은 시각적인 어필이 매우 중요한데, 투명한 유리잔이어야 외국인이 사기잔 속을 구태여 들여다보는 수고를 안 치르고서도 그 빛깔부터 바로 즐길 수 있지요. 또한 한국의 작은 사기잔 내지 유리 소주잔은 입구가 더 넓고 깊이가 얕아 술을 따르거나 건배시 술이 넘치기 딱 좋은 모양에다 소리까지 투박합니다. 게다가 대개의 한국인은 아직도 배고팠던 옛 시절의 버릇이 남아 있어 잔을 가득 채우려는 타성이 있습니다. 때문에 여간 조심하지 않으면 술을 쏟을 수밖에 없습니다. 그러니 절로 상대를 안 보고 술잔을 주시하게 되는 겁니다.

술의 빛깔을 살피고, 입술에 닿는 두께가 얇은 유리잔의 산뜻한 느낌도 매우 중요합니다. 포장이나 용기에 애국심이 잔뜩 묻은 전통주를 마음 편하게 마실 외국인들 몇이나 되겠습니까? 그들이 비즈니스를 하러 왔지, 한국의 음주 문화 배우러 온 것이 아니지 않습니까? 그러니 한국 전통주를 글로벌 무대로 내보내려면 사기잔을 고집하지 말고 이미 세계인들에게 익숙한 적절한 크기의 글로벌 정격 화이트 와인잔을 사용하는 것이 선행되어야 합니다.

마지막으로 튀고 싶어서 분위기 오버하며 내지르는 한국식 억지 개그 건배사는 절대 금물입니다.

2013년 9월 한미동맹 60주년 기념행사 참석차 미국을 방문한 새누리당 모 국회외교통일위원장이, 그날 저녁 한미 인사들이 참석한 가운데 케네디센터에서 열린 한미동맹 60주년 기념 리셉션에서 축사를 한 뒤 건배사로 "사우디!"를 제안했는데 무슨 의미인지 아는 참석자가 있을 리 없지요. '사'는 사랑을, '우'는 우정을 뜻하고, '디'는 경상도의 비속어 '디지도록(죽도록)'에서 따온 것이라는 부연설명까지! 그나마 통역자가 이를 '영원히(Forever)'라고 영어로 옮겨 천만다행이었다고 합니다. 어물전 망신 꼴뚜기가 시킨다더니, 한국식 억지 유치 개그 건배사를 미국에까지 들고 나가 코리아디스카운트를 자초한 것이지요.

이런 치기어린 건배사는 인격체 간의 성숙된 소통이 아닌, 한 프레이즈 구호 레벨의 집단적 공통 정서 및 유대감을 확인해야 하는 만족 강박증에서 나온 것이겠습니다. 한마디로 뽕 라이프 스타일이지요. 이같은 한국인들의 '외마디류, 단말마적 양태'의 건배사 주고받기식 뽕 레벨 중독증은 '비문명인 사회 특유의 성장장애성 집단적·사회적 병리 현상'입니다. 거칠게 말하자면, 또라이들의 집단 마스터베이션입니다.

그냥 점잖게 건강과 행운을 위하여 건배하면 됩니다. (와인잔을 들고 건배하며) "치어스!" 특히 중국에서의 비즈니스 술자리에 서라면 만남의 목적에 어울리는 한시(漢詩)를 건배사로 읊으면 크게 존중받습니다.

이렇게 품격 있는 우아한 디너라면 능히 거래 규모나 파트너십을 업그레이드시킬 수 있습니다.

너희가 스스로 조심하라. 그렇지 않으면 방탕함과 술취함과 생활의 염려로 마음이 둔하여지고, 뜻밖에 그날이 덫과 같이 너희에게 임하리라.

(누가복음, 21:34)

에이, 무슨 소리? 상당수 와인스쿨 강사들은 이런 주장에 동조하지 않고, "내 돈 내고 내 와인 마시는데, 왜 굳이 서양인들 눈치를 보느냐? 그냥 아무렇게나 자기 편한 대로 잡으면 되지. 술 마시는 게 목적이지, 서양 예법 지키는 게 뭐 그리 중요하냐"며 막가파식으로 주당들을 선동하기도 하는데, 이는 매우 잘못된 생각입니다. 디테일한 것을 싫어하고, 뭐든 대충 넘기려는 민족성에 편승한 무책임한 주장이라 할 수 있지요.

물론 그런다고 누가 면전에서 뭐라 하지 않습니다. 일단 남의 문화도 존중해 주는 게 선진문명 사회 시민으로서의 매너이기 때문입니다. 하지만 속으로 역겨운 감정이 스쳐 지나가는 건 어쩔수 없습니다. 아무렴 그렇다 해도 당신이 절대적인 갑(甲)이라면 그래도 무방하겠지요. 그렇지만 비즈니스 상대방 눈치 안 봐도 되는 갑이 될 때까지는 글로벌 정격 매너를 따르는 것이 백번 자신에게 이롭다는 사실을 명심해야 합니다. 설사 슈퍼 갑이라 할지라도 그같이 품격 있는 매너로 환대한다면 이왕지사 더욱 존경받을 수 있지 않겠습니까?

어쨌든 자신의 엉터리 강의 내용에 손해배상 책임도 지지 않을, 남을 가르칠 만한 비즈니스 교섭 실전 경험이 전무한, 무작정 얻어먹기만 한 경험밖에 없는, 자기 돈 크게 들여 정품격 와인 디너 호스트를 해본 기억이 전무한 교수나 강사들의 사탕발림에 넘어가면 언제든 비즈니스 협상을 망칠 수 있습니다.

행운은 준비된 자에게 옵니다!

예전에 위의 건배 매너를 배운 한 청년 창업자가 모기업의 송년회에 참석했다가, 건너편 테이블에 앉은 서양 여성이 와인을 마시려 하였으나 불행히도 그 테이블에 누가 팔로우해 주는 이가 없자 혼자서 와인잔을 달그락거리는 딱한 모습을 보게 되었습니다. 곧이어 두리번거리던 그녀와 눈맞춤이 되었습니다. 해서 배운 대로 잔을 들어 리모콘 건배를 해주자 그제야 그녀도 눈방긋 건배하며 와인을 마셨습니다. 그렇게 둘이서 리모콘 모드 주거니받거니하다가 파티를 마치고 돌아왔습니다.

그후 한 달쯤 지난 어느 날, 그 큰 회사에서 자기더러 이번에 나가는 프로젝트에 오디션 참여해 보라는 연락이 왔답니다. 경험도 미천한데다가 이렇다 할 실적도 없는 그에게 언감생심 그런 행운이 절로 굴러 들어올 턱이 없었기에 어찌된 일인지 알아보니, 지난 연말 송년회 때 그가 어느 낯선 서양 여성과 리모콘 건배하던 모습을 멀리서 바라보던 그 회사 중역이 추천한 일이라는 겁니다. 일면식도 없는 상태에서 그 정도의 글로벌 매너를 갖춘 젊은이라면 믿고 키워 줄 만하다고 판단한 거지요. 한국에선 기본적인 매너도 지키는 사람이 드물기 때문에 정품격 건배 하나로 귀인의 눈에 띄는 행운을 잡을 수 있었던 것입니다.

비즈니스 협상 상대방에 대한 제로베이스 원칙하의 철저한 정보 수집과 세심한 배려 팔로우업은 최악의 협상 조건하에서도

2000년 북한을 방문해 김정일 위원장과 건배하는 매들린 울브라이트 미 국무부장관. 술을 안 마시던 습관에 따라 평소 물잔 잡는 방식대로 샴페인 잔을 잡고 있는 매들린 올브라이트. 건배 동작 때에서야 양 음료의 빛깔 차이를 비로소 알아챈 올브라이트가 자초지종을 간파하고 크게 웃고 있습니다. 세심한 관심과 존중, 배려는 고래도 춤추게 하지요! [인터넷 캡처]

상대방을 흔쾌히 웃게 하여 전인적 인격 매력에 반하게 만들면서 의외의 타결 기적도 만들어냅니다.

중요한 현안 타결 안건 카드를 들고 평양에 오는 미 국무부장관 올브라이트가 독실한 유대인으로서 술 한 방울 입에 안 댄다는 정보를 보고받은 김정일 국방위원장은 도착 당일 환영 만찬 건배주를 파격적으로 준비했습니다. 자신의 잔에는 (연노랑) 정규 샴페인을, 유대인 손님의 잔에는 (하얀 발포성) 미네럴워터 뻬리에를 따라 놓도록 한 것이지요. 이같은 상쾌한 돌발 해프닝 장치로 세계 최강국 매파 국무부장관의 살벌하게 굳게 닫혀 있던 마음문은 어느새 부드럽게 열려지고, 다음날 메인 테이블 협상은 극적으로 반전되어 아주 우호적인 분위기하에 진행되었습니다.

문제는 이러한 수면 밑 그림을 읽어내기에는 턱없이 내공이 부족한 국내 소위 와인 전문가(?)들이 비즈니스 협상 본질과는 전혀 관계없는 와인잔 잡는 알량한 대목에만 혈안이 되어, 미 국무부장관도 아무렇게나 와인잔을 잡았으니 우리도 막잡아도 된다고 주장하고 있습니다. 이처럼 국내 와인 문화의 현실은 소경이 소경을 구렁텅이로 인도하고 있는 막가파식입니다.

21 와인, 어떻게 즐길 것인가?

포도주는 거만하게 하는 것이요, 독주는 떠들게 하는 것이라.
이에 미혹되는 자마다 지혜가 없느니라.

(잠언, 20:1)

중증장애인이자 세계적인 유명 물리학자인 스티븐 호킹 교수
가 한국을 방문했던 적이 있습니다. 그는 신라호텔의 프랑스 식
당 라 콘티넨탈에서 지인 2명을 오찬에 초대하여 부인의 조력을
받아 와인을 직접 테이스팅하는 등 식사의 전 과정을 장악, 리드
해 가는 호스트 서브드(host-served) 내공을 유감없이 보여주어,
이를 한국식 눈으로 걱정스레 지켜보던 사람들에게 경탄을 선사
한 바 있습니다. 서구나 중국 등 선진문명권에서는 식사자리 주
재자로서 호스트(호스티스)의 책무와 권위, 즉 주인장의 인간존엄
성 확보에는 극도의 중증장애인이라도 예외가 없습니다.

대부분의 한국인들은 와인을 두고 대화를 즐기는 것이 아니
라 와인 자체, 즉 마시고 취하는 게 목적입니다. 무엇보다 성질
급한 한국인들은 대부분 몸에 좋다며 처음부터 레드 와인으로 시
작하기 일쑤입니다. 와인을 술로만 여기는 술꾼 기질 때문에 까

짓 단돈 1만 원짜리 샴페인은 거추장스런 상표쯤으로 여겨 생략하고 말지요. 그러니 글로벌 비즈니스 매너의 시각에서 보면 한국은 아직도 술주정뱅이의 나라라 할 수 있습니다.

2015년 봄, 영국의 천재감독 매튜 본의 〈킹스맨〉이 히트를 친 적이 있습니다. '아서왕과 원탁의 기사들'이란 영국의 전설을 뼈대로 현대판 스파이액션물을 만든 이 영화는 배우들의 매너는 물론 영국식 고급 영어까지, 영국의 고품격 문화의 저력을 실감케 해주었습니다. 영화에 등장하는 인물들의 역할과 구도, 코드명은 모두 아서왕의 전설에서 나오는 기사들과 일치시켜 놓았습니다. 거기에다가 "매너가 사람을 만든다!"라는 위컴 주교의 말과 "타인보다 우수하다고 해서 고귀한 것이 아니라 과거의 자신보다 우수한 것이야말로 진정으로 고귀한 것이다"라는 헤밍웨이의 명언, 그리고 '타인을 위해 희생할 줄 아는 용기가 진정한 신사의 자격'이라는 메시지를 3대 황금률로 삼아 만든 영화입니다.

〈킹스맨〉은 매너 교과서 같은 영화여서 〈바베트의 만찬〉 〈아웃 오브 아프리카〉와 함께 매너를 공부하는 이들에겐 절대 빠트릴 수 없는 영화 중의 하나입니다. 특히나 이 영화에선 명품 와인들이 소품으로 등장하는데, 기실 그 와인들 속에 담겨진 풍자를 이해하지 못하면 영화를 반밖에 못 본 거나 다름없습니다.

맨 처음, 아르헨티나 산장에 납치된 아놀드 교수를 구하러 간 랜슬롯이 죽기 전 마지막으로 맛본 '달모어 62'는 명품 중의 명품 위스키입니다. 2002년 출시했을 당시 가격은 3만9천 달러, 마지

영화 〈킹스맨〉을 통해 일약 세계적인 술로 떠올랐으나 아무리 많은 돈을 주고도 구할 수가 없습니다. '달모어 62'는 딱 12병밖에 생산되지 않았습니다. [인터넷 캡처]

막으로 시장에서 거래된 것은 2011년 20만 달러(2억 2천만 원)였으니 아놀드 교수가 죽음의 공포 앞에서 반색을 하고, 죽이고 죽이는 와중에도 한방울도 흘리지 않고 악당 두목 발렌타인에게까지 전달될 만한 술이란 거지요.

한데 왜 하필 62년산이고, 왜 비쌀까요? '달모어 62'는 딱 12병밖에 생산되지 않은 위스키입니다. '최후의 만찬'의 열두 제자와 열두 명의 '원탁의 기사'를 떠올릴 수밖에 없는 술이지요. 돈이 아무리 많아도 희귀성 때문에 구하기 쉽지 않은 품목입니다.

이 영화에서 가장 중요한 와인은 추도주 '나폴레옹 브랜디 1815'입니다. 역시나 빈티지 1815에 매튜 본 감독의 천재성이 돋보입니다. 하필 왜 1815인가? 1815년과 나폴레옹을 이해하지 못하면, 이 추도주에 숨겨진 매튜 본 감독의 의도를 알 수가 없습니다. 나폴레옹은 1821년 5월 5일 새벽 5시에 남대서양 절해고도 세인트 헬레나 섬에서 죽었지만, 실제 몰락은 1815년 6월 18일 워털루 전투의 패배였기 때문입니다. 이 1815년을 기점으로 프랑스가 몰락하고, 대영제국의 시대가 도래하였지요.

다음, 주인공 해리 하트와 에그시가 마시는 '기네스' 흑맥주! 1755년에 아일랜드의 아서 기네스(Arthur Guinness)가 만든 맥주입니다. 그리고 맥주잔을 양키즘에 물든 영국 양아치의 면상에 던짐으로써 본격적으로 영화를 전개합니다. 여기서는 '아서'란 이름이 중요합니다.

와인으로 치열하게 신경전을 주고받는 장면도 압권입니다.

해리 하트가 발렌타인을 찾아갔을 때 맥도날드 햄버거와 함께 나온 술이 '샤토 라피트 로칠드 1945'입니다. 미국 양키즘을 상징하는 맥도날드 햄버거에 명품 와인을 함께 내놓으면서 잘난 척하는 영국 신사를 비꼰 것이지요. 하필 1945년산? 제2차 세계대전 종전 기념으로 나온 와인입니다. 그러니까 1945년을 기점으로 영국의 시대가 가고, 미국의 시대가 열렸음을 풍자한 것입니다.

그러자 이를 눈치챈 해리 하트는 디저트로 '트윙키'와 '샤토 디켐 1937'이었으면 좋았겠다며 쏘아붙입니다. 1937년이면 미국 대공황이 극심할 때였지요. 또 미국의 국민과자 '트윙키'는 속은 하얗고 겉은 진노랑으로 백인 행세하는 동양계 2세를 비꼬는 속어로도 쓰입니다. 돈자랑하며 거들먹거리는 흑인 발렌타인을 '트윙키'에 비유해 비하시킨 것입니다.

마지막으로, 주인공 에그시가 발렌타인과 그 악당들을 물리치고 스칸디나비아 공주를 구하러 갈 때 챙긴 축배주는 '멈' 샴페인입니다. '멈'은 F1 그랑프리 공식 샴페인으로 도전과 승리를 상징하는 술이니 영화의 마지막을 자축한 셈이죠. 추억의 명화 〈카사블랑카〉에서도 두 연인이 '멈' 샴페인으로 건배를 하지요.

그리고 바로 다음 장면에서 매튜 본 감독의 발칙한 장난기가 발동해 그 암시를 눈치챈 관객으로 하여금 포복절도하게 만듭니다. 바로 공주가 갇힌 감옥문 키의 비밀번호인데, 하고많은 숫자 중에서 하필 2625일까요? 에그시가 그 직전에 세상을 구하고 난 다음 공주를 꺼내 주겠다며 그때 보답으로 키스를 해달라고 하

자, 공주는 키스뿐 아니라 '뒤'까지 약속했더랬지요. 악당 발렌
타인도 그 전에 공주의 감옥문 앞에서 '뒤'가 어쩌고 하면서 중
얼거렸었지요. 그 '뒤'가 암호였던 겁니다. 휴대전화에서 그 '뒤
(anal)'의 철자는 버튼 2625에 새겨져 있습니다. 한국 관객들은
이 장면에서 아무도 웃지 않았습니다.

22 숫자에 둔감한 한국인들!

지혜가 여기 있으니, 총명한 자는 그 짐승의 수를 세어 보라. 그 것은 사람의 수니, 그의 수는 육백육십육이니라.

(요한계시록, 13:18)

한국인에게 가장 익숙한 전화번호는 '2424'번일 것입니다. 이삿짐센터에서는 황금의 번호이지만, 개인에게는 악마의 번호입니다. 그리고 '4'자를 싫어하는 것 외엔 생활 속에 숫자와 관련된 터부나 에피소드가 그다지 많지 않다 보니 숫자를 은유적 메시지 전달 도구로 이용하여 글로벌 비즈니스 협상을 유리하게 끌어 간다는 개념이 거의 부재 상태입니다.

예전에 어느 한국 대통령의 프랑스 파리 방문 때의 일입니다. 교민들이 환영 만찬을 열어 환대해 주기로 하였답니다. 해서 이를 기념한다는 의미로 그 대통령의 생년인 1932년도산 와인을 백방으로 수소문해서 겨우 파티에 쓸 만큼을 구했습니다. 한데 만찬이 끝나도록 예의 대통령은 그 고풍스런 와인을 마시고도 눈앞에 놓인 '1932' 라벨이 붙은 와인에 대해 한마디도 언급하지 않아 교민들이 무척 씁쓸해했다고 합니다.

와인 문화에 무지한, 아니면 상대방의 노력과 정성 자체에 아예 무관심한, 말 그대로 글로벌 매너 노(No!) 대통령이었습니다. 물론 다른 역대 한국 대통령들도 국가지도자급 인사로서 무지한 와인 소양, 와인 매너로 숱한 정상회담에서, 현지국 대민 행사에서, G20 등 각종 글로벌 무대에서 부지기수로 망신거리가 된 바 있지요. 그 구설수들로 인해 기업과 국민이 피땀 흘려 이룩해 놓은 '세계무역 10위권 대국' 코리아의 국격을 심히 훼손시킨 사례가 적지않습니다.

2013년 봄, 프랑스 대통령 집무실 '엘리제궁'을 리노베이션하기 위해 지하 저장고에 보관해 왔던 와인 1,200병을 경매를 통해 애호가들에게 판매했습니다. 경매에 나온 가격은 10유로(약 1만4천 원)짜리는 물론 2,200유로(317만 원)로 예상되는 1990년 빈티지 '샤토 페트뤼스'에 이르기까지 다양했습니다. '샤토 페트뤼스' 와인은 '보르도의 보석'이라 불리는 고급 와인이지요. 대부분 사용하고 남은 자투리들로 대개 10병 미만의 것입니다. 왜냐하면 그 정도 개수로는 웬만큼 작은 파티에서도 모자라기 때문이지요.

이 경매에는 많은 사람들이 참가했는데, 그들은 그 와인을 당장에 마시려고 사는 것이 아닙니다. 한국인들은 귀한 술이 있으면 일단 따서 마시려 덤벼들지만, 서구 중상류층 사람들은 대개 보관용으로 사들입니다. 그렇게 다양한 와인을 보관하다 보면 언젠가 꼭 그 술이 필요한 때가 옵니다. 그렇게 해서 대를 물려 가며 보관하는데, 그건 그들이 매사를 그렇게 멀리 내다본다는 뜻입니다.

보리스 옐친 러시아 대통령과 눈맞춤 정격 건배하는 김영삼 대통령. ⓒ연합뉴스

상대방과 눈맞춤을 못하고 잔을 보고 건배하는 김대중 대통령. ⓒ연합뉴스

김정일의 눈을 피해 잔을 보고 건배하는 노무현 대통령. ⓒ청와대

여러분은 건배할 때 어디를 보는지요? 혹시라도 잔이 깨질까봐 잔에서 눈을 못 떼는 동안
상대방과의 인격적인 교감은 물 건너가 버립니다. ⓒ연합뉴스

23 술꾼들을 위한 파티는 없다!

예수와 그 제자들도 혼례에 청함을 받았더니 포도주가 떨어진
지라. 예수의 어머니가 예수에게 이르되 저들에게 포도주가 없다 하니.
(요한복음, 2:2-3)

"왜 파티마다 건배를 꼭 (제국주의 서양식) 샴페인으로 해댑니
까? 우리 술도 많은데!" 대답은 "샴페인만이 어떤 종류의 음식에
도 잘 어울리기 때문!"입니다. 우선 샴페인은 거품이 쏴하고 일어
나기 때문에 일단 시각적·청각적인 상쾌한 자극으로 기분을 흥
겹게 북돋우는 역할을 합니다. 달콤하게 톡 쏘는 맛은 금방 식욕
을 돋우지요. 게다가 샴페인은 어떤 음식과 섞여도 그 향기를 잃
지 않는 유일한 술입니다.

시대를 불문하고 우아함을 추구하고 로맨틱한 순간을 맞이
할 때 찾는 술이 샴페인입니다. 프랑스왕 루이 15세의 연인이자
당시 파리 사교계의 아이콘이었던 마담 퐁파두르는 "마신 후에도
여인의 우아함을 지켜 주는 유일한 술"이라며 평생 샴페인만을
고집했다고 합니다. "밤에는 샤넬 N° 5를 입고 잠들며, 아침에는
하이퍼 파이직 샴페인으로 하루를 시작해요"라고 말한 마릴린 먼

로는 중요한 남자를 맞이하기 전에 하이퍼 파이직 로제 샴페인으로 목욕을 하였다는 이야기까지 전해집니다.

그렇다고 해서 샴페인을 막걸리 마시듯 벌컥벌컥 마실 수는 없습니다. 비즈니스 식사중 와인을 몇 병씩 마셔대며 주량을 자랑했다간 다음날로 퇴출입니다. 그러면 어느 정도 마시는 것이 글로벌 매너에 맞을까요?

리셉션이나 스탠딩 파티에선 대체로 샴페인(알콜도수 10%)만 마셔야 합니다. 경우에 따라서는 샴페인, 화이트 와인, 레드 와인 그리고 칵테일과 오렌지 주스까지 한꺼번에 내놓고 알아서 마시라는 파티도 있지만, 대개 고급한 파티에선 따로따로 나옵니다. 그 중 한 잔을 들고 한 시간 이상 버텨야 합니다. 맥시멈으로 두 잔입니다. 공짜라고 석 잔 이상 마셨다간 상업적 신용 끝입니다. 글로벌 무대에 나가려면 평소 이런 훈련이 되어 있어야 합니다. 한국인들은 이게 안 되는 바람에 가는 곳마다에서 사고를 저지르지요. 해서 비행기에서 술주정을 하거나 윤창중 사건 같은 추태가 끊이지 않는 겁니다.

가령 선진국의 고급 카지노에 가면 샴페인이나 와인은 무료입니다. 해서 공짜라면 양잿물도 마다하지 않는 한국인들이 개평이라도 챙기겠다는 듯이 마구 마시다가 카지노에서 쫓겨나는 망신을 당하는 경우가 종종 있습니다. 어딜 가나 카지노에선 한 잔 내지는 두 잔까지입니다. 셋째 잔을 오더하면 천정의 감시 카메라가 그를 쫓아다니기 시작합니다. 준범죄자 내지는 잠재적 범죄

[인터넷 캡처]

건배는 눈을 보고! ⓒ독일관광청

[인터넷 캡처]

건배의 목적은 얼른 마시기? 아무도 눈맞춤을 못하는 어글리 건배! 이런 사진을 우리만 보는 것이 아니라는 사실이 더 큰 문제입니다. ⓒ청와대

자, 즉 요주의 인물로 취급하기 때문이지요. 그것마저 마시고 넉 잔째 오더하면 카지노 경비원이 다가와서 퇴장을 요구합니다.

그렇게 되면 그 사람은 영원히 해당 카지노 출입 금지입니다. 그리고 그를 데리고 온 회원도 3년간 VIP 클럽 출입 금지, 1층 슬롯머신장에도 1년간 출입 금지당합니다. 그 사회의 주류라면 대개 1층에서 놀지 않습니다. 거긴 서민이나 관광객들이 노는 곳이니까요. 한인회 회장 정도면 당연히 위층 VIP룸에 가서 놀 것입니다. 한데 VIP룸 출입 금지라니! 사교계에선 끝입니다. 실제 호주 어느 대도시 유명 카지노에서 있었던 일입니다.

이제 내가 너희에게 쓴 것은 만일 어떤 형제라 일컫는 자가 음행하거나 탐욕을 부리거나 우상 숭배를 하거나 모욕하거나 술취하거나 속여 빼앗거든 사귀지도 말고, 그런 자와는 함께 먹지도 말라 함이라.

(고린도전서, 5:11)

성경에 술을 마시지 말라고는 하지 않았습니다. 대신 취하지 말라고 했습니다.

오찬이나 디너에서의 와인은 소화제이자 대화촉진제입니다. 취하기 위해 마시는 것이 아니라, 적당한 흥분과 절제를 즐기기 위해 마시는 겁니다. 한국인들처럼 '원샷!'으로 마시면 조루증 혹은 발기불능 환자로 봅니다. "언제 술 한잔 하자!"가 인사말이고, "소주 몇 병 깠다!"가 자랑인 국민! 그것도 모자라 폭탄주까지! 숙취해소제까지 만들어 마시는 어이없는 나라! 내가 이만큼 마시고 망가졌으니 너도 그만큼 먹고 망가져야 한다는 듯 억지로 술을 권하는 나라가 한국입니다.

술이 세다는 것이 곧 정력 세다는 말로 받아들여지고, 두주불사가 마치 남성적 리더십의 과시인 양하던 노가다 마초 시대는 진즉에 끝났습니다. 화끈하게 술 잘 마신다고 비즈니스도 화끈하게 잘할 것이라고 믿는 글로벌 바보는 없습니다. 고작 술에 망가질 정도로 절제력이 없는 사람이라면 술·섹스·돈·권력·뇌물·청탁에 쉬이 무너질 것은 불문가지! 그저 상대의 약점으로 알고 철저히 이용할 뿐입니다.

간혹 한국에 온 비즈니스 파트너를 룸살롱에 데려가 마구 퍼먹이며 한국식 어글리 매너를 가르쳐 오염시키는 경우를 봅니다. 그들이 이색 경험을 재미있어한다고 해서 좋아할 일이 아닙니다. 그런 몰지각한 짓으로 형성된 관계는 절대 오래가지 못합니다. 진정한 호스피탈리티가 못 됩니다. 글로벌 매너를 모른다면 차라리 우리의 전통적인 매너로 상대를 존중하려고 노력하면 상대도 진정한 관계를 만들기 위해 노력할 것입니다. 인간존엄성 코드로 정성을 다하면 반드시 성공하게 되어 있습니다. 이는 밖에 나가서도 마찬가지입니다.

술을 마시다가 법을 잊어버리고 모든 곤고한 자들의 송사를 굽게 할까 두려우니라. 독주는 죽게 된 자에게, 포도주는 마음에 근심하는 자에게 줄지어다. 그는 마시고 자기의 빈궁한 것을 잊어버리겠고, 다시 자기의 고통을 기억하지 아니하리라.

(잠언, 31:5-7)

그럼 몇 잔 정도가 적당한가요?

영국인들은 저녁을 가정에서 가족들과 함께하려는 경향이 강해 비즈니스 대화도 디너보다는 오찬에 집중합니다. 해서 오찬중에 와인을 좀 더 많이 마시는 경향이 있지요. 상대적으로 프랑스는 디너를 밖에서 많이 하기 때문에 오찬 술은 비교적 간단히 마십니다.

그럼 3-4시간의 디너에선 와인을 어느 정도 마시면 적당할까요? 샴페인 첫잔에다 화이트 와인 한 잔, 레드 와인 두 잔이 적당합니다. 합치면 대략 한 병가량 됩니다. 그리고 집으로 돌아가기 전 디제스티프로 브랜디(40%)를 조금 마십니다. 손바닥 온기로 충분히 덥혀 코로는 진한 브랜디 향기를 즐기면서 혀로 조금씩 찍어 입 안 전체를 바르듯 맛보며 마십니다. 침샘을 자극해서 소화제 겸 각성제로 정신이 바짝 들게 하는 효과가 있어서입니다.

고작 3분 대화면 꿔다 놓은 보릿자루가 되는 한국인들은 술에 빨리 취하고 늦게까지 깨지 않습니다. 대화에 끼지 못하니 술만 자꾸 들이키게 되지요. 하지만 그들은 3-5시간 내내 쉬지 않고 대화를 나누기 때문에 운동량이 엄청 많아 그동안에 술이 다 깨어 버립니다.

24 와인보다 중요한 건 와인 매너!

내가 진실로 진실로 너희에게 이르노니 종이 주인보다 크지 못하고, 보냄을 받은 자가 보낸 자보다 크지 못하나니 너희가 이것을 알고 행하면 복이 있으리라.

(요한복음, 13:16-17)

간혹 주변을 살펴보면 서양의 문물을 받아들이면서 그 본뜻도 모르고 흉내내다가 벌어지는 난센스가 적지않습니다. 요즈음 와인을 공부하거나 즐기는 모임들이 많아져 자주 불려나가는데, 건배하는 매너뿐 아니라 여러 면에서 어색하고 부족한 점들이 많이 보입니다. 처음부터 우리 스스로 창조한 문화가 아니다 보니 그 본질, 그 기본을 제대로 알 턱이 없고, 알았다 해도 제 맘대로 대수롭지 않은 것으로 여겨 생략하거나 변질시키기 일쑤이지요. 이왕지사 철저하게 따라 해야 제대로 배울 수 있습니다.

우선 한국인들은 그런 자리에 대부분 개념 없이 아무 옷이나 걸치고 모이는데, 와인을 마시는 파티에서는 남녀 불문코 검은색이나 짙은색 정장이 기본입니다. 왜냐하면 혹 와인을 쏟는 사고가 나더라도 옷을 버리지 않도록 하기 위해서입니다. 레드 와인은 포도 껍질의 색소가 살아 있어 옷에 묻으면 얼룩이 지워지지 않습니다. 근본 없는 연예인이나 대충 막살아 온 유명인들 따라 아무 파티나 유색 옷 입고 나가다간 자칫 비싼 옷 버리고 웃음거리가 될 수도 있습니다.

게다가 한국인들은 식사자리든 술자리든 언제나 남녀유별에 부동석(不同席)입니다. 이에 비해 서양에선 남녀 교차석(交叉席)이 정격입니다. 그리하여 왼쪽의 남성이 오른쪽의 여성에게 음료를 따르는 등의 서비스를 하게 되어 있습니다. 성경에 나오는 '나의 의로운 오른팔로'란 요령만 외우면 됩니다. 여성은 이를 당연히 여기고 당당하게 누려야 합니다. 하지만 한국에서는 예외 없이 동반 여성을 왼쪽에 앉히지요. 여성을 마치 기생이나 접객녀처럼 남성들의 시중이나 드는 들러리 취급하는 것으로 오해받을 소지가 다분합니다. 그렇게 여성들도 신사로부터 마땅히 받아야 할 서비스를 포기하고 말지요. 문제는 이런 식으로 살아온 한국 남성들이 해외에서의 식사 테이블에서 옆자리 여성에게 합당한 관심을 두고 제대로 케어하지 못해 신사로서의 이미지를 구겨 비즈니스를 망치기 일쑤라는 겁니다. 와인 매너는 국제 중상류층 사교 클럽에서 제대로 배워야 합니다!

세계화되면서 한국에도 와인 문화가 급속히 퍼져 나가고 있지만, 국가 최고위층은 물론 재벌 등 상류층의 테이블 매너조차 글로벌 기준으로 보면 아직도 저급함을 벗어나지 못하고 있어 개인은 물론 국가의 품격을 갖추는 데 어려움이 많습니다. 비싼 포도주 마신다고 품격 올라가는 것 아닙니다.

십수 년 전부터 한국에도 와인 바람이 불어 소믈리에가 사회 명사인 것처럼 언론이나 잡지에 자주 오르기도 하고, 어떤 와인 클럽에는 정식 회원으로 가입되어 있기도 합니다. 하지만 이는 난 센스! 소믈리에가 사교 클럽 회원이 되는 나라는 한국밖에 없습니다. 소믈리에는 와인담당 웨이터일 뿐입니다. 한국 같은 와인후 진국 술꾼들의 삼류 모임에서나 있을 수 있는 일이지요.

와인에 대해 아는 것도 중요하지만 더욱 중요한 건 와인 매너입니다. 비즈니스와 연결시키지 못하는 와인 지식은 술꾼에게나 필요할 뿐이지요. 〈킹스맨〉을 좇아서 더블 수트를 맞춰 입고, 옥스퍼드 구두에 브리그사 우산을 든다고 해서 신사가 되는 것 아닙니다. 제아무리 소문난 소믈리에라 해도 〈킹스맨〉에 나오는 와인은 소개할 수 있을는지 몰라도 왜 그 장면에 그 술인지를 설명하기란 쉽지 않을 것이기에 말입니다.

미련한 자가 사치하는 것이 적당하지 못하거든 하물며 종이 방백을 다스림이랴.

(잠언, 19:10)

와인의 세계를 세 단계로 나눈다면 소믈리에는 맨 하층에 속합니다. 한국에서는 이들이 와인 매너를 가르치는데, 이는 방자가 이도령을 가르치는 꼴입니다. 청년들 교육 다 망치는 셈이

식사 테이블에서 건배할 경우 앉은 상태에서 좌우 '챙!' 후에 다른 사람들과 일일이 눈맞춤 리모콘 건배하는 것이 정격입니다. ⓒ엘리제궁

식탁 앞에 일단 앉으면 마칠 때까지 엉덩이를 들지 않습니다. 시도때도없이 우르르 일어났다 앉았다, 허리 굽히고 팔을 뻗어 건너편 사람들과 억지로 잔을 부딪치는 오버더테이블은 무매너입니다. ⓒ연합뉴스

건배는 눈으로! 일일이! ⓒ크렘린궁

멀리 있는 사람과는 눈 방긋—잔 까닥의 리모콘 건배가 정격! ⓒKLM

지요. 파리에선 점잖은 집안 도련님들이 나이 많은 소믈리에더러 '가르쏭!(한국식 영어 단어 뽀이에 해당)'이라 부르며 하대(下待)하는 경우를 종종 볼 수 있습니다. 웨이터나 소믈리에 등 서비스 업종 종사자 내지는 경력자들에게서 배운 와인 매너는 금방 티가 나기 때문에 아무리 돈이 많고 벼슬이 높아도 귀한 대접 못 받습니다.

간혹 한국의 소믈리에나 주류 전문 에디터들 중 "와인잔을 잡을 때 꼭 다리 부분을 잡아야 하느냐?"라는 질문에, "프랑스 소믈리에 교육 과정에는 와인잔 잡는 법과 와인 마실 때의 매너 등에 대한 규정은 없다"며 그런 건 몰라도 괜찮다는 식의 주장을 하기도 합니다. 굳이 따지자면 틀린 말은 아니지만, 그렇다고 맞는 말도 아닙니다. 소믈리에라면 그렇게밖에 대답할 수가 없겠지요. 와인담당 웨이터인 소믈리에는 정규 비즈니스 식사 테이블의 당사자가 아니기 때문에 테이블에 앉아서 와인을 마실 일이 없습니다. 설사 상한 와인 반품 소동이 일어날 때조차도 서서 맛볼 뿐입니다. 그러니 소믈리에에게 굳이 그런 것까지 가르칠 이유가 없지요. 소믈리에 학원은 와인과 와인 서빙을 가르치는 곳이지 와인 매너를 가르치는 곳이 아닙니다.

다음, 중층에는 와인 생산자들과 유통업자(네고시앙)들이 있습니다.

그리고 맨 위 상층에 사회 각계 오피니언 리딩 그룹 인사들과 명사들의 사교 클럽, 와인 클럽이 있습니다. 이들 클럽의 정규 멤

버들은 우아하고 고급한 수동태 영어와 프랑스어를 구사하는데, 바른 식사 자세와 민주적 대화는 기본입니다. 신(身)·언(言)·서(書)·판(判)에다 식(食)까지 몸에 밴 사람이어야 가능합니다. 여기서는 돈보다 대의명분, 사람을 더 중시하기 때문에 멤버가 되면 살면서 겪게 되는 웬만한 문제나 어지간한 재앙은 쉬이 다 넘어갈 수 있습니다. 와인 매너는 이런 곳에서 배워야 합니다.

세계적으로는 국제와인협회가 대표적인 클럽으로 각국에 브랜치가 있습니다. 하지만 아직 한국에는 없습니다. 그외에 중요 사교 클럽으로는 다보스포럼이 유명한데 여기서도 이너서클에 들어야 합니다. 그리고 전 세계 주요국 재무장관들과 중요 민간 금융기관장들 및 그 보좌진 등으로 이뤄진 국제금융인클럽, 각국의 검찰총장들과 국제통 검사들의 사교 모임인 국제검사협회 등등이 있습니다. 국제적십자총회, 노벨상위원회, IOC위원회도 넓게 보아 사교 클럽이라 할 수 있습니다.

굳이 해외에 나가지 않고도 한국에서 외국인들과 제대로 교유할 수 있는 방도가 있다면, 홈게임의 수월한 입장에서 글로벌 비즈니스 매너를 익히고 글로벌 인적 네트워크를 구축할 수 있을 것입니다. 대표적으로 서울클럽이 있습니다. 우리나라 최초의 사교 클럽으로 대한제국 고종황제의 칙령으로 만들어진 로열클럽입니다. 당시 고종은 조선이 사는 길은 외국 사람들과의 교유를 본격적으로 추진해 친한 네트워크를 대폭 확대함으로써 대한제국이 국제 사회에서 왕따당하지 않도록 하는 길밖에 없다고 판단하여 이 클럽을 연 것입니다. 지금은 구 사파리클럽 자리(신라호텔 옆)에 있습니다.

해서 서울클럽의 대표는 전통적으로 외국인이 맡습니다. 국내에 와 있는 다국적 기업들과 거래를 하거나 그들과 교분을 맺어 글로벌 무대로 나가고자 하는 기업인이라면 먼저 이 클럽부터 가입하는 게 순서일 것입니다. 가입하는 방법은 기업회원권을 사는 것입니다. 이곳에는 도서관이며 수영장도 갖춰져 있어 자녀들도 동반해 일찍부터 글로벌 시야를 확대시켜 줄 수 있습니다. 고액 과외시켜 좋은 대학 졸업한들 글로벌 시야와 글로벌 매너를 익히는 것에 비할 바가 못 됩니다. 현명한 부모라면 자녀를 이런 곳에 보낼 길을 트기 위해서라도 회원권에 투자할 것입니다.

전 세계 유명 도시마다 훌륭한 사교 클럽들이 반드시 있습니다. 먼저 서울클럽에 가입한 다음 순차적으로 그런 유명 클럽으로 확장해 나가면 글로벌 무대에 무난하게 진입할 수 있을 것입니다. 아무튼 그들과 함께하려면 코스모폴리탄적 사고를 지니고, 인류 공동체의 복지에 공동 관심을 가져야 하며, 전인적 존엄성을 갖춘 인격체로 사람들과의 연대를 다져 나가야 합니다. 큰물에서 놀려면 아무쪼록 고품격 글로벌 소통 매너부터 갖추시기를! 치어스!

25 피드백, 인간 관계의 필수 조건!

예수께서 예루살렘으로 가실 때에 사마리아와 갈릴리 사이로 지나가시다가 한 마을에 들어가시니 나병 환자 열 명이 예수를 만나 멀리 서서 소리를 높여 이르되 예수 선생님이여 우리를 불쌍히 여기소서 하거늘, 보시고 이르시되 가서 제사장들에게 너희 몸을 보이라 하셨더니 그들이 가다가 깨끗함을 받은지라. 그 중의 한 사람이 자기가 나은 것을 보고 큰 소리로 하나님께 영광을 돌리며 돌아와 예수의 발 아래에 엎드리어 감사하니 그가 사마리아 사람이라. 예수께서 대답하여 이르시되 열 사람이 깨끗함을 받지 아니하였느냐 그 아홉은 어디에 있느냐 이 이방인 외에는 하나님께 영광을 돌리러 돌아온 자가 없느냐 하시고, 그에게 이르시되 일어나 가라 네 믿음이 너를 구원하였느니라 하시더라.

(누가복음, 17:11-19)

구약에는 하나님을 모시는 법도가 깨알같이 자세하게 기록되어 있습니다. 그리고 단을 쌓아 번제를 올린 기록이 끝도 없이 나옵니다. 하나님의 보살핌을 간구하는 소통의 행위이자 감사의 피드백이지요. 그리고 하나님은 다시 그 정성에 보답합니다.

피드백(feedback)이 안 되는 어글리 코리안의 악명은 글로벌 사회에서 오래전부터 정평이 나 있습니다. 화장실 들어갈 때와 나올 때가 다른, 돌아서면 그만인 왕싸가지 한국인들, 자기 답답할 때 외엔 도무지 반응이 없는 스텔스 민족으로 글로벌 선진문명권 성숙된 오피니언 리딩 그룹 인사들에게 절망감을 안겨 주는 일이 거의 상습적입니다. 그렇지만 글로벌 사회에서 공짜는 없고, 반드시 뒤끝은 있습니다. 식사 답례 전화, 리턴 식사 제의부터 배우고 지켜야 할 것입니다.

유럽에서 동료·친구 또는 비즈니스 파트너와 식사를 하게 될 경우, 초대받은 사람도 반드시 계산서 금액을 확인합니다. 왜냐하면 자신도 곧 답례를 해야 하고, 그때 역시 지금과 같은 등가(等價)여야 하기 때문입니다. 해서 어떤 경우에는 너무 고급한 식당으로 초대하면 지출 규모를 줄여 달라고 요청하거나 식사 제안 자체를 거절하기도 한답니다. 자신의 형편으론 그만한 답례를 감당할 수 없기 때문이지요. 해서 이런 경우에는 답례하지 않아도 되는 행운의 돈이 생겼으니 안심하고 즐기자는 등의 사전에 양해를 구해야 합니다.

또 자기를 청한 자에게 이르시되 네가 점심이나 저녁이나 베풀거든 벗이나 형제나 친척이나 부한 이웃을 청하지 말라. 두렵건대 그 사람들이 너를 도로 청하여 네게 갚음이 될까 하노라.

(누가복음, 14:12)

글로벌 문명 사회에선 선물에 대해서는 가능한 한 즉각적인 답례가 있어야 하고, 식사나 파티 등의 환대에 대해서는 반드시 그 다음날 오전중에 전화나 메일로 감사 피드백을, 그리고 반드시 사전에 초대장을 보내어 약 2주 전쯤 약속을 정해서 등가에 해당하는 식사로 답례해야 합니다. 그걸 안하면 그 사회에선 사실상 영영 매장당하거나 쫓겨납니다. 답례를 하지 못할 형편이면 초대에 응하지 말았어야 했습니다.

특히나 새로운 동네로 이사를 하였을 경우, 사전에 주민들의 편한 시간을 택해 집으로 초대를 하는데, 이때에는 반드시 문방구에서 준비한 정식 초대장으로 우편을 통해 전해야 합니다. 그리고 그런 초대를 받고 나면 다음날 역시나 우편으로 답례의 감사 노트(Thank-you Note)를 보내야 합니다. 바로 옆집이고, 한 블록에 사는 이웃인데 뭘 굳이 그렇게까지 하느냐? 그냥 전화를 하거나 초대장을 집집마다 던져넣어 주면 간단한 것을! 그랬다간 웬 상것? 바로 아웃입니다. 반드시 3인칭 화법으로 공적인 전달 체계, 즉 우편을 거쳐야 합니다.

어쨌든 누군가를 집으로 식사 초대한다는 건 친구로 삼겠다는 의미입니다. 비즈니스나 사교 모임에서 사귄 친구를 가족들한테 인사시켜 그 사람됨을 확인하고, 또 가족들의 동의를 구하는 거지요. 당연히 매너가 안 되는 사람을 초청했다간 가족들한테 원망을 듣겠지요.

식사 초대뿐만이 아닙니다. 업무상 누군가의 도움을 받았다면 반드시 감사의 답장(피드백)을 보내야 합니다. 아주 점잖은 사람이라면 이메일로 보내고, 반드시 우편으로 다시 보내야 합니다. 옛말에 '옷깃만 스쳐도 인연'이라 했습니다. 어떤 모임에서 만난 그다지 중요한 관계가 아닌 사람이라 해도 악수하고 명함을 주고받았으면 간단하게 감사의 문자나 이메일을 보내야 합니다. 당연히 상대방으로부터 이런 감사 메일을 받았으면 역시 그에 대한 피드백도 해야 합니다. 부탁을 들어주었거나 만남에 대한 예를 갖추었는데도 불구하고 상대방에게서 아무런 응답이 없으면 상당히 불쾌하겠지요.

게다가 이런 피드백은 특별한 사유가 없는 한 24시간 이내에 하는 것이 글로벌 비즈니스 사회의 불문율입니다. 처음에만 하다가 다음부터 생략하는 것도 무례입니다. 백번이라도 똑같이 해야 합니다. 마음속에 둔 깊이 있는 얘기를 나누었거나 어떤 일에 언질을 준 게 있었다면 그에 대해 비교적 상세히 후속 얘기를 덧붙이는 게 사려 깊은 처신입니다.

그리고 어제저녁 업무상 중요 인사와 와인 디너 자리에서 엄청난 결례를 수차례나 저질렀습니다! 자, 어떻게 무마할까요? 이에 대해 와인 소믈리에 출신, 서울 리츠 칼튼 호텔의 총지배인 찰스 드 푸코 씨는 이렇게 어드바이스합니다. "아무 걱정 말고 바로 전화하십시오. 어제 크게 실례를 저질러서 너무나 송구합니다"라고! 《조선일보》에 실린 '성공 비즈니스를 위한 와인 즐기기' 기고문 중 식사 테이블 매너에서 가장 중요한 대목은 국내 얼굴 예쁜

날라리 강사들이 얘기하는 식탁에서는 어쩌고저쩌고가 아니고, 식사자리가 파한 후 다음날 바로 올려 드리는 한 통의 감사 전화 또는 사과 전화, 즉 즉각적인 후속관리 피드백 노력이라고 칼같이 지적해 주었습니다.

너그러운 사람에게는 은혜를 구하는 자가 많고, 선물 주기를 좋아하는 자에게는 사람마다 친구가 되느니라.

(잠언, 19:6)

2008년 여름. 한국은행 홍콩사무소의 H소장은 고민이 생겼습니다. 그가 재무 일을 맡고 있는 홍콩 한국국제학교가 재정이 어려워 24개국 출신 학생들을 위한 장학금 재원 확보가 어렵고 강당 시설이 노후화돼 보수 또한 필요해 한인회 사회는 물론 현지 기업이나 부호들의 한국국제학교에 대한 관심을 일깨워야 할 입장에 처했습니다. 고민 끝에 먼저 홍콩의 제일 부자에게서 돈을 받아내야 다른 부자들도 기부를 할 것이라 판단하여, 화교권의 세계적인 부호 청쿵〔長江〕그룹 리카싱〔李嘉誠〕회장부터 공략하기로 했습니다.

일단 사전 작업으로 그가 다니는 골프 클럽에 시간 맞추어 나타나 두어 차례 얼굴을 익히는 인사부터 나눴습니다. 그러는 중에 매일 일찍 퇴근하여 늦게까지 A4용지에 만년필로 금강경 5,174자를 베끼기 시작했습니다. 평소 익숙하지 않은 한자쓰기여서 근한 달이나 걸렸다고 합니다. 리회장이 독실한 불교신자라는 사실과 곧 그의 생일이 다가온다는 사실을 신문을 통해 알았기 때문입니다. 그러니까 리회장의 만수무강을 빈다는 의미로 팔만대장경을 주조하는 심정으로 금강경을 필사한 것이지요.

다 쓴 다음 그걸 들고 리카싱 회장의 사무실이 있는 빌딩으로 찾아갔습니다. 비서에게 그 봉투를 전해 달라고 하자 내용물을 흘낏 확인한 비서가 잠시 기다려 달라고 하고는 회장실로 들어갔습니다. 곧 비서가 다시 나와 그를 회장실로 바로 안내했습니다. 전에 골프장에서 얼핏 얼굴을 익힌 터라 리회장은 웃으며 반갑게 맞이했습니다. 잠시 환담을 나눈 후 리회장은 그 자리에서 답례로 흰 A4용지에 열 글자를, 그러니까 본인이 자주 암송하는 금강경 구절을 덕담삼아 친필 사인과 함께 써 주었습니다. 그리고 차를 마시고 나왔습니다.

그게 글로벌 선진 사회에서의 답례, 곧 즉각적인 피드백입니다. 그리고 그 답례는 등가(等價) 혹은 등질(等質)이어야 한다는 것이 글로벌 정격 매너입니다. 글로 써 인사를 왔으니, 글로 써 화답! 바로 수재인정일장지(秀才人情一張紙)인 것이지요. 그로부터 2주 후 리회장으로부터 일반 우편으로 편지 한 장을 받았는데, 그 속에 적지않은 금액의 수표 한 장이 들어 있었습니다.

돈은 추한 것이기 때문에 일전에 만난 아름다운 자리에서는 서로 입 밖에도 내지 않은 것입니다. 산전수전 다 겪은 리회장 역시 이 친구가 돈 받아내러 왔구먼 하고 내심 다 알면서도 품위 있게 즐거운 만남을 마친 것이지요. 그런 다음 비서를 시켜 저 친구가 무슨 사연으로 얼마가 필요해서 왔는지 알아보고 도움을 주라고 했을 겁니다. 이런 게 글로벌 최상류층들의 소통 매너입니다. 글로벌 부자의 본색(本色)이고, 품격(品格)이지요.

아무리 가난해도 즉각 피드백해야 합니다.

몇 해 전, 국내의 한 와인 카페 모임에 나가려다가 굳이 와인을 들고 가기보다는 마침 여름이고 해서 합죽선을 가져가 회원들에게 하나씩 나누어 주었습니다. 때마침 그곳에서 아르바이트하는 러시아에서 유학 온 여성이 있어 그녀에게도 하나를 건넸더니 잠시 후 부채 선물에 고맙다며 미니 엽서 형태로 된 손바닥보다도 작은 달력을 일행들에게 한 장씩 자세한 설명과 함께 나누어 주었습니다. 한데 일행 중 누구도 그에 대해 고마워하지도 않을뿐더러 '별것 아니네!'라는 표정이더니, 아니나 다를까 끝날 때 상당수가 탁자에 그냥 두고 가는 것이었습니다. 그곳에 모인 한국인들 중 누구도 예의 러시아 여성이 미니 카드 달력을 나눠 준 의미를 몰랐던 것이지요. 그건 그녀가 할 수 있는 즉각적인 피드백이었습니다. 종이로 된 부채 선물에 대해 비록 보잘것없지만 종이로 된 그 달력 외에는 그녀가 그 자리에서 할 수 있는 답례가 없었던 것입니다. 그런데 그 답례를 휴지처럼 버리고 나온 한국인들! 글로벌 무대에서 사람 노릇 제대로 하고, 사람 대접 제대로 받을 수 있을지요? 아무렴 실컷 접대하고도 '상것!' 소리 듣지만 않아도 다행이겠습니다. 만약 상대가 실은 보통의 러시아 여성이 아니었다거나 리카싱 회장과 같은 러시아 대부호의 가족이었다면요? 행운과 불행이 말 그대로 종이 한 장 차이입니다. 부자든 가난한 자든 그 품격의 가치는 다르지 않습니다.

내가 자녀에게 말하듯 하노니 보답하는 것으로 너희도 마음을 넓히라.
(고린도후서, 6:13)

글로벌 매너 없인 노벨상도 없습니다!

아무튼 한국의 부자들은 물론이려니와 정치인·학자·유학생·비즈니스맨 등의 일반인들이 여간해서 외국인들과 친구가 못되는 이유는 대부분 이런 무매너 때문입니다. 그 중에서도 가장 심한 것이 바로 피드백 안하는 못돼먹은 습관입니다. 게다가 이 피드백이 가장 잘 안 되는 부류가 바로 정치인들, 장사치들, 공무원들, 학자들입니다. 필요할 땐 불쑥 찾아와 부탁해 놓고서는 도움받고 돌아서면 감사 편지 한 장, 감사 전화 한 통 없습니다.

군이 친구까지는 아니더라도 비즈니스를 위한 기본적인 글로벌 인적 네트워크조차 구축이 안 되는 이유가 여기에 있습니다. 오죽했으면 한국인 중에 노벨상 후보로 추천하고 싶어도 누구를 누구에게서 추천받아야 할지 모르겠다고 푸념할 정도겠습니까? 노벨상이란 최고의 연구 업적만 쌓으면 가만히 앉아 있어도 노벨상위원회가 동방박사들처럼 한국까지 찾아와 머리를 조아릴 것이라 생각하는 순진무구한(?) 한국인들! 한국이 아직 실력이 모자라서 노벨상을 못 받는 줄로만 알고 재단을 만들어 노벨상 수상을 돕겠다고 나선 재벌그룹 회장님! 올림픽 금메달이나 노벨상이나 다 같은 것인 줄로 착각한 까닭일 테지요. 노벨상위원회 역시 세계 최고 최상의 사교 클럽임을, 스웨덴 왕가가 왜 글로벌 최상류 지성계의 중심 역할을 하는지를 아는 한국인이 몇이나 될까요?

비록 상업적 관계라 해도 사전에 치밀하게 각본을 짜서 상업적 냄새가 안 나게 해야 합니다. 선제적 친목 관계를 다져 나가야, 그리고 지루할 정도로 끈기 있게 관리하고 기다릴 줄 알아야 성공합니다. 모든 게 짜고 치는 것이라 해도! 글로벌 세계에선 그런 짜고 치는 것조차도 알고도 인정합니다. 왜냐? 인격체임을 증명하려는 적극성, 도전 정신, 모험심을 높이 사기 때문이지요. 때문에 의도적 도네이션일지라도 박수쳐 줍니다. 말로만 백번 잘하겠다고 하는 것은 아무 소용없습니다. 모든 걸 객관적인 실적으로 증명해야 합니다.

부활절! 서구인들은 여름 휴가 다음으로 긴(대개 1주일) 휴가를 즐깁니다. 해외의 친구들과 부활절에 카드를 주고받지 못했다면 당신이 일 년의 대부분을 해외에서 보낸다 해도 결코 글로벌 인물이라 할 수 없습니다. 크리스마스에는 가족이나 친지들 간에 주고받지만, 친구나 사업상 동반자들에게는 부활절에 카드를 보냅니다. 내년에는 잊지 말고 부활절을 축하하고, 즐겁게 휴가를 보내라는 카드를 보내어 보십시오. 한국에도 이런 친구가 있었나

하고 달리 볼 것입니다. 그리고 그동안 소원했던 일본인이나 중국인 친구가 있으면 엽서라도 한 장 보내십시오. 단, 끝에 '藕斷絲連(우단사련)'을 씁니다. 연뿌리는 끊어져도 그 실은 이어져 있다! 비록 그동안 소식은 전하지 못했지만 마음으론 잊지 않고 있었다고…. 반드시 피드백받게 될 것입니다.

26 어떤 선물이 적당할까?

사람의 선물은 그의 길을 넓게 하며, 또 존귀한 자 앞으로 그를 인도하느니라.

(잠언, 18:16)

유대인들의 뇌물 수수 방식은 교묘하기로 세계적으로 정평이 나 있지요. 어느 날 아무개가 꽃병 하나를 건네면서 보잘것없는 것이지만 거실 한쪽에 놓아두었으면 싶다는 말을 남깁니다. 그러다 몇 년이 지난 어느 날, 우연히 그 집에 들른 다른 부자가 예의 꽃병을 보고는 깜짝 놀랍니다. 세상에 이런 진귀한 물건이! 결국 주인에게 사정사정해서 값을 후히 치르고 가져갑니다.

세계적인 경제 위기에도 불구하고 요즘 세계 미술품 시장을 싹쓸이하는 나라가 바로 중국입니다. 특히 홍콩 소더비나 크리스티 경매 시장에 나오는 중국의 명품들은 예상가를 몇 배 혹은 몇십 배나 웃도는 천문학적인 낙찰가로 세상을 놀라게 하곤 익명의 중국 큰손들에게로 넘어갑니다. 그리고 얼마 후 그 물건은 경매 감정서와 함께 그대로 재포장되어 어느 고위 간부의 집으로 조용히 배달됩니다.

10여 년 전, 조지프 필 전 주한 미8군사령관이 한국 근무중 한국인 친구에게서 선물로 받은 고가의 몽블랑 만년필(160만 원 정도)을 신고하지 않은 사실이 미 국무부 감사에 발각되어 한 계급 강등, 소장으로 전역당한 적이 있습니다. 선물을 준다는 것이 그만 쥐약을 준 꼴이 되어 버렸지요.

　한국인들은 외국인들에게 선물을 할 때 대개 한국적인 것, 토속적인 것을 많이 찾습니다. 여기에도 애국심이 작용하지요. 하지만 글로벌 비즈니스 세계에선 굳이 그럴 필요 없습니다. 비즈니스적인 마인드라면 철저하게 업무와 관련된 메시지를 담을 수 있는 것이어야 합니다.

　예전에 네덜란드로 업무차 여행 가는 분이 선물을 고민하기에 《하멜표류기》를 권한 적이 있습니다. 한국과 네덜란드의 교류가 꽤 오래전(효종 때)에 이루어졌음을 상기시키며 재미있게 이야기의 물꼬를 틀 수 있고, 또 자신의 인문학적 소양을 은근히 자랑할 수도 있으니까요. 서점에 현재 여러 개의 번역본과 소설로까지 나와 있습니다.

　참고로 한국인들은 제주도에 표류해 온 하멜이 왜 표류기를 썼는지 그 이유에 대해서는 별로 관심이 없습니다.

　하멜이 표류기를 쓴 것은 그저 호기심에서 이상한 나라의 체험을 기록으로 남기기 위함이 아니었습니다. 그건 순전히 조선에 억류된 14년 동안 못 받은 자신과 동료들의 월급을 돌려받기 위한 회사 앞 미지급급여반환청구서의 주요 부속서, 즉 조선 체재 사실 증명서였던 겁니다. 그가 고국으로 무사히 돌아갔을 때 회사에 가서 뭐라 하겠습니까? 도망가서 어디서 놀다 온 건가? 그게 아니라 조선에 불가피하게 억류되어 있었는데 네덜란드 공관이 있어 영사 확인해 줄 수 있는 상황이 아니므로 스스로 체재 사실을 증명하기 위함이었지요. 날짜별 연대기, 주요 관심 항목별 컨트리 리포트(Country Report), 그리고 조선말-네덜란드말 미니 사전까지! 우리가 《하멜표류기》를 통해 배워야 할 것은 단순히 그 시대 상황이 아니라 네덜란드 상인의 철저한 비즈니스 정신! 바로 글로벌 마인드입니다.

무엇보다 선물을 받으면 그 자리에서 내용물을 확인하고, 아무리 하찮은 것이라 해도 감사 표시를 하는 것이 예의입니다. 그리고 그 선물에 담긴 메시지를 즉각 읽어내고 피드백해야 합니다.

기념품으로 갑질하는 한국인들?

나름대로 글로벌을 지향하고자 애쓰는 어느 기업의 창립 40주년 기념품을 받아 보고 안타까운 마음을 금할 수 없었습니다. 머그컵인지 맥주잔인지 필통인지 도무지 그 용도를 짐작할 수 없는 작은 용기에 자사 40주년을 기념하는 사훈 같은 글귀들로 대거 도배를 해놓았더군요. 한국 기업들의 상투적이고 고질적인 '무대뽀' 기질을 그대로 드러내 보이는 기념품들의 전형입니다. 귀중한 돈 들여 자기 중심의 세계관이란 씁쓸한 인상을 동반자 파트너 기업 인사들에게 안긴 거지요.

한국 기업들 대부분이 다 그렇지만 도무지 상대에 대한 배려심이라곤 찾아볼 수가 없습니다. 기념품이든 선물이든 기본적으로 상대가 필요한 것이어야 합니다. 상대에게 작은 감동이라도 불러일으킬 메시지를 담아야지요. 자기 자랑, 자기 중심적인 선물로 선심도 쓰고 기업 홍보도 하려는 '초심을 잃은' 과욕의 결과라 하겠습니다. 직원용 겸용? 그도 역시 씁쓸한 소리입니다. 직원들에겐 부인들을 배려해 차라리 소액이라도 현금으로 주는 것이 백번 옳습니다.

정히 그렇게라도 외부에 선물하려면 그나마 상대를 존중해서 인격적인 터치나 피니싱이 만시지탄 후속 보완되었어야 했습니다. 가령 각각의 고객 함자 영어 퍼스트네임, 또는 간략히 영어 이니셜 두세 글자라도 바로 몇 초 레이저로 새겨 주었다면? 죽이 되어 버렸다 해도 끝내 최선을 도모하는 기사회생의 재치 부재가 너무나 아쉽습니다.

무엇보다도 40주년의 의미를 제대로 살려내지 못하였습니다. '40'은 서양인들, 그리고 서양식 교육을 받은 글로벌 선진문명권 비서양인들에겐 매우 익숙하고 의미 있는 숫자입니다. 예수가 요한에게서 세례를 받고 공생애 스타트 전 40일 동안 광야에서 금식하며 시험받았고, 모세가 신의 산에 올라 40일 동안 머문 끝에 십계명 석판을 받았지요. 또한 모세가 유대 민족을 이끌고 40년 동안 광야를 떠돌았었습니다.

따라서 40주년이란 기업이 이제 바야흐로 고난의 광야를 벗어나 젖과 꿀이 흐르는 가나안 땅으로, 다시 말해 글로벌 1부 리그 본선 무대로 도약한다는 선언적 메시지를 줄 수 있는 절호의 기회입니다. 이 대목에서 상호 재도약을 위해 파트너십의 우의를 다지고 배전의 협력을 제안하는 것이지요. 예로 지구천장(地久天長)이나 중학유천(衆鶴遊天)의 영어식 문구나 시구! 대개의 서양인들은 '40'을 그렇게 받아들입니다. 한데 그런 소중한 의미를 전혀 담아내지 못한 그냥 천덕꾸러기(?) 선물 아닌 고물. 받는 순간부터 주는 자의 성의와 현실 사이에서 방황, 즉 어디로 치워야 할지 고민부터 하게 만들었습니다. 선물은 반드시 상대방 지향적이어야 합니다.

한국의 옛 양반 사회의 품격!

예전엔 한국의 양반이나 선비들도 새해가 되면 서로 선물들을 주고받았습니다. 필자가 스승으로 모시는 심우성 선생님의 소싯적 기억을 들추자면, 서울에서는 큰어른이 계신 집에 겨울 잉어를 보내는 풍습이 있었노라 합니다. 사대문 안에 살았던 그분은 정초가 되면 큰 소쿠리에 커다란 잉어를 담아 이곳저곳으로 날랐는데, 어떤 경우에는 미아리 고개 넘어가다 보면 역시나 잉어를 들고 자기네 집으로 심부름 오는 저쪽 집안 아이와 중간에서 만날 때도 있다 합니다. 그러면 서로 씩 웃고는 각자 열심히 가던 길을 가서 서로의 집에 잉어를 전달하고 돌아오다가 다시 중간에서 만나기도 했다 합니다. 두 아이가 같은 길을 두고 몇 시간 그렇게 오고가는 것이지요.

그때 만약 그 중간에서 소쿠리를 바꾸어 오던 길을 되돌아 집으로 가면 반나절 시간을 벌 수도 있지만 그랬다간 둘 다 집에 가서 종아리에 피가 나도록 맞았을 겁니다. 그런 게 양반의 법도였지요. 비록 양반들끼리의 인사치레이지만 동시에 그런 심부름이 아이들에게 더없는 교육의 기회이기도 했습니다. 그 핑계로 아이들이 훌륭한 어른을 찾아뵙고 인사하고 덕담 한마디 듣고 오는 게 얼마나 중요한지를 잘 알기 때문이지요. 양반집이라면 그런 일을 아랫사람들에게 시키면 되지 않나? 아이들에게 심부름시키는 걸 쓸데없이 헛고생시키는 것쯤으로, 그 시간에 학원에서 공부 한 시간이라도 더하는 게 이익인 줄로만 아는 오늘날의 한국 부모들이 지식이 지혜가 되지 못함을, 지식이 사람 만들어 주지 않음을 언제쯤 깨우치게 될까요?

오백 원짜리 동전으로 친구 되기!

화폐는 그 나라의 얼굴임에도 불구하고 한국의 화폐 디자인은 그다지 뛰어나지 못할뿐더러 한국적인 멋을 표현해내기에도 문제가 많습니다. 예전엔 영국의 동전과 스위스의 지폐가 가장 품격이 뛰어났었습니다. 서양의 중상류층 사람들은 해외 여행을 가면 대개 그 나라 화폐를 하나씩 기념으로 모읍니다.

한국의 5백 원짜리 동전에는 학이 새겨져 있지요. 오래전 프랑스에서 한 친구 집에 저녁 초대를 받은 적이 있었습니다. 당연히 그 환대에 대한 피드백(답례)을 하여야 했지만 바쁜 일정 때문에 그런 기회를 갖지 못하고 귀국하고 말았습니다.

한국에 돌아와 답례의 편지를 보내면서 미리 알아 온 그 친구의 두 아이들 생년과 같은 5백 원짜리 동전을 각각 골라 함께 동봉하여 보냈습니다. 그러면서 '예로부터 동양에선 학은 천 년을 사는 영험한 새로 매우 존귀하게 여긴다. 두 아이의 생년에 만들어진 이 동전을 지니고 다니면 적어도 5백 살까지는 건강하게 살 것이다'는 설명과 함께. 사랑하는 자식들의 만수무강을 비는 호부(護符)를 선물로 받았으니 이보다 더 귀한 선물이 어디 또 있겠습니까? 감동한 친구는 그 동전에 구멍을 뚫어 목걸이로 만들어서 아이들이 걸고 다니게 했답니다.

27 잘 노는 것도 매너다!

새 계명을 너희에게 주노니 서로 사랑하라. 내가 너희를 사랑한 것같이 너희도 서로 사랑하라. 너희가 서로 사랑하면 이로써 모든 사람이 너희가 내 제자인 줄 알리라.

(요한복음, 13:14-15)

미국 주요 투자회사의 주주총회가 시작되기 두어 시간 전부터 안쪽 방에서는 워런 버핏 · 빌 게이츠 등 거물급 대주주들이 네댓 테이블에 짝지어 둘러앉아 카드놀이를 즐깁니다. 패가 한 바퀴 돌고 나면 파트너를 체인지해서 다시 놉니다. 이렇게 한참을 즐기면서 이런저런 얘기를 주고받지요. 기실 주주총회의 중요 안건을 식전 노름판에서 다 사전 추인해 버린 겁니다. 그런 다음 강당에 나와 총회를 여는 것은 그저 박수치고 인증샷 남기는 요식 행위에 지나지 않습니다.

십수 년 전 한국 굴지의 대기업이 처음으로 전 세계 VIP급 딜러 40여 명을 부부 동반으로 초청한 적이 있었습니다. 해외 시장을 좀 더 개척해 보자는 의도였지요. 당시 모 부회장이 디너 테이블 사이를 돌며 손님들과 악수하는 사진이 일간지에 실렸는

데 "어이쿠, 이런!" 하는 탄식이 절로 나왔습니다.

각 나라에서 초청받은 딜러들은 잔뜩 기대를 하였을 겁니다. 부부 동반 초청이었으니 당연히 멋진 리셉션과 댄스 파티를 기대하고 준비해 왔겠지요. 일부 손님들은 턱시도까지 입었고, 이브닝드레스를 입고 나온 부인들도 보였습니다. 그런데 바로 테이블 앞에 앉혀 놓고 만찬이라니! 일그러진 한국적 소영웅식 환대!

부부 초청 환대라면 디너 테이블 직행이 아니라 우아한 스탠딩 리셉션 파티 도입부가 필수입니다. 밥 먹으러 온 게 아니라 새로운 사람들을 만나 교제하고 교류하기 위해 한국에까지 온 것입니다. 테이블 앞에 앉아서는 고작 옆사람과 얘기를 나눌 수밖에 없지요. 스탠딩 리셉션이라야 모든 사람들과 접촉할 수 있습니다. 한국의 유명 인사들과 만나 본국에 돌아가 자랑할 인증샷도 찍고, 회사의 여러 임직원들과도 만나 친교를 나누려고 온 것이지요.

특히 프랑스·스페인 등 남유럽과 중국, 중남미의 구문화권에선 파티의 엔터테인먼트(단순한 유흥, 오락이 아닌 환대)를 매우 중시합니다. 한데 부부 초청의 의미도 모르고, 디너 테이블과 리셉션 중 어느것이 딜러들을 초청한 목적에 부합하는지조차 모른 채 그저 배고팠던 시절의 기억에서 벗어나지 못한 우물 안 세계관으로 먼 나라의, 그것도 각 나라 비즈니스 주도층 그룹의 꽤 잘사는 손님들을 부부 동반으로 불러다가 기껏 밥만 먹여서 보내는 난센스를 저지른 것입니다. 댄스는 언감생심! 1년 뒤 결과는? 당기순이익 전년의 20%대로 추락, 본사 인력 절반 감축의 대대적인

주주총회 식전에 대주주들과 카드 게임을 즐기는 워런 버핏 회장과 빌 게이츠 회장. [인터넷 캡처]

구조조정 회오리!

　품격 있는 소통이어야 큰돈을 만집니다!

　글로벌 선진문명권에선 놀 줄 모르는 부자는 등신 취급당합니다. 해서 상류층일수록 더 잘 놀지요. 훌륭한 스펙에 잘나가는 엘리트 기업 사원이 있다고 칩시다. 그가 얼마만큼 많은 일을 해내고 출세해야 글로벌 상류층들과 만날 수 있을까요? 아마도 그가 그 회사의 CEO가 되어서야 업무적인 만남이 가능할 것입니다. 하지만 글로벌 정격 매너에다 제대로 놀 줄까지 안다면 중소기업 말단 사원이라 할지라도 세계적인 인물이나 부호와 친구가 되는 일, 그다지 어려운 게 아닙니다. 왜냐하면 먹고 노는 데는 계급장이 없으니까요.

당연히 품격 있게 노는 법을 모르고는 기관수요자를 공략하는 등 고급시장을 개척해 나갈 수가 없습니다. 에티켓 수준의 글로벌 매너를 어지간히 익혔다 해도 즐겁게 놀 줄 모르면 거기서 아웃입니다. 더 이상 상위로의 진입 금지. 고품격으로 노는 법을 모르면 결코 글로벌 A급에 들 수 없다는 말입니다. 한국식으로 룸살롱에서 술 퍼먹이기, 성상납, 져주기 내기 골프, 리베이트, 뇌물

남아공에서 개최된 '로저 페더러 테니스 자선 경기'에서 페더러와 한 조를 이룬 빌 게이츠 회장. 노는 데는 계급도 나이도 없습니다. 세계 챔피언이 된다는 건 부자들과 놀 수 있는 자격을 얻는 것입니다. 거칠게 말해서 가진 게 돈밖에 없는 빌 케이츠 회장은 페더러 재단에 많은 후원을 하고 있습니다. 그렇게 상류로서의 이미지를 굳혀 나가 자신의 부가가치를 더 높여 나가는 거지요. 놀면서 돈 번다는 건 바로 이를 두고 하는 말입니다. ⓒ연합뉴스

등 저질 접대로는 글로벌 비즈니스 세계에선 어림없습니다. 그런 건 기술도 자본도 변변치 않았던 시절에나 통하던 '노가다 매너'로 국민소득 2만 불까지는 통했지만 이제부터는 쥐약입니다. 따라서 국정원 정예요원, 대기업 과장급 이상, 히든 챔피언 중소기업 경영진들을 전천후 세일즈맨으로 교육시키려면 제대로 노는 법부터 가르쳐야 합니다.

각종 잡기는 사교의 기본기!

글로벌 선진 사회의 사교 파티에서는 대개 디너 후에 댄스가 이어지지만, 식전에는 각종 게임을 즐기기도 합니다. 따라서 오락을 위한 잡기, 간단한 도박이라 해도 여러 가지를 가지고 놀 수 없으면 비즈니스 역시 거기까지입니다. 에티켓이나 매너 못지않게 놀이 또한 소통의 도구이기 때문입니다.

트럼프와 마작은 기본입니다. 특히 범 중화권을 염두에 둔다면 트럼트 게임 중 '빅투'는 필수이지요. 이 게임의 장점은 재미도 재미이지만 전략적 사고를 길러 준다는 데 있습니다. 고스톱처럼 한 게임씩 끝나는 게 아니고, 마작처럼 3-4시간 전체 성적으로 승부를 냅니다. 이 게임에선 들어온 패가 중요한 게 아니고, 그 패를 어떻게 운용(플레이)하는가가 중요합니다. 1등을 할 건지, 2등을 할 건지 중간중간에 적과 아군을 수시로 바꾸면서 흐름을 잘 타야 하는 게임이지요. 그외에도 숏게임으로 블랙잭도 필수입니다.

결혼식 같은 자리에서도 마찬가지입니다. 한국처럼 시간 단위로 쪼개어 예식장에서 올리는 결혼식이야 시간을 지키지 않을 수 없지만, 그렇지 않은 나라들의 결혼식치고 제시간에 치러지는 예는 거의 없습니다. 가령 홍콩이면 오후 6시에 결혼식이라 하면 실제 식은 8시쯤에야 치른다고 보면 됩니다. 그동안 뭘 하고 놀아야 하나? 당연히 일찍 온 하객들은 마작이나 카드로 시간을 즐깁니다. 한참 놀다 잔치 준비가 다되면 식을 치르고 장시간 축하주 건배 및 식사, 그리고 악단의 음악에 맞춰 춤추고 놀다가 한밤중 술이 깨면 각자의 차를 타고 집으로 돌아갑니다.

인도 상류층의 경우 대개 호텔 전체를 보름쯤 통째로 빌려 결혼식을 치릅니다. 그들과 친구가 되려면 보름 중 최소한 일주일은 같이 놀아 줘야 합니다. 테니스, 수영, 댄스, 카드놀이, 식사, 파티… 하루에 옷만도 다섯 번 정도 갈아입기 때문에 웬만한 가족은 봉고버스 한 대 분량의 짐을 싣고 옵니다.

28 춤출 줄 모르는 신데렐라는 부엌데기!

보다가 실로의 여자들이 춤을 추러 나오거든 너희는 포도원에
서 나와서 실로의 딸 중에서 각각 하나를 붙들어 가지고 자기의 아
내로 삼아 베냐민 땅으로 돌아가라.

(사사기, 21:21)

만약 신데렐라가 춤을 출 줄 몰랐다면 유리구두가 무슨 소용
이 있었겠습니까? 그녀는 궁중에서 왕자를 만나 춤을 췄습니다.
아무려나 마라톤하듯 땀을 뻘뻘 흘리며 4시간 내내 춤췄겠습니
까? 댄스는 소통의 오락입니다. 춤 한번 춰 보면 상대방의 근본이
고스란히 다 파악되지요. 눈맞춤과 소곤소곤 나누는 대화를 통해
서로의 심성과 교양까지 다 파악합니다. 신데렐라가 단순히 예쁘
고 진실하고, 고난에 굴하지 않는 용기를 가졌다 한들 귀족 숙녀,
다른 말로 문명인 숙녀로서의 소양을 갖추지 못했더라면 왕자와
맺어질 리가 없었겠습니다.

한국인들은 《신데렐라》란 동화를 그저 《콩쥐팥쥐》와 같이 착
하고 예쁘고 마음씨 고운 여자가 멋진 왕자를 만나 결혼해서 행복
하게 살았다는 교훈쯤으로 여기는 듯합니다. 하지만 서구인들은

그렇게 읽지 않습니다. 《신데렐라》의 메시지는 '준비된 자만이 행운을 잡을 수 있다'입니다. 신데렐라는 귀한 집안 출신으로 계모와 그의 딸들이 오기 전에 이미 내면의 고귀함은 물론 숙녀로서 갖춰야 할 기본기들을 익힌 상태였습니다.

글로벌 최상위 오피니언 리딩 그룹의 인사 조건? 모국어 수준의 프랑스어와 영어를 포함한 수개국어 구사 능력, 수영, 승마, 사격, 스키, 사교 댄스, 노래, 악기 하나 정도는 기본으로 본인은 물론 배우자까지도 필히 갖춰야 하고, 아이들도 커가면서 배워야 합니다. 그게 안 되면 비즈니스 마케팅이나 글로벌 네트워크 측면에서 필시 심각한 문제에 직면하게 됩니다. 글로벌 본선 무대에는 인격체 각각의 매너에 더해서 패밀리 타이(family tie)라는 개념이 있습니다. 테이블 매너는 개인적인 관점이지만, 패밀리 타이는 부모와 자녀가 한 세트로 상대방측과 비즈니스 네트워크를 구축하는 것이지요.

10여 년 전 세계검사협회 총회가 한국에서 개최된 적이 있습니다. 말이 총회지 실은 국제적인 부부 동반 사교 모임입니다. 다들 놀려고 모였는데, 한국에서 총회를 열었을 적에는 학술대회를 개최해서 국제적인 망신을 산 적이 있습니다. 당연히 댄스 파티를 열어야 하는데 그게 불가능했던 겁니다. 한국 검사들 자신은 물론 마누라들 중에 정식 사교 댄스를 출 줄 아는 이가 없었기 때문이죠. 다양한 문화 체험, 놀거리, 댄스 파티를 통해 서로 간의 친목을 형성해서 추후에 생길 국가 간의 골치 아픈 사건들을 부드럽

왕자와 춤을 추는 신데렐라. 끊임없이 리메이크되는 영화이지만 그때마다 한국에서는 관심받지 못했습니다. 춤출 줄 모르는 한국인들이니 당연한 결과이겠습니다. [인터넷 캡처]

1985년 백악관에서 배우 존 트라볼타와 〈토요일 밤의 열기〉 삽입곡에 맞춰 춤을 추는 다이애나 왕세자비. 당시에 입었던 것으로 유명한 미드나잇블루 벨벳 드레스가 2019년 경매에 나와 4억 2천만 원에 팔렸습니다. [인터넷 캡처]

해마다 열리는 러시아 사관학교 댄스 축제. ⓒ연합뉴스

노벨상 수상 축하 만찬 후 열리는 댄스 파티. ⓒ연합뉴스

게 해결할 수 있게 하기 위한 총회 개최였지만, 기껏 잔치 벌였다가 꼴만 우습게 된 겁니다.

한국인들의 글로벌 비즈니스에서 최대 약점이 바로 사교 댄스 불가능입니다. 한국에서 국제적인 사교 모임을 개최하기 불가능한 가장 큰 이유이지요. 특히 부부 초청 리셉션이나 파티에서 빠질 수 없는 것이 이 댄스인데, 한국인들은 이에 대한 훈련이 전혀 되어 있지 않습니다. 국내 대기업 임원들의 부부 동반 회합에서도 고작해야 디너입니다. 식전 리셉션이나 디너 후 댄스 파티 같은 건 꿈도 못 꾸죠. 남자들이 폭탄주와 허풍으로 단합대회 하는 동안 여성들은 구석에서 콜라나 오렌지 주스 수다로 시간을 때우다 옵니다. 그러니 글로벌 중상류층 모임에 나가는 것은 원천적으로 불가능하지요.

댄스를 못하는 본인도 문제지만, 제 마누라가 다른 남자와 부둥켜안고 춤추는 것을 곱게 보아넘기는 훈련이 된 한국 남자 거의 없다고 보면 됩니다. 그러니 보다 친밀한 인적 네트워크 구축이 아예 불가능한 겁니다. 진정한 글로벌 전사라면 마누라는 물론 아이들까지 함께 뛰고 놀 줄 알아야 합니다. 실제 글로벌 상류층 리셉션에선 2시간 후속 디너, 2시간 댄스 파티가 기본입니다.

그리고 이는 한국의 선남선녀들이 글로벌 선진국 중상류층과 결혼하지 못하는 가장 큰 이유이기도 합니다. 결혼식 뒤풀이에서 신부는 모든 남성 하객들과 춤을 춰야 하고, 신랑은 모든 여성 하객들과 춤을 춰야 합니다. 춤출 줄 모르는 신랑신부라면 더없이 황당하겠지만, 춤출 줄 모르면서 하객으로 참석하는 것도 잔치 분위기 깨는 꿔다 놓은 보릿자루이지요. 거의 모든 파티가 부부 동반이니 놀 줄 모르고 매너도 모르는 한국인을 동반자로 삼았다간 자신의 미래를 대충 포기해야 합니다. 기업 회장의 입장에선 그런 직원을 진급시킬수록 파티에 자주 초청을 해야 하는데 참 난감하겠습니다. 결국 동남아 같은 해외지사로 보내 버리는 거지요.

참고로 디너나 파티에선 호스트든 게스트든 여성은 반드시 치마 정장을 입어야 합니다. 특히 부부 동반 모임에 나갈 때에는 무조건 치마여야 합니다. 여성이 바지를 입는다는 것은 여성만의 전유 어드밴티지 무기인 여성성을 포기한 것으로 인정합니다.

글로벌 무대에선 노는 것도 비즈니스입니다!

중국인들은 셋만 모이면 돈 벌 궁리를 합니다. 한데 한국인들은 셋이든 열이든 모이면 수다만 떱니다. 입으로 스트레스를 푸는 거지요. 그나마 들어서 도움이 되는 인문학적 얘기도 아닌 귀신 씻나락 까먹는 수준의 신변잡담입니다. 그런 일로 시간과 에너지 낭비하고 맨정신으로 돌아가자니 뒤가 항상 씁쓸한 겁니다. 해서 술을 퍼마시는 것이지요.

사람 사는 정(情)? 한국적인 풍류? 아무렴 한국인들끼리야 그렇다 치더라도 글로벌 사회에서 비즈니스 아닌 인간 관계는 가능할까요? 순수한 인간 관계? 그런 주변머리 없는 조선 선비 정신으론 지금 같은 글로벌 시대엔 절대 살아남지 못합니다. 인간은 사회적 동물이기 전에 비즈니스 동물입니다. 남녀가 만나 결혼해서 사는 것부터가 실은 원초적으로 비즈니스입니다. 사랑은 소통이고, 섹스는 그 도구이지요. 당연히 사랑도 섹스도 매너입니다. 서양 여성들이 한국 남자라면 질색하는 것도 바로 이 바지 내리고 무작정 덤비는 무매너 섹스 때문입니다.

특히나 국방부에서 교육시켜 3년 임기로 주요국 대사관에 파견하는 무관들에겐 술과 댄스는 필수입니다. 그쪽 나라 국방부 인사들과 어울려 남자답게 화끈하게 술을 마셔 서로 소통해야 하고, 때로는 젊고 건장한 몸매로 상류층 귀부인들과 댄스를 즐기면서 고급 정보를 얻어내야 하기 때문입니다. 무엇보다 한국인들은 장시간의 협상 테이블에서 살아남는 자가 극히 드뭅니다. 우선 테이블에서의 자세가 바르지 못한데다가 승마와 댄스 · 스키 등으로 하체가 잘 단련된 서구의 인재들에 비해 체력적으로 밀리기 때문입니다.

글로벌 비즈니스 본선 무대는 신사들이 노는 곳입니다. 제대로 배워야 살아남을 수 있습니다. 춤은 매너입니다. 서로 간의 신뢰를 확인하는 소통의 몸짓이지요. 춤출 줄 모르면 신사 숙녀가 아닙니다. 그리고 춤은 혼자서 추는 것이 아닙니다. 셸위댄스?! 셸위비즈니스?!

29 매너로 문화 융성을!

이 세대를 무엇으로 비유할까. 비유하건대 아이들이 장터에 앉아 제 동무를 불러 이르되, 우리가 너희를 향하여 피리를 불어도 너희가 춤추지 않고, 우리가 슬피 울어도 너희가 가슴을 치지 아니하였다 함과 같도다.

(마태복음, 11:16-17)

요즘 한국에선 '4차산업'이 화두입니다. 허나 여가를 즐길 줄 모르고, 놀 줄 모르고선 4차가 아니라 3차도 제대로 못 끌어갑니다. 열심히만 한다고 새로운 것 나오지 않습니다. 참신함은 여가와 놀이에서 나옵니다. 제대로 놀 줄 아는 대통령, 총리, 장관, 의원, 오너, CEO가 일도 잘합니다. 꼬리를 무는 한국 갑(甲)들의 성추행 사건들도 기실 일찍이 노는 법을 배우지 못한 까닭입니다.

흔히들 청년들에게 공부든 운동이든 놀이든 "하나만 잘하면 된다"고 역설합니다. 아무렴 그럴 수도 있습니다. 하지만 먼저 인격체로서 갖춰야 할 소통 기본기가 먼저입니다. 예전에 세계은행 김용 총재는 오전 8시부터 오후 11시까지 공부하는 한국의 학습 문화에 대해 "한국이 이렇게 발전한 데에는 높은 교육열이 바탕이 됐지만 이제는 '개도국 교육'에서 '선진화 교육'으로 바꾸어야 한다"며, 한국 학생들에게 "덜 공부하고, 더 놀아라! (Study less, play more!)"고 주문한 적이 있습니다.

놀 줄 모르는 등신 똑똑이들!

한국인들은 대화나 협상에 임하면 상대방에게 그 속내를 금방 다 들키고 맙니다. 어렸을 적부터 공부만 하느라 카드 등 노름을 해보질 않아 자신의 패를 상대방들이 눈치채지 못하게 내심을 감추는 포커페이스 훈련이 전혀 되어 있지 않기 때문이지요. 반대로 태연한 상대방의 얼굴과 자세 속에 감춘 속내를 꿰뚫어보는 능력 또한 현격하게 부족합니다. 당연히 노름과 전쟁의 절대 덕목인 냉정심과 절제력도 전혀 기르지 못했지요. 그러다 보니 화통하고 화끈한 사람을 좋아합니다. 너나할것없이 여차하면 올인해 버리는 바람에 결국에는 사업과 인생 다 망치고 맙니다. 당연히 유혹에도 약해서 잘 넘어가지요.

예전에는 한국인 누군가가 미국 하버드대학에 합격만 해도 일간지 뉴스거리가 되곤 했습니다. 글로벌 시대, 스펙 시대를 맞아 서울대병이 하버드병으로 바뀐 것이지요. 그동안 한국에선 공부(시험)가 출세의 가장 빠른 길이었습니다. 솔직히 가장 쉬운 방법이기도 하고요. 하지만 지금은 사정이 많이 달라졌습니다. 스펙의 시대가 끝나고 소통, 교섭, 매너와 품격의 시대, 전인적 인격의 시대가 열리고 있습니다. 요즘 미국의 세계적 기업 최고경영자들이 대부분 인도인인 이유는 그들이 소통에 뛰어나기 때문입니다. 인도 자체가 다민족, 다문화, 다언어 국가입니다. 거기서 익힌 교섭 능력이 전 세계 인종이 다 모인 미국에서 빛을 발한 거지요.

일선 학교나 체육관에서 이런 잡기와 댄스를 적극적으로 가르쳐 미래의 글로벌 인재를 길러야 합니다. 유학을 가더라도 이런 잡기나 놀이를 할 줄 알면 현지인들과 쉽게 어울려 소통할 수가 있습니다. 둘만의 게임인 바둑은 글로벌 비즈니스 오락으로는 적당치가 않습니다. 화투 역시 세계적인 놀이 도구로는 역부족입니다.

글로벌 무대에서 파티, 리셉션, 스포츠, 잡기오락판에 끼이지 못해 꿔다 놓은 보릿자루 신세가 되어 본 분들은 그 지옥 같은 기억을 평생 지우지 못합니다. 그리고 그 때문에 놓쳐 버린 수많은 기회들을 생각하면 소름이 끼치지요. 아무튼 대화, 협상, 계약 등 현대의 모든 비즈니스는 테이블에서 이뤄집니다. 비즈니스 세계에선 테이블이 곧 전장(戰場)입니다. 식사, 마작, 카드놀이와 마찬가지로 공부 역시 테이블 게임의 한 종목일 뿐이지요. 노는 것도 매너입니다. 제대로 노는 법을 배우면 자기 가치를 열 배, 백 배 높일 수 있습니다.

지금까지는 너희가 내 이름으로 아무것도 구하지 아니하였으나 구하라, 그리하면 받으리니 너희 기쁨이 충만하리라.

(요한복음, 16:24)

우리에겐 상류 문화가 없습니다. 서구 선진문명국은 상류의 귀족 문화가 살아 있어 그 사회를 끊임없이 위로 끌어올리고 있는 데 비해, 우리의 양반(선비) 문화는 구체제의 종말과 함께 박제화되어 버렸습니다. 사회를 선도하기는커녕 '옛것'으로서의 명분만을 고집하며 나아가는 배를 뒤로 끌어당기고 있습니다.

상류 문화를 가지지 못한 대한민국의 상류층은 '더 거머쥐는 것' 외엔 추구할 그 어떤 신성한 가치에 대한 인식조차 없습니다. 부자든 권력자든 한국에선 모두 부러움의 대상은 될지언정 존경의 대상이 되지 못하고 있습니다. 존경받는 기술을 익히지 못한 까닭입니다. 능률주의·편의주의·평등주의를 부르짖지만, 그 저변에는 고상함·고결함·존귀함을 끌어내리기 위한 저급한 떼쓰기가 만연합니다. 하여 높아지는 소득만큼 한국 사회가 급속하게 천민화·속물화되어가고 있습니다. 돈이 있어야 대접받는다? 천만에요. 부유하면서도 고귀하지 못한 것은 죄악입니다. 기부만이 노블레스 오블리주의 전부가 아닙니다. 고귀함의 추구야말로 상류층의 진정한 책무입니다.

자식들이 부귀영화를 누리길 기원하십니까? 영화(榮華)란 부(富)와 귀(貴)를 함께하지 않으면 오지 않습니다. 부천영욕(富賤榮辱)! 대한민국은 진즉에 귀(貴)를 잃었습니다. 벼슬이 높다고 귀한 사람이 되는 것 아닙니다. 공부를 많이 한다고 성공하는 것도 아닙니다. 명품으로 온몸을 두른다고 귀해지는 것 아닙니다. 매너를 모르는 사람은 명품으로 허영을 사지만, 매너를 아는 사람은 품격을 삽니다. 자식을 귀하게 키우려면 그 무엇보다도 먼저 귀하고 천한 것을 구별하는 능력(습관)부터 길러 줘야 합니다. 매너가 매력입니다! 주인장 매너를 배우면 주인으로 살게 되고, 하인 매너를 배우면 하인으로 살게 됩니다!

당장 실천하지 않는다 하더라도 매너를 알고 있어야 귀인을 만났을 때 그가 귀인인 줄 알 수가 있습니다. 그래야만 스쳐 지나가는 단 한번의 행운을 놓치지 않고 잡을 수 있습니다. 가난하고 배움이 짧은 이에게도 그런 기회는 반드시 오게 마련입니다. 아브라함과 롯이 여호와의 사자를 몰라보았더라면 어찌되었겠습니까?

안타깝게도 유학(儒學)은 미래지향적인 학문이 아닙니다. 현실의 안정과 안주를 추구하는 학문이어서 과거지향적인 성향이 강합니다. 그러니 장래에(당장에) 글로벌 무대에서 살아가야 할 우리 아이들을 유교적 '전통의 틀' 안에 가두어 자칫 '재미없는 한국인'이라는 인상을 주거나, 구시대적 가치관을 가진 사람으로 인식되게 할 수 있습니다. 한없이 유연한 사고를 가져야 할 학습기에 곧바로 "이 몸이 죽고 죽어 일백 번 고쳐 죽어…!" 임 향한 일편단심을 강제 세뇌당해서는 변화무쌍한 시대를 살아가기 쉽지 않을 것입니다. 지조니 절개니 하지만 실은 맹목과 옹고집에 다름 아닙니다. 그런 건 개인적인 취향이지 절대 가치가 못 됩니다. 철학이 아니라 외곬입니다. 인식 체계에 이런 꼴통 원리주의 프로그램이 먼저 깔려 버리고 나면 합리적이고 논리적인 사고나 분별이 점점 어려워지게 됩니다.

소통의 달인 버락 오바마 미국 대통령. 2016년 6월 3일, 전설의 복서 무하마드 알리가 사망하자 버락 오바마 대통령은 자신이 평소 그를 존경해 왔다면서 그의 장례식에 참석하겠다고 말했습니다. 그런데 아차, 문제가 생겼습니다. 하필 그날이 딸의 고등학교 졸업식날이었습니다. 아무리 대통령이지만 딸의 졸업식 대신 알리의 장례식에 참석할 순 없는 일! 일국의 대통령이 한 약속을 번복하기가 좀 난처한 입장에 처했습니다. 그렇다 해도 대변인을 시켜 참석 못하게 되었음을 알리면 될 일이었지만 그는 그러지 않았습니다. 대신 장례식 전날 백악관 홈페이지에 위 사진을 올리는 것으로 갈음합니다. 알리의 사진첩을 펼쳐 한없는 존경과 애정을 듬뿍 담은 눈빛으로 그윽하게 알리를 쓰다듬고 있는 모습을 연출한 것이지요. 말 대신 이렇게 간접적이고 은유적인 소통을 선진시민들은 더욱 높게 쳐줍니다. 많은 이들이 오바마가 비교적 젊은 나이에 화려하지도 않은 정치 경력으로 미국 최초의 흑인 대통령이 될 수 있었던 것은 순전히 그의 탁월한 대중 연설 때문인 줄로만 알고 있습니다. 하지만 기실 진짜 실력은 매너 개인기 내공, 즉 뛰어난 소통 능력이라 할 수 있습니다. 현대는 이미지의 시대입니다. 백 마디 말이나 글보다 사진 한 장이 더 큰 힘을 발휘할 수도 있습니다. 최고지도자는 최고의 연기자이자 최고의 연출가가 되어야 합니다. ⓒ백악관

〈플랑드르의 카니발〉이라는 프랑스 영화에서, 무적의 스페인 군대가 플랑드르의 작지만 부유한 한 마을을 향해 진격합니다. 스페인 사자가 먼저 말을 타고 와서 마을 사람들에게 마을을 순순히 내놓지 않으면 모조리 약탈하고 불살라 버리겠다고 전한다음 대답도 듣지 않고 돌아가 버립니다. 마을 사람들은 공포에 휩싸입니다. 자신들에게 침략자와 겨룰 힘이 없다는 걸 너무도 잘 압니다. 악명 높은 스페인 군대에게 결국 마을은 빼앗길 것이고, 재산도 약탈당하고, 아내들이 겁탈당하는 것을 눈 뜨고 보느니 차라리 끝까지 싸우다 죽자!

그런데 여자들이 언뜻 보기에는 '미친' 계획을 제안합니다. 즉 모든 남자들이 마을을 버리고 도망을 간다는 것이었습니다. 전투는 남자들이 하는 것이므로 남자가 다 없어지면 싸울 일도, 항복할 일도 없지 않느냐는 것입니다. 그리하여 마을엔 용감한 군인들의 보호를 청하는 무방비 상태의 여자들만 남았습니다.

실제로 여자들의 환대를 받게 되자 의기양양해진 스페인 군인들은 마을 사람들의 초조한 희망을 훨씬 넘어서는 태도를 취합니다. 그들은 기사도를 발휘하여 여자들의 신변을 보호하고 존중해 줬습니다. 비록 연애 사건도 적잖게 일어났지만, 그것은 부인들의 마음을 전혀 거슬리게 하는 것이 아니었습니다. 계속 진격해야 하므로 스페인 군인들은 그들의 매력적인 여주인들의 곁을 떠나는 것을 아쉬워하며, 그처럼 황홀하고 세련된 환대를 베풀어준 것에 대한 감사의 표시로 상당한 선물까지 주고 북쪽으로 떠납니다.

　아무려나 성경에서 과부와 고아들에게 관대하라고 누누이 강조하지 않았던가요? 어차피 결론은 끔찍할 수밖에 없으니 차라리 여자들의 환심을 사려고 애쓰는 스페인 남자들의 널리 알려진 기질을 이용해 보자는 제안이었지요. 양자택일해야 하는 절체절명의 상황을 전혀 다른 구도로 바꿔 버린 것입니다.

　19세기 파리에서 일어난 시민들의 폭동을 진압하던 중 실제 있었던 일입니다. 한 장교가 '불한당들'에게 총을 발사하여 광장을 비우게 하라는 명령을 받았습니다. 그는 부하들에게 사격자세를 취하게 하고, 군중을 향해 총을 겨누도록 하였습니다. 한순간 정적이 감돌고 있는 가운데 장교는 칼을 뽑아들고 이렇게 외칩니다. "여러분, 저는 불한당들을 향해 발사하라는 명령을 받았습니다. 그러나 지금 제 앞에는 점잖고 훌륭한 시민들이 많이 계십니다. 이분들은 빨리 이 자리를 뜨셔서 제가 안심하고 사격을 할 수 있게 해주시면 감사하겠습니다." 그러자 사람들이 곧 광장으로부터 철수하였습니다.

　군중과 군대의 대치 구도에서 빠져나와 신사와 불한당이라는 새로운 틀을 짜서 군중들을 그 속에 가둠으로써 판세를 바꿔 문제를 해결한 것입니다. 마찬가지로 이제까지 강제해 왔던 전통적인 선비 정신, 인성 교육으로는 현재 한국 사회에 만연한 비도덕적이고 비인격적인 온갖 문제와 상식을 무시하고 벌어지는 몰염치한 갈등들을 해결할 수가 없습니다. 그럴수록 상황을 연장시킬 뿐입니다. 판을 바꾸는 변화가 필요합니다. '품격경영'은 '새틀짜기' 프로그램입니다. 글로벌 매너는 그 도구가 될 것입니다.

또 비유를 들어 이르시되 천국은 마치 사람이 자기 밭에 갖다 심은 겨자씨 한 알 같으니. 이는 모든 씨보다 작은 것이로되 자란 후에는 풀보다 커서 나무가 되매 공중의 새들이 와서 그 가지에 깃들이느니라.

(마태복음, 13:31-32)

우물 바닥 개구리는 그 소견이 넓지 못하고, 반딧불은 멀리 비추지 못합니다. 우리 청소년들이 세계인과 똑바로 마주 보며 당당하게 손잡고 함께 창조적인 삶을 살아갈 수 있도록 가르쳐야 합니다. 다음 세대가 우리와는 다른 세계관과 다른 관습과 다른 매너로 다른 삶을 살아가는 것을 용인하는 것은 물론 오히려 적극적으로 도울 일입니다. 인식의 전환! 어른들부터 세계관이 열리지 않으면 불가능한 일입니다. 세계관이 열려야 꿈이 커집니다!

근자에 한국인들이 자나깨나 '문화 융성!'을 부르짖고 있습니다만, 기실 문화도 문화 나름이겠습니다. 어떤 문화를 융성시켜야 할지에 대한 고민이 선행되어야 합니다. 언제까지 세계의 선도 문화를 따라가기에 바빠 '빨리빨리!'를 외치며 허겁지겁 살아야 한단 말입니까? 세계 10위권 무역대국이면서 왜 그에 합당한 존중을 받지 못하고, 왜 개인 소득은 이것밖에 안 된단 말입니까?
문화 융성이든 문화 창조든 바른 매너에서 시작해야 합니다. 그래
야 고부가가치 산업으로 넘어가 고품격 가치 창조가 가능합니다.

30 '너는 네 하나님 여호와 앞에서 완전하라'(신명기, 18:13)

이 말씀을 들은 무리 중에서 어떤 사람은 이 사람이 참으로 선지자라 하며, 어떤 사람은 그리스도라 하며, 어떤 이들은 그리스도가 어찌 갈릴리에서 나오겠느냐 성경에 이르기를 그리스도는 다윗의 씨로 또 다윗이 살던 마을 베들레헴에서 나오리라 하지 아니하였느냐 하며.

(요한복음, 7:40-42)

이념의 시대가 가고, 가치의 시대가 도래했습니다. 철지난 이념의 촛불을 붙들고는 몇 발짝 못 나갑니다. '가치'를 등대삼아 길을 열어야 합니다.

어떤 방향으로든 세상은 변하게 마련입니다. 그걸 시류(時流)라고 하지요. 사람도 문화도 쉼없이 바뀌고 있습니다. 대한민국이 선진 사회로 나아간다면 그건 분명 '품격 사회'일 것입니다. 당연히 매너도 바뀌어야 합니다. 일등이 아니라 일류, 품질이 아니라 품격, 가격이 아니라 가치 추구여야 합니다. 투명하고 진실한 도덕적 가치를 말입니다.

한국에서 세계적인 인물이 나오지 말란 법 없고, 메이드인코리아가 세계적인 명품이 되지 말란 법도 없습니다. 매너는 상류로 올라가는 수단이자 필수 요건입니다. 특히 청소년들에겐 한 번의 체험이 일생을 디자인합니다. 성적과 스펙이 성공의 지름길이라는 익숙함의 유혹에서 벗어나야 합니다. 한국인은 동아시아인들 중 신체적으로 가장 멋집니다. 여기에 글로벌 매너만 갖추면 그 자체만으로도 엄청난 경쟁력을 지니게 됩니다. 그걸 왜 안 배우고 안 가르친답니까? 쉽다면 쉽고 어렵다면 어려운, 다소 불편한 이 지혜를 못 받아들이고 예서 머뭇거리면 대한민국은 결국 추락할 수밖에 없습니다.

천국은 마치 밭에 감추인 보화와 같으니, 사람이 이를 발견한 후 숨겨 두고 기뻐하며 돌아가서 자기의 소유를 다 팔아 그 밭을 사느니라.

(마태복음, 13:44)

"이 많은 매너를 언제 다 배우고 익힌단 말인가?"

필자가 강의를 마치고 나면 꼭 받는 질문입니다. 전혀 걱정할 필요 없습니다. 교회에 나간다고 해서 성경을 한꺼번에 다 외우고, 하나님 말씀대로 다 실천하며 사는 사람 없습니다. 일단 한 가지라도 실천하고 보면 그리 어려운 일도 아닙니다. 처음 우리가 다른 동네 어느 사무실이나 집을 찾아가려면 사전에 가는 요령을 알아보는 등 스트레스를 받습니다만, 두번째 찾아갈 때에는 전혀 그렇지 않은 것과 같은 이치입니다. 에티켓이나 매너도 마찬가지입니다. 매일 찾아가는 자기 집이나 자기 회사처럼 한두 번만 해보면 몸이 기억하므로 다음부터는 전혀 부담이 없습니다. 이후부터는 오히려 그렇게 하지 않는 것이 더 거북해지게 됩니다. 습관이란 그런 겁니다. 학이시습지불역열호(學而時習之不亦說乎)! 그렇게 하나둘 체득해 나가다 보면 어느 순간 자신이 신사 숙녀로 우뚝 서 있음을 느끼게 됩니다. 그렇게 끊임없이 '자기 완성적 삶'을 가꾸어 나가는 거지요. 먼저 된 자가 더 훌륭하고 나중 된 자가 덜 훌륭한 것이 아닙니다. 크리스천이라면 마땅히 그리 되어야 할 일입니다.

예절이나 매너도 문화입니다. 옛사람들이 그 시대의 예법을 가꾸었듯이 지금은 지금을 사는 우리가 만들고 받아들이고 가꾸어 나가야 합니다. 우리 땅에서 난 우리 양식만 먹고 살자면 오천만이 모두 농사만을 지어도 세 끼 다 먹고 살기 힘듭니다. 한복 대신 양복을 입듯이 예법도 시대에 맞춰 버릴 것은 버리고 새롭게 다듬거나 남의 것이라도 더 좋은 것이 있으면 받아들여야 합니다. 글로벌 매너란 현재 통용되고 있는 세계 최고 수준의 소통 기술을 말합니다. 형식적인 굽신 예절 대신 전인적 인격체 포스의 글로벌 매너로 세계인들과 적극적으로 소통 교감해 나가야 합니다.

노예나 종은 스스로 판단하고 결정할 권한이 없습니다. 매너 역시 마찬가지입니다. 멋진 매너를 보고도 못 고칩니다. 주인이나 상부에서 명령해야 고칩니다. 또 남들이 다 하면 그제야 따라 합니다. 하지만 주인은 그렇지 않습니다. 누가 이래라저래라 하기 전에 스스로 판단해서 고치거나 받아들입니다. 진정한 주인은 자기를 다스릴 줄 아는 사람입니다.

아무려나 지식도 매너를 만나야 지혜가 되고, 교양이 되고, 품격이 됩니다. 매너도 기술입니다. 남을 배려하는 기술이자 자기 존중의 기술이지요. 소통의 기술이자 관계의 기술입니다. 행복의 기술이자 사랑의 기술입니다. 가치를 구현하고 새 가치를 창조하는 기술입니다. 한민족의 진정한 개화는 이제부터입니다.

내가 진실로 진실로 너희에게 이르노니, 한 알의 밀이 땅에 떨어져 죽지 아니하면 한 알 그대로 있고, 죽으면 많은 열매를 맺느니라. (요한복음, 12:24)

사람들은 지금 우리 사회엔 어른도 없고 스승도 없다고 통탄합니다. 그렇지만 주인 의식이 확고한 선진시민들은 그런 말에 동의하지 않습니다. 그 또한 뒤집어보면 남 탓이니까요. 민주(民主)의 시대입니다. 한 영웅이 이끌어 가는 시대는 다시 오지 않습니다. 사람답게 사는 사람이면 누구나 어른이고 스승입니다. 심지어 어린아이일지라도 말입니다. 크리스천은 하나님의 종이지 사람의 종이 아닙니다. 절대 사람의 종으로 살 수도 없고, 살아서도 안 됩니다. 온전한 하나님의 자녀라면 마땅히 이 시대의 주인이자 어른이고 스승입니다. 우리 사회를 이끌어 가는 리더이고 사사입니다. 한 사람 한 사람 각자가 빛이고 소금이고 밀알입니다.

> 여호와 하나님이 땅의 흙으로 사람을 지으시고 생기를 그 코에 불어넣으시니 사람이 생령이 되니라.
>
> (창세기, 2:7)

세상의 모든 경전이 그렇듯 성경 또한 지혜의 책입니다. 지식의 책이 아닙니다. 성경은 매너책입니다. 극히 일부분이긴 하지만 본서는 성경적 명령, 성경적 삶의 실천 매뉴얼이라 할 수 있습니다. 매너는 지식을 지혜로 되돌리는 환원 프로그램입니다. 크리스천 매너는 크리스천의 태도적 가치입니다. 하나님이 불어넣어 주신 숨결, 사람답게 사는 법입니다! 매너를 모르고 성경을 읽었다면 아직도 성경은 먼 나라 이야기일 뿐입니다.

다시 강조하지만 자세가 곧 정신입니다! 건강한 육체에 건전한 정신이 깃든다 했습니다. 바른 자세에서 올바른 태도적 가치가 나옵니다. 용감한 자세에서 용기가 나오고, 굽은 자세에선 비굴이 나옵니다. 진실로 하나님이 바라는, 진정 하나님의 자녀다운 크리스천이 되려면 굽은 등부터 바로 펴야 합니다. 바로 서야 하고, 바로 걸어야 합니다. 자기 완성을 향한 첫걸음이자 민족 개조 작업의 시작입니다. 보행 매너, 시선 매너, 소통 매너의 변혁을 우리 세대가 해내야 합니다. 이보다 어려운 일도 다시없고, 이

보다 쉬운 일도 다시없습니다. 어떤 이들에겐 거북하고 성가신 일이지만, 또 어떤 이들에겐 당연하고 멋진 일이 되겠습니다. 종복으로 살 것이냐, 주인으로 살 것이냐에 달렸습니다. 진정한 용기는 '가치'에 대한 확신에서 나옵니다.

죽은 자 가운데서 살아나신 후에야 제자들이 이 말씀하신 것을 기억하고, 성경과 예수께서 하신 말씀을 믿었더라.
(요한복음, 2:22)

Manners maketh christian! 신앙도 매너입니다. 믿음은 인간의 매너이고, 구원은 신의 매너입니다. 매너 없이는 구원도 없습니다.

'진리를 따르는 자는 빛으로 오나니'

말들이 어찌 바위 위에서 달리겠으며, 소가 어찌 거기서 밭 갈 겠느냐. 그런데 너희는 정의를 쓸개로 바꾸며, 공의의 열매를 쓴 쑥으로 바꾸며, 허무한 것을 기뻐하며 이르기를 우리는 우리의 힘으로 뿔들을 취하지 아니하였느냐 하는도다.

(아모스, 6:12-13)

나라가 심하게 흔들리고 있습니다. 사악한 기운이 미세먼지 처럼 뒤덮고 있어 사람들이 방향을 못 잡고 이리저리 내몰리고 있습니다. 가라지가 온 밭을 뒤덮었습니다. 정의는 말라죽어 가고 공의가 뿌리째 뽑혀 나가고 있습니다. 정직이 조롱당하고, 가치는 매몰되고 있습니다. 몰염치와 막무가내 떼쓰기가 판을 치고, 거짓과 선동이 난무하고, 증오와 분노가 양심과 이성을 마비시키고 있습니다. 도처에서 야바위꾼들이 천국을 사기분양하는 등 내놓고 신성함을 능멸하고 있습니다. 곡식인 줄 알고 길렀던 풀들이 설마하니 원수가 밤에 몰래 씨 뿌려 놓은 가라지일 줄이야! 작금의 대한민국은 속아서 그 알까지 품었다가 제 새끼들을 둥지 밖으로 밀어내 죽인 뻐꾸기 새끼를 키우느라 죽을 힘을 다해 벌레를 물어다 바치는 오목눈이새 꼴입니다. 하나님이 보시기에 심히 좋은 광경이 아니지요.

여호와께서 사람의 죄악이 세상에 가득함과 그의 마음으로 생각하는 모든 계획이 항상 악할 뿐임을 보시고, 땅 위에 사람 지으셨음을 한탄하사 마음에 근심하시고, 이르시되 내가 창조한 사람을 내가 지면에서 쓸어 버리되 사람으로부터 가축과 기는 것과 공중의 새까지 그리하리니, 이는 내가 그것들을 지었음을 한탄함이니라 하시니라.

(창세기, 6:5-7)

그렇게 대홍수로 쓸어낸 후에 하나님이 노아와 언약하시되 다시는 모든 생물을 멸하지 아니할 것이라 하시며 생육하고 번성하여 땅에 충만하라고 하셨지만, 인간이 결국 제 스스로 악해지고 스스로 멸해지는 것이야 어쩌시겠습니까? 보다 못해 당신의 아들을 다시 내려보내 주실까요?

유대인의 유월절이 가까운지라 예수께서 예루살렘으로 올라가셨더니, 성전 안에서 소와 양과 비둘기 파는 사람들과 돈 바꾸는 사람들이 앉아 있는 것을 보시고 노끈으로 채찍을 만드사 양이나 소를 다 성전에서 내쫓으시고, 돈 바꾸는 사람들의 돈을 쏟으시며

상을 엎으시고, 비둘기 파는 사람들에게 이르시되 이것을 여기서 가져가라 내 아버지의 집으로 장사하는 집을 만들지 말라 하시니.

(요한복음, 2:13-16)

한국의 개화기는 물론 근현대사에서 기독교의 역할은 지대했습니다. 3·1운동 등 수많은 독립운동에 크리스천들이 앞장을 섰으며, 해방 후 건국에도 중추적인 역할을 하였습니다. 우리 사회를 변화시킨 크고 작은 움직임들의 대부분이 교회로부터 시작되었으며, 사회적 갈등의 고비 때마다 훌륭한 리더들이 선한 영향력을 행사해 왔습니다. 그러니 이 혼돈의 시대를 맞아 시민들이 크리스천들에게 다시 기대를 거는 건 당연한 일이겠습니다.

진리를 따르는 자는 빛으로 오나니 이는 그 행위가 하나님 안에서 행한 것임을 나타내려 함이라 하시니라.

(요한복음, 3:21)

작물만 밭에서 자라라는 법은 없지요. 잡초가 생명력은 더 질깁니다. 아무리 비옥한 땅이라도 때때로 갈아엎고 김을 매지 않으면 뿌린 대로 거둘 수가 없습니다. 세상이 혼탁한 건 이 지경에 이르도록 방관하고 방치하며 주인답지 못하게 살아온 우리 개개인 모두의 책임입니다. 다행히 몇몇 깨어 있는 교회들에서 '오직 예수!'로 돌아가자는 각성이 일고 있는가 하면, 또 일부는 가라지를 뽑아내겠다고 팔소매를 걷고 나섰습니다. 크리스천 본연의 태도적 가치를 되찾고, 공의를 바로 세우자는 외침이겠습니다. 이 작은 떨림이 교회 안에서 기도와 찬양으로만 그치지 말고, 부디 이 민족이 묵은 껍질을 깨고 거듭나는 거대한 용틀임으로 번져 나가기를 간절히 빕니다.

땅이 있을 동안에는 심음과 거둠과 추위와 더위와 여름과 겨울과 낮과 밤이 쉬지 아니하리라.

(창세기, 8:22)

거룩한 말씀을 받아 감히 얄팍하고 속된 잔소리를 덧붙여 책을 묶었습니다. 차마 거칠고 겸손하지 못하고 발칙하고 무지하고 무례하기까지 한 막글에 기름 부어 주신 여호와 하나님 감사합니다. 때가 이르매 가라지를 모두 거두어 불사르게 하옵시고, 꺼져 가는 동방의 등불을 다시 활활 타오르게 하사 광영의 등대가 되게 하옵소서! 빛의 갑옷을 입고 세상 속으로 걸어가게 하옵소서!

Sincerely yours!

2020년 봄, 대표 집필 신성대

신성대 (辛成大)

1954년 경남 영산(靈山) 출생. 16세에 해범 김광석 선생에게서 조선의 국기인 무예 십팔기(十八技)를 익혔다. 이후 50년 동안 십팔기의 전승과 보급에 힘써 2019년 서울시무형문화재 제51호 전통군영무예로 종목 지정받았다. 현재 (사)전통무예십팔기보존회 회장 및 (사)전통군영무예보존회 공동대표로 무예 십팔기 및 도인양생공을 지도하고 있다. 1977년 한국해양대학 부설 전문대학 졸업. 해외송출선원으로 7년간 외항선을 타고 수차례 세계를 일주하며 견문과 호기심을 넓혔다. 1985년 도서출판 동문선(東文選)을 설립해 지금까지 약 8백여 종의 인문학 분야 전문서적을 펴냈다. 한중수교 전인 1990년 서울 인사동에 우리나라 최초의 중국원서수입서점을 열어 한중 간 학술 교류의 물꼬를 텄으며, 2000년엔 프랑스 철학자 피에르 쌍소의 에세이 《느리게 산다는 것의 의미》를 출판하여 한국에 '느림의 미학' 붐을 일으킨 바 있다.

2012년 인사문화포럼 공동대표. 글로벌리더십아카데미 공동대표. 품격경영아카데미컨설팅 공동대표. 2014년 11월 24일 《조선일보》 '최보식이 만난 사람들' 인터뷰. 2015년 《월간조선》 '글로벌 매너'를 1년간 연재하는 등, 데일리안 · 경기데일리 · 파이낸셜신문 · 한국무예신문에 문화칼럼을 발표. 2018년 국감 외교통일위원회에 참고인으로 출석하여 외교관들의 국격 디스카운트를 지적하는 등 국격을 높이기 위한 품격사회운동을 이끌며 '품격경영' '크리스천 매너' 강사로 활동하고 있다. 한국기독실업인회(CBMC)태평로지회 회원. 저서로는 《무덕(武德)-武의 문화, 武의 정신》《품격경영》(상/하) 《자기 가치를 높이는 럭셔리 매너》《나는 대한민국이 아프다》《산책의 힘》《혼백과 귀신》《태도적 가치》 등이 있다.

블로그 https://blog.naver.com/hiskindness
이메일 dmsssd@naver.com
품격경영아카데미컨설팅 070-8807-3356 [강좌 문의]

와인대사 안경환 (Wine Ambassador Hugo Ahn)

한국수출입은행 대리로 1980년 봄 준 외환위기 도래 전 외국상업
은행들의 대한 차관 재개를 개인적으로 시도하여 성공하였고(당시 런
던금융시장에서 발행되던 세계적인 금융잡지 Euromoney지에 관련기사 게
재), 전 세계적으로 공급 과잉에 있었던 철강 핫코일 6억 달러 물량을
잠수함 2척과 3국간 연계무역하는 골격을 의뢰처와 15분 전화 통화중
구상해 잠수함 운용 핵심기술 2종의 오프셋 무상공여 언질 포함 16시
간 만에 실무 타결시켰다. 1990년 프랑스 파리에서 accidental inter-
national spy 상황에서 국제로비스트 일을 자임하기 시작하여 중국의
개혁개방 가속화 추세에 맞춰 홍콩과 미수교국 중국내에서 한국 기업
의 대중 진출을 돕다가 귀국 후 서울에서 개최된 등소평의 시장경제원
리 입안자를 초청한 중요 중국포럼 자리에서 좌장이신 분의 지시로 2
명의 전직 경제부총리 사이 자리 착석을 배려받는 중국 전문가로도 인
정받았다. 이후 한국수출입은행 정규 은행원 근무와 병행하여 다방면
의 국제로비스트 일을 프리랜스 자원봉사하는 일방 국내 최초로 정통
비즈니스 매너 교재를 개발하며 거래업체 임직원들을 중심으로 한 무
료 지식기부 강의에 착수하여 20년 이상 지속해 왔다. IMF사태 강제
퇴직 후 중앙공무원교육원 국제협상과정 교수진으로 참여 강의했던 교
재에 관심을 가졌던 와인회사 대표의 요청으로 기업체들의 비즈니스
용도 와인 수요를 계발시키는 와인홍보대사 일을 맡아 국내 최초로 정
통 와인 매너 교육을 상시 도입한 한편 시사월간지 《경제풍월》에 비즈

니스와인 칼럼을 30여 회 연재하고, 한국외대 세계경영대학원에 국제 기업M&A와 와인 문화 과정으로 30여 회 출강하였다. 2009년부터는 ㈜한국시민자원봉사회 세종로국정포럼 시민운동의 일환으로 국내 유일하게 글로벌 비즈니스 개인기를 담는 그릇 플랫폼으로서 정품격 글로벌 매너를 보급하는 글로벌리더십아카데미 일과 글로벌품격위원장 직을 맡아 헌신해 왔다. 최근에는 도서출판 동문선 신성대 대표와 함께 '품격경영' 시리즈 총서 발간 및 이 콘텐츠의 대중 보급 확산에 진력하고 있다. 이외 홍콩와인클럽의 창립멤버였으며, 중국와인클럽 회장 특별보좌역도 역임하였다.

블로그 https://blog.naver.com/hugoah

【東文選 文藝新書】

82	상말속담사전	宋在璇	10,000원
83	書法論叢	沈尹默 / 郭魯鳳	16,000원
84	침실의 문화사	P. 디비 / 편집부	9,000원
85	禮의 精神	柳 肅 / 洪 熹	20,000원
86	조선공예개관	沈雨晟 편역	30,000원
87	性愛의 社會史	J. 솔레 / 李宗旼	18,000원
88	러시아 미술사	A. I. 조토프 / 이건수	26,000원
89	中國書藝論文選	郭魯鳳 選譯	25,000원
90	朝鮮美術史	關野貞 / 沈雨晟	30,000원
91	美術版 탄트라	P. 로슨 / 편집부	8,000원
92	군달리니	A. 무케르지 / 편집부	9,000원
93	카마수트라	바짜야나 / 鄭泰爀	18,000원
94	중국언어학총론	J. 노먼 / 全廣鎭	28,000원
95	運氣學說	任應秋 / 李宰碩	15,000원
96	동물속담사전	宋在璇	20,000원
97	자본주의의 아비투스	P. 부르디외 / 최종철	10,000원
98	宗敎學入門	F. 막스 뮐러 / 金龜山	10,000원
99	변 화	P. 바츨라빅크 外 / 박인철	10,000원
100	우리나라 민속놀이	沈雨晟	15,000원
101	歌訣(중국역대명언경구집)	李宰碩 편역	20,000원
102	아니마와 아니무스	A. 융 / 박해순	8,000원
103	나, 너, 우리	L. 이리가라이 / 박정오	12,000원
104	베케트연극론	M. 푸크레 / 박형섭	8,000원
105	포르노그래피	A. 드워킨 / 유혜련	12,000원
106	셸 링	M. 하이데거 / 최상욱	12,000원
107	프랑수아 비용	宋 勉	18,000원
108	중국서예 80제	郭魯鳳 편역	16,000원
109	性과 미디어	W. B. 키 / 박해순	12,000원
110	中國正史朝鮮列國傳(전2권)	金聲九 편역	120,000원
111	질병의 기원	T. 매큐언 / 서 일 · 박종연	12,000원
112	과학과 젠더	E. F. 켈러 / 민경숙 · 이현주	10,000원
113	물질문명·경제·자본주의	F. 브로델 / 이문숙 外	절판
114	이탈리아인 태고의 지혜	G. 비코 / 李源斗	8,000원
115	中國武俠史	陳 山 / 姜鳳求	18,000원
116	공포의 권력	J. 크리스테바 / 서민원	23,000원
117	주색잡기속담사전	宋在璇	15,000원
118	죽음 앞에 선 인간(상하)	P. 아리에스 / 劉仙子	각권 15,000원
119	철학에 대하여	L. 알튀세르 / 서관모 · 백승욱	12,000원
120	다른 곳	J. 데리다 / 김다은 · 이혜지	10,000원
121	문학비평방법론	D. 베르제 外 / 민혜숙	12,000원
122	자기의 테크놀로지	M. 푸코 / 이희원	16,000원